粮食营销

主　　编　韦胜强　李红梅
副 主 编　高　洁　詹　斌
参编人员　田林双　孙乐增　陈　娟
　　　　　田佩东　舒江云

北京理工大学出版社
BEIJING INSTITUTE OF TECHNOLOGY PRESS

图书在版编目（CIP）数据

粮食营销/韦胜强，李红梅主编．—北京：北京理工大学出版社，2016.2
ISBN 978-7-5682-1849-8

Ⅰ．①粮…　Ⅱ．①韦…②李…　Ⅲ．①粮食-市场营销学　Ⅳ．①F762

中国版本图书馆 CIP 数据核字（2016）第 023439 号

出版发行/北京理工大学出版社有限责任公司
社　　址/北京市海淀区中关村南大街 5 号
邮　　编/100081
电　　话/（010）68914775（总编室）
　　　　　（010）82562903（教材售后服务热线）
　　　　　（010）68948351（其他图书服务热线）
网　　址/http：//www.bitpress.com.cn
经　　销/全国各地新华书店
印　　刷/三河市天利华印刷装订有限公司
开　　本/787 毫米×1092 毫米　1/16
印　　张/15　　　　　　　　　　　　　　　责任编辑/王晓莉
字　　数/350 千字　　　　　　　　　　　　文案编辑/王晓莉
版　　次/2016 年 2 月第 1 版　2016 年 2 月第 1 次印刷　　责任校对/周瑞红
定　　价/34.00 元　　　　　　　　　　　　责任印制/马振武

前　　言

为政之要，首在足食。粮食是关系国计民生的重要战略物资。粮食安全问题，关系着一个国家和地区的稳定和谐，关系着广大人民群众的生死存亡，关系着全面建设小康社会和现代化目标的实现。党和国家历来高度重视粮食问题，提出了中国人的饭碗任何时候都要牢牢掌握在自己手里的要求。当前，我国面临土地资源减少、人口随着"二孩"政策实施有较大幅度增加的双重挑战，再加上西方国家运用"粮食武器"对我国施加压力，我国粮食安全形势非常严峻。目前，解决粮食问题关键在于确保粮食生产、加强粮食储备。而促进粮食生产的重要杠杆就是粮食价格和粮食流通，建立合理、科学、灵活的粮食市场体系和粮食价格机制是促进粮食生产的有效途径。

我们知道，做好粮食流通工作需要大批高素质的粮食营销人才，而粮食院校粮食购销专业基本停止招生，粮食营销人才青黄不接现象普遍存在。为此，国家粮食局人事司提出，粮食院校财经类专业应融入"粮食元素"教育，为粮食行业培养大批粮食购销与物流专业人才。本书作为粮食院校财经类专业"粮食化"改革的首批教材，由全国粮食行业教育教学指导委员会委托粮油购销与物流专业教育教学指导委员会组织编写，编写人员由全国粮食职业院校骨干教师、粮食企业的兼职讲师和营销顾问组成。

本书遵照《国务院关于加快发展现代职业教育的决定》（国发〔2014〕19号）要求，以培养高素质劳动者和技术技能人才为目标，本着"实用、够用"的原则，重点讲授粮食商品知识、粮食市场、粮食流通及调控、粮食经纪人、粮食市场营销策略、粮油产品的销售技巧、粮油连锁经营、粮食网络营销等知识点。本书既可作为大中专院校的教学用书，又可作为粮食企业的员工培训教材。

本书由广西工商职业技术学院韦胜强、李红梅担任主编。具体分工如下：专题一由江苏财经职业技术学院田林双编写，专题二、三由安徽粮食工程职业学院詹斌编写，专题四由广西工商职业技术学院高洁编写，专题五由河南省经济管理学校孙乐增编写，专题六由李红梅编写，专题七由广西工商职业技术学院田佩东编写，专题八由安徽科技贸易学校陈娟编写，粮食营销相关法律、法规知识和标准由广西工商职业技术学院舒江云整理。全书由韦胜强审定并整理。

本书编写过程中参考了大量资料，并从网站、公开出版的书籍和报刊上选用了一定的案例和资料，特向有关单位和个人表示感谢。

由于编者水平有限，编写时间仓促，书中有不妥之处在所难免，敬请有关专家和读者批评指正。

编　者

目　　录

●专题一　粮食商品知识 ·· 1

第一讲　粮食的定义 ··· 1
　　一、中国粮食的定义 ··· 1
　　二、国际粮食的定义 ··· 2
第二讲　粮食的种类及特征 ······································· 3
　　一、粮食的种类 ··· 3
　　二、粮食的特征 ··· 5
第三讲　粮食的生产 ··· 7
　　一、我国的粮食生产 ··· 7
　　二、世界粮食生产 ·· 10
第四讲　粮食安全 ·· 13
　　一、粮食安全的概念 ·· 13
　　二、粮食安全评价指标 ······································ 13
　　三、粮食安全现状 ·· 14
　　四、我国粮食安全面临的挑战 ································ 15
　　五、保障我国粮食安全的主要政策措施 ························ 16

●专题二　粮食市场 ·· 23

第一讲　我国粮食市场 ·· 23
　　一、粮食市场的概念功能及作用 ······························ 23
　　二、我国粮食市场的主体 ···································· 27
　　三、我国粮食市场的主要类型 ································ 30
　　四、我国粮食批发市场 ······································ 32
　　五、我国粮食期货市场 ······································ 34
第二讲　世界粮食市场 ·· 35
　　一、世界粮食市场概况 ······································ 35
　　二、世界粮食市场的特点 ···································· 36
　　三、世界粮食市场发展趋势 ·································· 37

●专题三　粮食流通及调控 ······································ 40

第一讲　粮食流通 ·· 40
　　一、粮食流通概述 ·· 40
　　二、我国粮食流通发展历程 ·································· 42
　　三、粮食流通现代化的内涵和本质 ···························· 44

第二讲　粮食调控 ·· 45
一、我国粮食宏观调控的主要目标及手段 ················· 45
二、我国粮食宏观调控的主要内容 ······················· 48
三、我国粮食宏观调控的主要运行机制 ··················· 50
四、我国粮食宏观调控面临的挑战 ······················· 51
五、粮食宏观调控的国际经验与启示 ····················· 53

●专题四　粮食经纪人 ······································ 58

第一讲　粮食经纪人基本知识 ····························· 58
一、粮食经纪人概述 ··································· 58
二、粮食经纪人应具备的条件 ··························· 60
三、取得粮食经纪人执业资格的主要流程 ················· 61
四、粮食经纪人的发展形式和运作方式 ··················· 63
第二讲　粮食经纪人的权利与义务 ························· 64
一、粮食经纪人的权利 ································· 64
二、粮食经纪人的义务 ································· 65
第三讲　粮食经纪人管理和培训 ··························· 65
一、粮食购销业务管理 ································· 65
二、粮食销售服务的基本要求 ··························· 70
三、粮食经纪人服务与引导措施 ························· 71
四、粮食经纪人培训 ··································· 74

●专题五　粮食市场营销策略 ································ 78

第一讲　粮油新产品的开发及品牌建设 ····················· 78
一、粮油新产品的开发 ································· 78
二、粮油产品的包装 ··································· 82
三、粮油产品的品牌建设 ······························· 82
第二讲　粮油产品的价格策略 ····························· 85
一、制定粮油产品价格应考虑的因素 ····················· 85
二、制定粮油产品价格的基本策略 ······················· 86
第三讲　粮油产品销售渠道建设策略 ······················· 89
一、明确销售渠道建设目标 ····························· 89
二、设计销售渠道结构 ································· 89
三、确定渠道成员的权利和义务 ························· 90
四、规划销售网点形成合理布局 ························· 90
五、选择确定中间商 ··································· 91
六、评估销售渠道方案 ································· 91
第四讲　粮油产品的促销策略 ····························· 92
一、商业广告促销策略 ································· 92

二、公共关系促销策略 ……………………………………………… 94
三、营业推广促销策略 ……………………………………………… 95

专题六　粮油产品的销售技巧 ……………………………………… 102

第一讲　粮油产品客户开发技巧 ………………………………… 102
一、开发客户 ………………………………………………………… 102
二、约见客户 ………………………………………………………… 106
三、接近客户 ………………………………………………………… 109

第二讲　粮油产品销售洽谈技巧 ………………………………… 112
一、产品推介 ………………………………………………………… 113
二、大卖场谈判 ……………………………………………………… 114
三、处理异议 ………………………………………………………… 116
四、促成交易 ………………………………………………………… 119
五、售后服务 ………………………………………………………… 123

第三讲　粮油产品客户管理技巧 ………………………………… 125
一、客户管理的内容 ………………………………………………… 125
二、搜集客户信息 …………………………………………………… 125
三、获得客户忠诚 …………………………………………………… 126
四、大客户管理 ……………………………………………………… 128

专题七　粮油连锁经营 …………………………………………… 131

第一讲　连锁经营的概述 ………………………………………… 131
一、连锁经营的概念 ………………………………………………… 131
二、连锁经营的基本特征 …………………………………………… 132
三、连锁经营的基本模式 …………………………………………… 133

第二讲　粮油连锁经营现状 ……………………………………… 137
一、粮油连锁经营的背景情况 ……………………………………… 137
二、粮油连锁经营的意义 …………………………………………… 138
三、粮油连锁经营的主要形式 ……………………………………… 140
四、粮食连锁经营所面临的主要问题 ……………………………… 142

第三讲　粮油连锁门店经营与管理 ……………………………… 145
一、粮油连锁门店的选址 …………………………………………… 145
二、粮油连锁门店的客户投诉管理 ………………………………… 146
三、粮油连锁门店的商品管理 ……………………………………… 148
四、粮油连锁门店的人员管理 ……………………………………… 152

专题八　粮食网络营销 …………………………………………… 157

第一讲　网络营销的基础知识 …………………………………… 157
一、网络营销的定义 ………………………………………………… 157

二、网络营销的特点 ··· 157
三、网络营销的内容 ··· 159
四、网络营销与传统营销的关系 ··································· 160
第二讲　网络营销的实施 ··· 161
一、收集、处理与发布网络信息 ··································· 161
二、网络市场分析 ··· 164
三、网站设计与优化 ··· 167
四、网站推广 ··· 168
第三讲　粮食网络营销的现状 ······································ 172
一、我国粮食网络营销的产生与发展 ························ 172
二、我国开展粮食网络营销的意义 ···························· 173
三、我国粮食网络营销的应用 ··································· 173
四、我国开展粮食网络营销面临的风险及控制 ········· 176

附件：粮食营销相关法律、法规知识和标准 ················ 180
1.《粮食流通管理条例》 ··· 180
2.《中华人民共和国合同法》 ······································ 185
3.《中华人民共和国食品安全法》 ······························· 196
4.《网络交易管理办法》 ··· 221

推荐阅读 ··· 228

参考文献 ··· 229

专题一　粮食商品知识

　学习目标

　　了解粮食商品的定义、种类及特性，掌握中国及世界粮食生产的基本情况，认识粮食安全的重要性。

学知识

　　粮食是人类生存和生活的必需品，粮食状况的好坏关系到农业是否能够全面发展，甚至关系到整个国民经济是否能够持续健康地发展。可以说，粮食的安全问题，事关一个国家和地区的稳定和谐，事关广大人民群众的生死存亡。

　　粮食作为生活必需品很早就渗入了政治因素。基辛格在 20 世纪 70 年代接受媒体采访时曾说："如果你控制了石油，你就控制了所有的国家；如果你控制了粮食，你就控制了所有的人。"中国历史上，就有"兵马未动，粮草先行"之说。明太祖朱元璋"高筑墙、广积粮、缓称王"的帝王之道，以及毛泽东"深挖洞、广积粮、不称霸"的政治哲学，都表明粮食问题始终是一个十分重要的政治问题。粮食也始终以一种潜移默化、化大象于无形的方式左右着各国社会政治、经济的发展。

第一讲　粮食的定义

　　随着历史的发展、社会的进步，人类种植粮食作物的方法和手段也在不断变化，再加上生态环境、气候地理条件的不尽相同，形成了不同的粮食作物结构，也造成了人们对粮食的不同理解。

　　中国的粮食定义与国际通行的粮食定义有较大差别，了解粮食定义，具有十分重要的理论和实践意义。

一、中国粮食的定义

1. 传统定义

　　"粮""食"在中国古代是有区别的两个字。古时行道曰粮，止居曰食。《周礼·地官·廪人》："凡邦有会同师役之事，则治其粮与其食。"东汉学者郑玄（公元 127—200 年）注解："行道曰粮，谓糒也；止居曰食，谓米也。"这里的"粮"是指行人携带的干粮，行军作战用的军粮；"食"是指长居家中所吃的米饭。后来两字逐渐复合成"粮食"。在先秦史籍《左传·鲁襄公八年》中就有"楚师辽远，粮食将尽"的记载。《三国志·魏志·武帝纪》曰："（袁绍）土地虽广，粮食虽丰，适足以为吾奉也。"

　　中国古代粮食也叫谷、五谷、八谷、九谷、百谷等，但以五谷为最多。五谷这个词，初见于《论语·微子》中"四体不勤，五谷不分"。五谷的种类古代说法不一，《周礼·夏官·职方氏》中有："其谷宜五种。"注指黍、稷、菽、麦、稻，这是普遍的一种解释。后统称谷物为五谷，但不一定限于这五种谷物。当时，人们崇拜自然，称社为地神，稷为谷神，故将二者结合在一起称为社稷。由于古代以农立国，"国以民为本，民以食为天"，因而，社稷成了国家的代名词。

中国传统粮食解释有广义和狭义之分。狭义的粮食是指谷物类。长期以来，人们认为粮食的范畴就是以含淀粉为主的水稻、小麦、玉米、高粱等禾本科作物。因此认为，粮食是指烹饪食品中，作为主食的各种植物种子的总称，也概括称为"谷物"，其所含营养物质主要是淀粉，其次是蛋白质。广义的粮食是指供食用的谷类、豆类和薯类等原粮和成品粮。

在夏代，农业最受重视。春秋战国以后，谷物类粮食的比重大大增加，禾本科作物成为主要的粮食作物。久而久之，人们就把谷物类与粮食画上了等号，成为约定俗成的粮食概念。

2. 现代定义

粮食行业的粮食，是指其经营管理的谷物、豆类、薯类等。新中国成立初期，我国人均谷物产量很低；为了确保人人有饭吃，政府把有助于实现温饱水平的豆类、薯类也纳入粮食产量之中。1950年，粮食包括七大品种：小麦、大米、大豆、小米、玉米、高粱、杂粮。从1953年起，国家修改农业统计口径，在每年公布粮食产量时，均采用广义的粮食概念。粮食分为五大品种：小麦、大米、大豆、杂粮、薯类。1994年，粮食的五大品种又改为：小麦、大米、玉米、大豆、其他。

20世纪80年代，中国有的学者针对过去在"以粮为纲"的口号下过分强调淀粉类粮食生产而忽视肉、蛋、奶、鱼、果、蔬、糖、油等食物生产的情况，提出了"大粮食观"。"大粮食观"是一种广义的粮食观，认为粮食不仅包括稻谷、小麦、玉米等以淀粉为主的食物，还包括肉、蛋、奶、鱼等动物蛋白类，以及植物蛋白、植物油、蔬菜、水果、食糖等。法国医学博士富斯指出：以碳水化合物为主的食物结构是粮食的旧概念，以蛋白质为主的食物结构是现代粮食的新概念。因此，现代的大粮食观认为，粮食不仅包括谷物、豆类和薯类，而且包括其他一切能维持人体生命、保证机体发育、补充营养消耗的各种动植物产品。这与国际上通用的粮食（Food）概念大体一致。

二、国际粮食的定义

由于世界各国语言不同，因而，不同国家对粮食的称谓也不尽相同。世界最早通用的语言是英语，英语中的Food相当于中国的食物，Cereals和Grain相当于我国的谷物。然而，旧中国把Food译作粮食，新中国成立后，仍沿用这一译法。因而，世界通用的粮食概念，与这传统的粮食概念，是有差异的。

英文Food译为中文是食物，是指可吃的干物质。它和供饮用的含营养成分的液体"饮料"是相对应的，英国1982年出版的《简明牛津字典》对Food的解释是：维持机体生长、代谢和生命过程以及供给能量所必需的物质，它基本上由蛋白质、碳水化合物和脂肪构成。此外，还含有一些机体所必不可少的矿物质、维生素和辅助物质，它是固体形态的营养物质。

英文 Grain 译为中文是谷物，*Webster's New Twentieth Century Dictionary* 注释为谷物植物生产的种类，如小麦、稻谷、玉米、黑麦。

世界粮农组织每年出版的《生产年鉴》的商品目录中，列为粮食的就有 8 大类别 100 多种，即：谷物类 8 种，块根和块茎作物类 5 种，豆类作物 5 种，油籽、油果和油仁作物 13 种，蔬菜和瓜果作物 20 种，糖料作物 3 种，水果、浆果类 24 种，家畜、家禽、畜产品 28 种，等等。

The Food and Agriculture Organization of the United Nations 译成中文应为"联合国食物及农业组织"，但是，人们长期把它译成"联合国粮食及农业组织"（以下简称"联合国粮农组织"）。因此，把 Food、Grain 都译成粮食，也就约定俗成了。

补充阅读

联合国粮食及农业组织

联合国粮食及农业组织（The Food and Agriculture Organization of the United Nations），简称联合国粮农组织，是联合国的专门机构之一。1945 年 10 月 16 日在加拿大魁北克正式成立。截至 2013 年 10 月，共有 194 个成员国。其成立宗旨是提高各国人民的营养水平和生活水准；提高所有粮农产品的生产和分配效率；改善农村人口的生活状况，促进世界经济的发展，并最终消除饥饿和贫困。

第二讲　粮食的种类及特征

随着人们对大自然开发利用程度的不断提高，粮食的品种也随之不断发展和变化。

一、粮食的种类

（一）根据收获的季节，分为夏粮、早稻和秋粮

1. 夏粮

夏粮指夏季收获的粮食，主要有：小麦、大麦、蚕豆、豌豆等。小麦是夏粮中的主要品种。

2. 早稻

早稻指收获季节较早的籼稻。

3. 秋粮

秋粮指除夏粮、早稻以外的其他粮食。

（二）根据主要经济用途，分为原粮、贸易粮、成品粮和混合粮

1. 原粮

原粮指收割、打场、脱粒和整理以后，尚未碾磨加工，其籽粒或块茎仍保持原自然形态的粮食。不需要加工能直接食用的粮食，也列为原粮。如小麦、稻谷、玉米、高粱、大豆、蚕豆、豌豆等。一般在计算粮食产量及消费量时使用。

2. 贸易粮

贸易粮指在综合计算国家收支平衡和国有粮食行政管理部门统计粮食流通各环节数量时所使用的计量单位的统称，它由需要折合与不需要折合的原粮和成品粮构成，包括小麦、大米、玉米、大豆和其他杂粮（包括薯类折粮数）。贸易粮同原粮、成品粮的主要区别是将稻谷折合成大米，将面粉折合成小麦。

粮食折合率。粮食折合率是指原粮与成品粮互相折合的比率。在粮食商品经营业务活动中，原粮和成品粮的形态不同，价格也不相同，且两者在加工前后的数量有一定的比例关系，这种表示原料和成品粮之间数量比例关系的百分率就是折合率。由于各地粮食的品质不同，加工技术水平和设备条件也有差别，粮食加工出品率不完全一致，因此，全国一直没有规定统一的折合率，而是由各省、自治区、直辖市粮食行政管理部门根据当地具体情况来确定。这个折合率与粮食加工企业的实际出品率还存在差异，因此，贸易粮概念只是在计算国家粮食收支平衡大账时使用。

3. 成品粮

成品粮指原粮经过加工后形成的产品，如面粉、大米、小米、玉米面等；有些不经过加工即可食用的，既是原粮，也算成品粮，如豆类等。目前在城乡市场零售的供居民食用的粮食，绝大多数是成品粮。

4. 混合粮

混合粮是原粮和成品粮的统称。在粮食商品流通过程中有原粮，也有成品粮。在粮食加工、运输、库存管理和进出口贸易中一般以混合粮的形式存在。

（三）根据粮食流通体制改革和国家宏观调控的要求，通常可分为四大主要品种和杂粮两类

这种分类虽没有明文规定，但已约定俗成。历年四大主要品种的产量占全国粮食总产量的80%以上。从2004年起，虽已全面实行粮食购销市场化，但国家仍然要在充分发挥市场机制的基础上实行宏观调控，稳定粮食市场和价格，确保国家粮食安全。国家宏观调控的粮食只有四大主要品种，主要是小麦、稻谷、玉米和大豆。

1. 四大主要品种

（1）小麦。

我国自20世纪90年代以来，年产小麦平均1亿吨左右，2014年小麦总产量1.26亿吨，占粮食总产量的21%左右。小麦主要用于磨制小麦粉，是我国人民的主要食粮和食品工业的主要原粮。

小麦按品质分，可分为白色和红色硬质小麦、白色和红色软质小麦、混合硬质小麦（也称硬质和软质花麦）6类。

按栽培季节分，可分为冬小麦和春小麦两种。冬小麦，秋季播种，次年夏季收获，生产于冀、鲁、豫等省。磨制的小麦粉，是制作面包、馒头、面条、水饺等主食品的优等原料。春小麦，春季播种，当年秋季收获，主要产于东北、内蒙古、西北等地区，是加工中、高筋小麦粉的良好原料。

（2）稻谷。

我国栽培稻谷的品种约有4万个，产量居世界第一位。自20世纪90年代以来，年产稻谷1.9亿吨左右，2014年稻谷产量2.06亿吨，占粮食总产量的34%左右，稻谷经加工去壳后称大米。

根据气候和土质条件的不同，稻谷分为单季稻、双季稻和三季稻，近些年三季稻种植已很少；按粒形分，可分为细长形的籼稻谷和椭圆形的粳稻谷；按米质黏性分，可分为糯性稻和非糯性稻；按生育期和收获期分，可分为早稻、中稻和晚稻。

（3）玉米。

自 20 世纪 90 年代以来，我国年产玉米平均 1.5 亿吨左右，2014 年玉米产量 2.16 亿吨，占粮食总产量的 34% 左右。当前玉米主要用于饲料。近些年饲料玉米占玉米总消费量的 70% 以上。玉米作为工业原料可用来生产淀粉、葡萄糖、糠醛、酒精、丙酮、丁醇等。

玉米按播种期分，可分为：春玉米，春播秋收；夏玉米，夏播秋收；秋玉米，立秋前后播种，霜前收获。根据粒色分为黄玉米、白玉米、糯玉米和杂玉米 4 类。按粒质分为软质、硬质和半硬质。

（4）大豆。

大豆主要产于黑龙江、吉林、河南、山东等地。按皮色和粒形，可分为黄大豆、青大豆、黑大豆、其他色大豆、饲料豆 5 类。大豆蛋白含有 17 种氨基酸，其中人体必需的 8 种氨基酸含量丰富，微量元素、维生素含量均高于其他粮食。其经济价值高，用途广，是主要食用植物油、粮食和副食制品的原料。自 1993 年以来，我国平均年产大豆 1 500 万吨左右。自 1995 年起变为净进口，而且进口数量逐年猛增，到 2014 年年净进口为 7 140 万吨，进口的大豆主要用来榨油，豆粕用作饲料。

2. 杂粮

杂粮是小宗粮豆的统称。现阶段是指除小麦、稻谷、玉米、大豆等大宗粮食品种以外的粮食和豆类。主要品种包括高粱、谷子、薯类、大麦、荞麦、燕麦、绿豆、小豆、蚕豆、芸豆等上百个品种。我国的杂粮多数生长在高原、干旱、高寒地区，主要分布在中西部和东北部的老少边贫地区。20 世纪 80 年代以后，全国杂粮总产量有所下降，且品种结构发生了较大的变化：

一是部分品种因市场需求减少，产量不断下降，近几年与 20 世纪 90 年代相比，谷子、高粱的产量下降 50% 左右，大麦的产量下降近三分之一。

二是由于杂粮的许多品种在生产中很少使用化肥、农药，没有污染，营养价值高，有一定的保健功能。近几年与 20 世纪 90 年代相比，杂豆、薯类和荞麦的产量增加了 10% 以上。

杂粮是我国传统出口商品，在国际市场上具有明显的价格优势和资源优势，出口量居世界重要地位。在正常情况下，出口 1 吨杂粮的经济价值，约相当于出口 2.75 吨大宗粮食的经济价值。

二、粮食的特征

（一）粮食是一种特殊商品

粮食既具有一般商品的属性，又是一种特殊商品。之所以特殊，就是因为它有一些自己的特性。首先，粮食具有不可替代性。在完全市场化条件下，一般的商品，其性能总可以找到另外的商品进行替代，但是，至今还没有科学家发明出可以替代粮食的食物。其次，粮食具有不可或缺性。吃饱肚子是每个人的刚性需求，是基本人权。联合国粮农组织要求："保证任何人在任何时候，都能得到为了生存和健康所需要的足够的食物。"再次，粮食具有战略性。粮食关系到农民和市民两大群体的利益，而且关系到国家的安全稳定。"为政之道，首在足食。"因此，国家对粮食的生产和流通，一直是用"看不见的手"，进行宏观调控的。

（二）粮食是基础性公共产品

粮食的表象属性是私人物品，但其本质属性是公共物品。因为把粮食安全作为一个整体的概念，作为一个"物品"，它完全符合公共物品的特征。粮食是国民经济的战略物资，是全体社会成员赖以生存的必需商品，涉及千家万户，具有"放大"效应——每户多买一点就会出现供应紧张，如果不正确引导，就可能引发大的波动，带来连锁反应。粮食具有准公共物品的性质，而且随着社会、政治、经济的发展，粮食的功能不断扩展，其价值的评估将更加复杂。粮食是基础商品和基础产业，它的变化会引起其他商品和产业的变化。

（三）粮食是弱质产业产品

粮食是自然再生产和经济再生产相结合的产物，既受自然风险影响，又受市场风险影响。因此，粮食生产在市场经济竞争环节中处于弱势地位，如果完全靠市场配置资源，粮食生产将受到极大的制约。粮食这种弱质特征在中国更加突出，因为中国人多地少、农业基础设施薄弱、农业生产经营规模小、种粮科技水平不高等，所以粮食生产抵御自然风险和市场风险的能力就很小，比较效益很低。

（四）粮食是多功能产品

粮食具有经济、社会、政治、文化、生态等多种功能，且各功能又有多种分功能，它们相互依存、相互制约、相互促进，成为一个有机统一体。

一是经济功能。主要表现在为社会提供食品，其以价值形式表现出来的功能，是粮食的基本功能。其中核心功能是满足人类生存和发展对食品的需要，确保国家的食品安全，为工业发展提供质优、量足的原材料，并生产具有比较优势的产品进行国际贸易，取得巨大的直接和间接经济效益。

二是社会功能。主要表现在为社会提供就业和劳动保障上。粮食作为一个产业不仅能容纳劳动力就业，而且食品质量、数量及其安全性本身就直接影响着居民的健康状况和最基本的生存需要，涉及社会发展问题。

三是政治功能。主要表现在促进社会稳定的作用上。在中国，粮食直接关系到大多数人的切身利益，在很大程度上影响着他们的政治选择；同时，粮食还是国家的战略储备物资，在13亿人口的中国不可能依靠进口粮食来解决食品供应问题，因此粮食具有重大的政治功能。

四是生态功能。主要表现在对生态环境的支撑和改善的作用上。以粮食生产为主的农业作为生态系统的有机组成部分，既有利用自然、开发资源的一面，也有维护环境、涵养生态的一面。

五是文化功能。主要表现在文化传承和休闲等方面的作用上。粮食是一个古老的产业，发展到今天的粮食生产就是历史文化的产物，其内部蕴藏着丰富的文化资源。各地形成的种植方式、耕种技艺、农具农器等都充满了人类发展所凝聚的智慧，是记录和延续农耕文明、传承文化的重要载体，是人类文明进步的重要标志。粮食生产贴近田园、山村和水源等自然风光，有利于缓解紧张喧嚣的都市生活。

补充阅读

粮 食 起 源

（1）小麦：约 7 000 年前出现于中东，随即传入埃及与欧洲，约 6 000 年前传入印度，约 4 000 年前传入我国。

（2）稻谷：我国是世界上栽培水稻最早的国家，浙江余姚河姆渡曾发现距今 6 700 ~ 7 000 年的稻作遗址。

（3）玉米：原产美洲墨西哥、秘鲁和智利一带，当地古代印第安人种植玉米已有 7 000 年的历史。1500 年前后，玉米传入我国。

（4）大豆：我国是大豆的故乡，已有 5 000 多年栽培历史。1804 年大豆被引入美国，20 世纪中叶大豆在美国南部及中西部成为重要作物。

第三讲　粮食的生产

一、我国的粮食生产

从秦汉时期至新中国成立前，我国自给自足的自然经济一直占统治地位，粮食生产方式主要以一家一户为生产单位，基本依靠体力劳动生产，生产力水平低下，粮食产量很低。新中国成立后，我国粮食生产大致可分为五个阶段。

第一阶段为 1950—1978 年。1949 年，我国粮食总产量只有 1.13 亿吨，1978 年达到 3.048 亿吨，29 年间年均递增 3.5%。这一时期，我国通过改革土地所有制关系，引导农民走互助合作道路，解放了生产力，同时在改善农业基础设施、提高农业物质装备水平、加快农业科技进步等方面取得了显著成效，为粮食生产的持续发展奠定了基础。

第二阶段为 1979—1984 年。1984 年，我国粮食总产量达到 4.07 亿吨，6 年间年均递增 4.9%，是新中国成立以来粮食增长最快的时期。这一时期粮食生产的快速增长，主要得益于我国政府在农村实施的一系列改革措施，特别是通过实行以家庭联产承包为主的责任制和统分结合的双层经营体制，以及较大幅度提高粮食收购价格等重大政策措施，极大地调动了广大农民的生产积极性，使过去在农业基础设施、科技、投入等方面积累的能量得以集中释放，扭转了我国粮食长期严重短缺的局面。

第三阶段为 1985—1998 年。1998 年，我国粮食总产量达到 5.12 亿吨。这一时期，我国政府在继续发展粮食生产的同时，积极主动地进行农业生产结构调整，发展多种经营，食物多样化发展较快。虽然这一时期粮食增长速度减缓，但由于非粮食食物增加，人民的生活质量明显提高。

第四阶段为 1999—2003 年。该时间段内出现了"卖粮难"和"农民增产不增收"的现象，严重挫伤了农民种粮的积极性。粮食总产量开始连续 5 年大幅下滑，由 1998 年的 5.12

亿吨下降到 2003 年的 4.31 亿吨,下降了 0.81 亿吨,下降幅度高达 15.9%。

第五阶段为 2004 年至今。2014 年我国粮食总产量达到 6.070 9 亿吨,粮食总产量历史性地实现连续 11 年增产。在这期间,国家全面放开了粮食收购和销售市场,实行粮食购销市场化。对小麦、稻谷等品种实行最低收购价政策,保证种粮农民利益,提高农民生产积极性。党的十八大以来提出了"以我为主、立足国内、确保产能、适度进口、科技支撑"的新形势下国家粮食安全战略,强调要坚守"确保谷物基本自给、口粮绝对安全"的战略底线,进一步调动了各方市场主体粮食生产积极性。

(一) 我国粮食生产分布

我国商品粮基地大致分为全国性和地区性两类。前者如黑龙江和吉林中部的松嫩平原、黑龙江三江平原、湖南洞庭湖平原、湖北江汉平原、四川成都平原、广东珠江三角洲、苏浙太湖平原、苏皖江淮地区、江西鄱阳湖平原等。后者如辽宁盘锦垦区,内蒙古大青山南北,河北石家庄地区,山西汾河谷地,山东胶东地区,河南豫北平原,江苏里下河地区,浙江金衢盆地,安徽皖中平原,福建建阳和龙溪地区,湖北襄北地区,湖南湘南地区,广西南宁、钦州地区,云南中部坝子,四川长江谷地,陕西关中盆地、汉中盆地,青海湟水谷地,甘肃河西走廊,宁夏河套平原,新疆伊犁河谷地和天山北麓平原,西藏雅鲁藏布江谷地等。图1-1 所示为我国九大商品粮基地分布图。

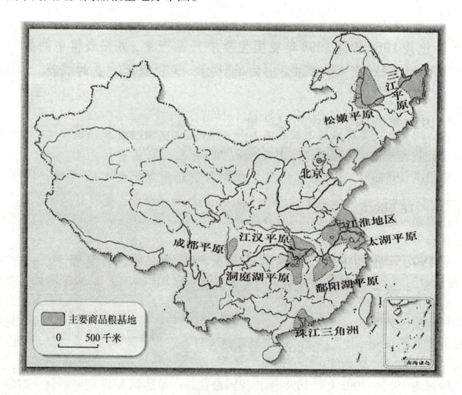

图 1-1　我国九大商品粮基地分布图

按照我国行政区划划分,黑龙江、河南、山东是我国传统粮食生产主要省份,2014 年这三个省份粮食总产量达 1.66 亿吨,占我国粮食总产量的 27.34%。其他主要产粮地区还有吉林、江苏、安徽、四川、河北、湖南和内蒙古(见表 1-1)。

表 1-1　2014 年我国各地区粮食产量十强

（数据来源：国家统计局网站）

地　区	播种面积 /千公顷①	单位面积产量 /（公斤②·公顷⁻¹）	总产量 /万吨
黑龙江	11 696.4	5 336.8	6 242.2
河南	10 209.8	5 653.7	5 772.3
山东	7 440.0	6 178.2	4 596.6
吉林	5 000.7	7 064.7	3 532.8
江苏	5 376.1	6 492.9	3 490.6
安徽	6 628.9	5 152.9	3 415.8
四川	6 467.4	5 218.3	3 374.9
河北	6 332.0	5 306.6	3 360.2
湖南	4 975.1	6 032.5	3 001.3
内蒙古	5 651.0	4 871.7	2 753.0

（二）我国粮食产量

我国仅有世界 6% 的淡水和 9% 的耕地，却生产了世界 25% 的粮食，养活了世界 20% 的人口。据国家统计局公告，2014 年全国 31 个省（区、市）粮食总产量达 60 709.9 万吨（12 142 亿斤③），比 2013 年增加 516 万吨（103.2 亿斤），增长 0.9%。其中，谷物总产量达 55 726.9 万吨（11 145.4 亿斤），比 2013 年增加 457.7 万吨（91.5 亿斤），增长 0.8%。粮食总产量继续位居全球第一。2003—2014 年，我国粮食总产量实现连续 11 年增产（如图 1-2 所示）。更难得的是，在粮食实现"十一连增"的同时，棉油糖、果菜茶等经济作物全面发展，百姓的"米袋子""菜篮子""油瓶子"更加充盈。

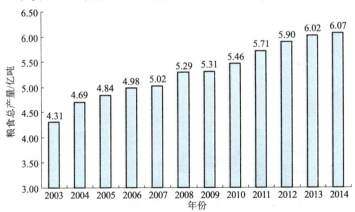

图 1-2　2003—2014 年我国粮食总产量

（数据来源：国家统计局网站）

---

① 1 公顷 = 10 000 平方米。

② 1 公斤 = 1 千克。

③ 1 斤 = 0.5 千克。

二、世界粮食生产

世界各国地理位置的不同及气候的差异，决定了粮食作物的分布广泛、种类多样。而在这众多的粮食作物种类中，分布地域最为广泛、占粮食作物总产量最大的是小麦、水稻和玉米。

（一）世界小麦产量与分布

小麦作为主要的粮食作物品种，其产量约占世界粮食总产量的28.9%。自2000年以来，世界小麦总产量整体呈上升趋势，2013年世界小麦产量达7.16亿吨，比2000年提高了22.18%。

世界小麦产量洲际分布如图1-3所示。由图可知，世界小麦生产主要集中在亚洲、欧洲地区。亚洲地区2013年达3.20亿吨，占世界小麦总产量的44%。其次为欧洲地区，2013年小麦产量达2.26亿吨，占世界小麦总产量的32%。

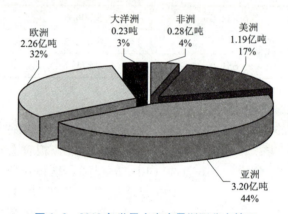

图1-3　2013年世界小麦产量洲际分布情况

（数据来源：FAOSTAT）

世界小麦产量国别分布如图1-4所示。世界小麦生产集中于中国、印度、美国、俄罗斯、法国和加拿大等国家，这六国的小麦产量占世界小麦总产量的55%，其中中国小麦的产量占世界小麦总产量的17%。

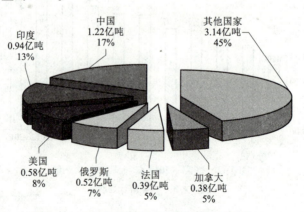

图1-4　2013年世界小麦主要生产国产量情况

（数据来源：FAOSTAT）

（二）世界水稻产量与分布

水稻适合生长在温暖湿润、雨热同期的热带及亚热带季风气候区，它是世界最重要的粮食作物之一。目前，水稻产量约占世界谷物总产量的29.9%。自2000年以来，世界稻谷总产量整体呈上升趋势，2013年世界稻谷产量达7.41亿吨，比2000年提高了23.71%。

世界稻谷产量洲际分布如图1-5所示，世界稻谷生产主要集中在亚洲地区，2013年亚洲地区稻谷总产量达6.71亿吨，约占世界稻谷总产量的90.56%。

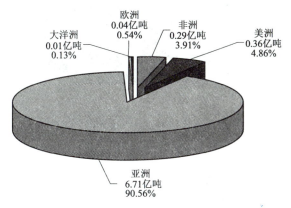

图1-5　2013年世界稻谷产量洲际分布情况

（数据来源：FAOSTAT）

世界稻谷产量国别分布如图1-6所示，世界稻谷生产集中于中国、印度、印度尼西亚、孟加拉、越南、泰国、缅甸、菲律宾、巴西、日本等10个国家，约占世界稻谷总产量的86%。

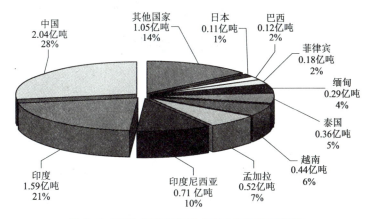

图1-6　2013年世界稻谷主要生产国产量情况

（数据来源：FAOSTAT）

（三）世界玉米产量与分布

玉米是世界上分布最广泛的粮食作物之一，种植范围从北纬58°（加拿大和俄罗斯）至南纬40°（南美洲）。世界上整年每个月都有玉米成熟。目前，玉米产量约占世界谷物总产量的41.1%。自2000年以来，世界玉米总产量整体呈快速上升趋势，2013年世界玉米产量达10.18亿吨，比2000年提高了71.96%。

　　世界玉米产量洲际分布如图 1-7 所示，世界玉米生产主要集中在美洲和亚洲。2013 年美洲地区玉米总产量达 5.224 亿吨，约占世界玉米总产量的 51.31%。亚洲地区玉米总产量为 3.051 亿吨，约占世界玉米总产量的 29.97%。

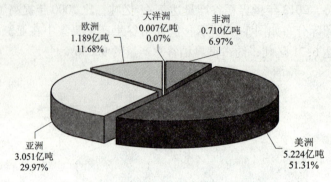

图 1-7　2013 年世界玉米产量洲际分布情况

（数据来源：FAOSTAT）

　　世界上有 100 多个种植玉米的国家和地区，其中美国、中国、巴西、阿根廷、乌克兰、印度、墨西哥、印度尼西亚、法国、加拿大等国家为玉米主要生产国，玉米总产量约占世界玉米总产量的 79%，如图 1-8 所示。

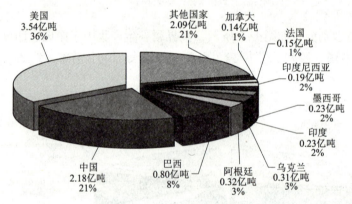

图 1-8　2013 年世界玉米主要生产国产量情况

（数据来源：FAOSTAT）

补充阅读

我国粮食主产区、主销区和产销平衡区

　　粮食主产区：黑龙江、吉林、辽宁、内蒙古、河北、河南、山东、江苏、安徽、江西、湖北、湖南、四川，共 13 个。

　　粮食主销区：北京、天津、上海、浙江、福建、广东、海南，共 7 个。

　　粮食产销平衡区：山西、宁夏、青海、甘肃、西藏、云南、贵州、重庆、广西、陕西、新疆，共 11 个。

第四讲 粮食安全

粮食安全与能源安全、金融安全并称为当今世界三大经济安全。对于我们这样一个拥有13亿人口的国家而言，确保粮食安全不仅是实现国民经济又好又快发展的基本条件，而且是促进社会稳定和谐的重要保障，也是确保国家安全的战略基础。在国民经济发展全局中，粮食始终被视为特殊商品和战略物资，如果放松国内粮食生产，过度依赖国际市场，无异于将自己的饭碗放在他人手上，在战略上极易受制于人，在关系国家生存发展的国际竞争中就会处于被动地位。由于人口增长、城市化进程加快，以及人民生活水平提高导致的粮食需求结构的变化，我国的粮食需求总量将保持刚性增长趋势，未来粮食供给的压力会越来越大。实现粮食安全是一项长期、艰巨的任务，绷紧粮食安全这根弦，常抓不懈，是我国的一项基本国策。

一、粮食安全的概念

20世纪70年代，粮食安全作为国际性概念被正式提出，随着时间的推移，其内涵和外延在不断丰富和发展，在不同时期出现了三种不同的表述与界定。

（1）1974年，联合国粮农组织在第一次世界粮食首脑会议上提出，粮食安全是指"保证任何人，在任何时候，都能得到为了生存和健康所需要的足够粮食"。

（2）1983年，联合国粮农组织根据世界粮食的新情况，对上述定义进行了修改，确定为"确保所有的人，在任何时候，都能够买得到，也能够买得起他们所需的基本食物"。

（3）1996年，在世界粮食首脑会议上，对粮食安全的内涵又做了新的表述："只有当所有人，在任何时候，都能在物质上和经济上获得足够安全和富有营养的粮食，来满足其积极和健康生活的膳食需求及食物爱好时，才实现了粮食安全。"按此定义，粮食安全有四个维度：粮食可供量、获取粮食的经济及物质手段、粮食利用和一段时间内的稳定性。

以上三个不同的表述，表达了不同时代的人对粮食安全由低到高的不同要求。1974年的概念要求最低，只强调数量供给上的满足，1983年的概念从买得到（数量供给满足）和买得起（购买能力具备）两个方面来衡量粮食安全状况，1996年的概念则在上述基础上加入了质量上的要求。

二、粮食安全评价指标

关于粮食状态达到什么样的标准才可以称之为安全，国际上有多种评价标准。联合国粮农组织的评价标准是：当一个国家或地区营养不良（人均每日摄入热量少于2 100卡路里）人口的比重达到或高于15%，该国就是粮食不安全国或地区。美国的评价标准是：通过向住户、成年人和儿童三大类人群发放问卷回答18个有关粮食消费条件和行为的问题，根据受访者回答的"是"或"否"来计算粮食安全状况。在我国，不同的学者从不同的角度建立了多种评价指标。综合来看，粮食安全的评价指标主要包括以下几方面。

1. 粮食自给率的水平

粮食自给率是指一个国家或地区一年的粮食产量占当年粮食消费量的比重。通常情况下，一个国家或地区的粮食自给率达到100%以上，表明其处于完全自给的状态；自给率在

95%～100%，表明其处于基本自给状态；自给率在90%～95%，表明其处于可接受的粮食安全水平状态；自给率低于90%，表明其处于粮食供求风险较大的状态。

2. 粮食储备水平

1974年，联合国粮农组织通过的《世界粮食安全国际约定》要求，各国政府的粮食储备不应低于谷物消费量的18%，这是保证世界谷物库存量安全的最低水平。

3. 人均粮食占有量

一个国家或地区的人均粮食占有量越高，表明该国或地区粮食安全水平越高。

4. 粮食产量波动幅度

一个国家或地区的粮食产量波动幅度越大，表明该国或地区的粮食安全稳定性越差。

三、粮食安全现状

（一）世界粮食安全现状

1. 世界饥饿人口数量仍然巨大

根据联合国粮食及农业组织2014年发布的《2014年世界粮食不安全状况》统计，2012—2014年，约有8.05亿人长期受食物不足困扰，比上个10年减少1亿多人，比1990—1992年减少2.09亿人。然而，世界上仍有1/9的人口无法获得充足食物以满足积极、健康的生活所需。这些饥饿人口大多生活在发展中国家，主要集中在南亚，其次是东亚和撒哈拉以南非洲。

2. 营养不足与营养失调并存

根据联合国粮农组织于2013年6月发布的《2013年世界粮食不安全状况》年度报告，2010—2012年，就热量摄取而言，营养不足（即饥饿）人数占世界总人口的12.5%（即8.68亿人）。然而，这一数字与世界营养失调人数相比仍然微不足道，世界约26%的儿童发育不全，20亿人至少缺乏一种微量营养元素，14亿人超重（其中包括5亿人患有肥胖症）。绝大多数国家都存在多种营养失调情况。营养失调所造成的社会损失使人的生产力和健康水平直接下降，经济损失则占世界GDP的5%，相当于每年损失3.5万亿美元，人均500美元，从而给收入水平各异的国家带来难以承受的巨大经济、社会代价。

（二）我国粮食安全现状

1. 目前我国粮食产需总量保持基本平衡

人多地少是我国的基本国情，未来几年，耕地、淡水、生态环境等自然资源约束和气候变化影响将越来越明显，粮食稳产和增产的难度越来越大。随着人口增加、城镇化推进、消费结构升级和粮食工业用途拓展，我国粮食消费将继续呈刚性增长，粮食供需也将长期处于基本平衡状态。

2. 我国粮食自给率逐年下降

近十年，我国粮食生产连年丰收，与此同时，我国粮食自给率却呈现逐年下降趋势，2013年我国粮食自给率已经降到了90%，三大谷物和大豆的总进口量合计为7 439.14万吨。分品种来看，大豆进口6 337.52万吨，是粮食进口的主要品种，约占全球大豆贸易总量的2/3。目前，进口大豆已占国内供给总量的80%以上。小麦、玉米、大米三大谷物品种的总进口量为1 101.63万吨。

四、我国粮食安全面临的挑战

近年来，我国粮食生产和供需形势呈现出较好局面，为改革发展奠定了重要基础。但是必须清醒地看到，农业仍然是国民经济的薄弱环节，随着工业化和城镇化的推进，我国粮食安全形势出现了一些新情况和新问题：粮食生产逐步恢复，但继续稳定增产的难度加大；粮食供求将长期处于基本平衡状态；农产品进出口贸易出现逆差，大豆和棉花进口量逐年扩大；主要农副产品价格大幅上涨，成为经济发展中的突出问题。从中长期发展趋势看，受人口、耕地、水资源、气候、能源、国际市场等因素影响，上述趋势难以逆转，我国粮食安全将面临严峻挑战。

1. 消费需求呈刚性增长

粮食需求总量继续增长。据预测，到 2020 年人年均粮食消费量为 395 公斤，需求总量为 5 725 亿公斤。

粮食消费结构升级。口粮消费减少，据预测，到 2020 年口粮消费总量为 2 475 亿公斤，占粮食消费需求总量的 43%。饲料用粮需求增加，据预测，到 2020 年将达到 2 355 亿公斤，占粮食消费需求总量的 41%。工业用粮需求趋于平衡。

食用植物油消费继续增加。据预测，到 2020 年人年均消费量为 20 公斤，消费需求总量将达到 2 900 万吨。

2. 耕地数量逐年减少

受农业结构调整、生态退耕、自然灾害损毁和非农建设占用等影响，耕地资源逐年减少。根据 2013 年年底公布的第二次全国土地调查结果，2013 年全国耕地面积为 20.3 亿亩[①]，人均耕地面积 1.4 亩，还不到世界人均耕地面积的一半，排在 126 位以后。受干旱、陡坡、瘠薄、洪涝、盐碱等多种因素影响，质量相对较差的中低产田约占 2/3。土地沙化、土壤退化、"三废"污染等问题严重。随着工业化和城镇化进程的加快，耕地仍将继续减少，宜耕后备土地资源日趋匮乏，今后扩大粮食播种面积的空间极为有限。

3. 水资源短缺矛盾凸显

目前，我国人均占有水资源量约为 2 200 立方米，不到世界平均水平的 28%，每年农业生产缺水 200 多亿立方米，且水资源分布极不均衡，水土资源很不匹配。我国北方地区水资源短缺矛盾更加突出。东北和黄淮海地区粮食产量占全国的 53%，商品粮占全国的 66%，但黑龙江三江平原和华北平原很多地区开采地下水灌溉，三江平原近 10 年来地下水位平均每年下降 2~3 米，部分区域下降 3~5 米，华北平原已形成 9 万多平方千米的世界最大地下水开采漏斗区（包括浅层地下水和深层承压水）。此外，近年来我国自然灾害严重，不利气象因素较多，北方地区降水持续偏少，干旱化趋势严重。今后受全球气候变暖影响，我国旱涝灾害、干旱缺水状况呈加重趋势，会给农业生产带来诸多不利影响，将对我国中长期粮食安全构成极大威胁。

4. 供需区域性矛盾突出

我国粮食供需区域性矛盾仍然较为突出。2014 年突出表现在以下几个方面：

（1）产粮区域快速北移。

---

① 1 亩 = 666. 666 67 平方米。

　　长江中下游是传统的粮食生产区域。如今，长江中下游五省江西、江苏、湖南、湖北、安徽虽然仍位列我国 13 个粮食主产区内，但由于其水稻种植面积明显减少，对全国粮食产量的贡献率已明显下降。相反，以往历史上的关外"不毛之地"东北地区，如今已成为最主要的粮食产区。目前东北四省（区）黑龙江、吉林、辽宁、内蒙古秋粮产量约占全国的 1/3。"北大仓"黑龙江自 2011 年起连续四年成为我国产粮"状元"，年粮食总产量占全国的 1/10。

　　（2）产粮区域高度集中。

　　有关数据显示，目前我国共有 13 个粮食主产区，产量占全国总产量的 75%，东北成为产量最集中的地区之一，10 年来全国粮食增产了 3 500 亿斤，东北四省（区）贡献率为 40%。全国超 10 亿斤的产粮大县有 400 多个，产量占全国总产量一半以上。超 100 亿斤的产粮大市（地）有 33 个，产量占全国的 43%。粮食产区集中度明显提高。

　　（3）主销区粮食产需缺口逐年扩大。

　　（4）西部部分地区生态环境较差、土地贫瘠，粮食生产力水平较低，存在供需缺口。

　　5. 品种结构性矛盾加剧

　　小麦供需总量基本平衡，但品种优质率有待进一步提高。大米在居民口粮消费中约占 60%，且比重还在逐步提高。但南方地区水田不断减少，水稻种植面积大幅下降，恢复和稳定生产的难度很大，稻谷供需总量将长期偏紧。玉米供需关系趋紧。大豆生产徘徊不前，进口依赖度逐年提高。北方种植大豆、南方种植油菜籽效益比较低，生产缩减。粮食品种间（如东北的大豆、玉米、水稻）及粮食作物与油料、棉花、烤烟等经济作物之间的争地矛盾将长期存在。

　　6. 种粮比较效益偏低

　　近年来，由于化肥、农药、农用柴油等农业生产资料价格上涨和人工成本上升，农民种粮成本大幅增加，农业比较效益下降。随着我国工业化、城镇化快速发展，农村外出务工人员增多，特别是粮食主产区一半以上的青壮年劳动力外出打工，农业劳动力呈现结构性紧缺，一些地区粮食生产出现"副业化"的趋势。与进城务工和种植经济作物相比，种粮效益明显偏低，保护农民种粮积极性、保持粮食生产稳定发展的难度加大。

　　7. 全球粮食供求偏紧

　　全球粮食产量增长难以满足消费需求的增长。据测算，近 10 年来全球谷物消费需求增加 2 200 亿公斤，年均增长 1.1%；产量增加 1 000 亿公斤，年均增长 0.5%。目前，世界谷物库存消费比已接近 30 年来最低水平。2006 年以来，国际市场粮价大幅上涨，小麦、玉米、大米、大豆和豆油价格相继创历史新高。今后受全球人口增长、耕地和水资源约束以及气候异常等因素影响，全球粮食供求关系将长期趋紧。特别是在能源紧缺、油价高位运行的背景下，全球利用粮食转化生物能源的趋势加快，能源与食品争粮的矛盾日益突出，将进一步加剧全球粮食供求关系紧张，我国利用国际市场弥补国内个别粮油品种供给不足的难度将增大。

五、保障我国粮食安全的主要政策措施

　　1. 提高粮食生产能力

　　（1）加强耕地保护。

采取最严格的耕地保护措施，确保全国耕地保有量不低于18亿亩，基本农田保有量不低于15.6亿亩，其中水田面积保持在4.75亿亩左右。

（2）切实加强农业基础设施建设。

下大力气加强农业基础设施特别是农田水利设施建设，稳步提高耕地基础地力和产出能力，力争到2020年中低产田所占比重降到50%左右。

（3）着力提高粮食单产水平。

强化科技支撑，大力推进农业关键技术研究，力争粮食单产有较大的突破，到2020年提高到350公斤左右。主要粮食作物良种普及率稳定在95%以上。科技对农业增长的贡献率年均提高1个百分点。

（4）加强主产区粮食综合生产能力建设。

按照资源禀赋、生产条件和增产潜力等因素，科学谋划粮食生产布局，明确分区功能和发展目标，集中力量建设一批基础条件好、生产水平高和粮食调出量大的核心产区；在保护生态的前提下，着手开发一批有资源优势和增产潜力的后备产区。在稳定发展粮食生产的基础上，合理调整农用地结构和布局，促进农业产业结构和区域布局的优化。

（5）健全农业服务体系。

加强粮食等农作物种质资源保护、品种改良、良种繁育、质量检测等基础设施建设。推进农业技术推广体系改革和建设，整合资源，建立高效、务实、精干的基层涉农服务机构，强化农技推广服务功能。大力推进粮食产业化发展，提高粮食生产组织化程度。加强病虫害防治设施建设，建立健全重要粮食品种有害生物预警与监控体系，提高植物保护水平。健全农业气象灾害预警监测服务体系，提高农业气象灾害预测和监测水平。完善粮食质量安全标准，健全粮食质量安全体系。加强农村粮食产后服务，健全农业信息服务体系。

2. 利用非粮食物资源

（1）大力发展节粮型畜牧业。

加强对北方天然草原的保护和改良，充分利用农区坡地和零星草地，建设高产、稳产的人工饲草地，提高草地产出能力。加快南方草地资源的开发，积极发展山地和丘陵多年生人工草地、一年生高产饲草，扩大南方养殖业的饲草来源，力争在2020年之前全国牧草地保有面积稳定在39.2亿亩以上。加快农区和半农区节粮型畜牧业发展，积极推行秸秆养畜，转变畜禽饲养方式，促进畜牧业规模化、集约化发展，提高饲料转化效率。

（2）积极发展水产养殖业和远洋渔业。

充分利用内陆淡水资源，积极推广生态、健康水产养殖，发展稻田和庭院水产养殖，合理开发低洼盐碱地水产养殖，扩大淡水养殖面积。合理利用海洋资源，加强近海渔业资源保护，扩大、提高远洋捕捞规模和水平。加强水产资源和水域生态环境保护，促进水产养殖业可持续发展。

（3）促进油料作物生产。

在优先保证口粮作物生产的基础上，努力扩大大豆、油菜籽等主要油料作物的生产，稳定食用植物油的自给率。继续建设东北地区高油大豆、长江流域"双低"（低芥酸、低硫苷）油菜生产基地，鼓励和引导南方地区利用冬闲田发展油菜生产。加强油料作物主产区农田水利基础设施建设，加快油料作物优良品种选育，大力推广高产、高油新品种，着力提高大豆、油菜籽和花生等油料作物单产和品质。积极开发特种油料，大力发展芝麻、胡麻、油葵等作物生产，充分利用棉籽榨油。

（4）大力发展木本粮油产业。

合理利用山区资源，大力发展木本粮油产业，建设一批名、特、优、新木本粮油生产基地。积极培育和引进优良品种，加快提高油茶、油橄榄、核桃、板栗等木本粮油品种的品质和单产水平。积极引导和推进木本粮油产业化，促进木本粮油产品的精深加工，增加木本粮油供给。

3. 加强粮食国际合作

完善粮食进出口贸易体系。积极利用国际市场调节国内供需。在保障国内粮食基本自给的前提下，合理利用国际市场进行进出口调剂。继续发挥国有贸易企业在粮食进出口中的作用。加强政府间合作，与部分重要产粮国建立长期、稳定的农业（粮油）合作关系。实施农业"走出去"战略，鼓励国内企业"走出去"，建立稳定可靠的进口粮源保障体系，提高保障国内粮食安全的能力。

4. 完善粮食流通体系

（1）继续深化粮食流通体制改革。

继续深化国有粮食企业改革，推进国有粮食企业兼并重组，重点扶持一批国有粮食收购、仓储、加工骨干企业，提高市场营销能力，在粮食收购中继续发挥主渠道作用。鼓励和引导粮食购销、加工等龙头企业发展粮食订单生产，推进粮食产业化发展。发展农民专业合作组织和农村经纪人，为农民提供粮食产销服务。引导各类中介组织开展对农民的市场营销、信息服务和技术培训，增强农民的市场意识。充分发挥粮食协会等中介组织行业自律和维护市场秩序的作用。

（2）健全粮食市场体系。

重点建设和发展大宗粮食品种的区域性、专业性批发市场和大中城市成品粮批发市场。发展粮食统一配送和电子商务。积极发展城镇粮食供应网络和农村粮食集贸市场。稳步发展粮食期货交易，引导粮食企业和农民专业合作组织利用期货市场规避风险。建立全国粮食物流公共信息平台，促进粮食互联网交易。

（3）加强粮食物流体系建设。

编制实施粮食现代物流发展规划，推进粮食物流"四散化"变革。加快改造跨地区粮食物流通道，重点改造和建设东北地区粮食流出、黄淮海地区小麦流出、长江中下游地区稻谷流出及玉米流入、华东地区和华南沿海地区粮食流入、京津地区粮食流入等六大跨地区粮食物流通道。在交通枢纽和粮食主要集散地，建成一批全国性重要粮食物流节点和粮食物流基地。重点加强散粮运输中转、接收、发放设施及检验检测等相关配套设施的建设。积极培育大型跨区域粮食物流企业。大力发展铁海联运，完善粮食集疏运网络。提高粮食物流技术装备水平和信息化程度。

5. 完善粮食储备体系

（1）完善粮食储备调控体系。

进一步完善中央战略专项储备与调节周转储备相结合、中央储备与地方储备相结合、政府储备与企业商业最低库存相结合的粮食储备调控体系，增强国家宏观调控能力，保障国家粮食安全。

（2）优化储备布局和品种结构。

逐步调整优化中央储备粮油地区布局，重点向主销区、西部缺粮地区和贫困地区倾斜；

充分利用重要物流节点、粮食集散地，增强对大中城市粮食供应的保障能力。按照"优先保证口粮安全，同时兼顾其他用粮"的原则，优化中央储备粮和地方储备粮品种结构，保证小麦和稻谷的库存比例不低于70%，适当提高稻谷和大豆库存比例；逐步充实中央和地方食用植物油储备；重点大中城市要适当增加成品粮油储备，做好粮油市场的应急供应保障。

（3）健全储备粮管理机制。

加强中央储备粮垂直管理体系建设，健全中央储备粮吞吐轮换机制。建立销区地方储备粮轮换与产区粮食收购紧密衔接的工作机制。完善储备粮监管制度，确保数量真实、质量良好和储存安全。加强储备粮仓储基础设施建设，改善储粮条件，提高粮食储藏技术应用水平，确保储粮安全。

6. 完善粮食加工体系

（1）大力发展粮油食品加工业，引导粮油食品加工业向规模化和集约化方向发展。

按照"安全、优质、营养、方便"的要求，推进传统主食食品工业化生产，提高优、新、特产品的比重。

（2）积极发展饲料加工业。

优化饲料产业结构，改进饲料配方技术，加快发展浓缩饲料、精料补充料和预混合饲料，提高浓缩饲料和预混合饲料的比重，建立安全、优质、高效的饲料生产体系。大力开发和利用秸秆资源，缓解饲料对粮食需求的压力。积极开发新型饲料资源和饲料品种，充分利用西部地区的资源优势，建立饲料、饲草等原料生产基地。

（3）适度发展粮食深加工业。

在保障粮食安全的前提下，发展粮食深加工业。生物质燃料生产要坚持走非粮道路，把握"不与粮争地，不与人争粮"的基本原则，严格控制以粮食为原料的深加工业发展。制定和完善粮食加工行业发展指导意见，加强对粮食深加工业的宏观调控和科学规划，未经国务院投资主管部门核准一律不得新建和扩建玉米深加工项目。

7. 引导科学节约用粮

按照建设资源节约型社会的要求，加强宣传教育，提高全民粮食安全意识，形成全社会爱惜粮食、反对浪费的良好风尚。改进粮食收购、储运方式，加快推广农户科学储粮技术，减少粮食产后损耗。积极倡导科学用粮，控制粮油不合理的加工转化，提高粮食综合利用效率和饲料转化水平。引导科学饮食、健康消费，抑制粮油不合理消费，促进形成科学合理的膳食结构，提高居民生活和营养水平。建立食堂、饭店等餐饮场所"绿色餐饮、节约粮食"的文明规范，积极提倡分餐制。抓紧研究制定鼓励节约用粮、减少浪费的相关政策措施。

▶▶▶ **做练习**

1. 简述"粮食"的国内外定义。

2. 粮食有哪些种类？

3. 简述粮食的特征。

4. 新中国成立后，我国粮食生产经历了哪些阶段？

5. 我国商品粮生产基地有哪些？

6. 2014年我国粮食产量排名前10位的省份有哪些？

7. 简述世界小麦的生产分布情况。

8. 简述世界水稻的生产分布情况。

9. 简述世界玉米的生产分布情况。

10. 简述粮食安全概念的演变。

11. 粮食安全有哪些评价指标？

12. 简述世界粮食安全现状。

13. 简述我国粮食安全现状。

14. 我国粮食安全面临哪些挑战？

15. 保障我国粮食安全有哪些措施？

 **看资料**

国家粮食局负责人就《粮食收储供应安全保障工程建设规划（2015—2020年）》（以下简称《规划》）答记者问（摘要）

记者：《规划》有哪些特点？

答：一是《规划》是粮食流通建设方面的首个国家级专项规划，既立足守住粮食流通工作的底线，又着眼全面建成小康社会对确保国家粮食安全的新要求，注重加强粮食流通能力现代化建设，加快构筑供给稳定、储备充足、调控有力、运转高效的粮食安全保障体系，注重数量质量效益并重，确保质量安全。

二是紧扣粮食产业链重点领域和薄弱环节，突出建设特点，明确带有基础性、公益性和全局性的六个方面建设任务。"粮安工程"不仅仅是仓储物流等基础设施建设，还涵盖了粮食应急供应体系、粮油质量安全综合保障能力、粮情监测预警体系、粮食产后节约减损等为重点的软件提升方面的能力建设。

三是突出全面深化改革精神的新要求，注重坚持两手发力综合施策，体现使市场在资源配置中起决定性作用和更好发挥政府作用，增加总量，盘活存量，用好增量，发挥土地、财税、金融等政策杠杆作用，有效调动中央、地方、企业和社会力量等各方面的积极性。能通过市场化解决的，更多地利用社会力量、民营等多元主体投入。

四是《规划》实施具备良好基础条件。"粮安工程"提出2年多来，国家有关部门已安排中央投资近100亿元，支持粮油仓储、物流设施建设和"危仓老库"改造，农户科学储粮、质检体系等建设。各地也初步完成了本地区的规划编制工作，积极落实地方财政资金，积极加快推进"粮安工程"建设，一些省级政府相继出台了加强"粮安工程"和流通产业发展的相关政策措施文件。

记者：请简要介绍一下《规划》的指导思想、总体目标和进度安排。

答：《规划》提出的指导思想是：以邓小平理论、"三个代表"重要思想、科学发展观为指导，深入贯彻习近平总书记系列重要讲话精神，全面落实党的十八大和十八届三中、四中全会精神，认真贯彻国家粮食安全战略，落实守住管好"天下粮仓"，做好"广积粮、积好粮、好积粮"三篇文章的总要求，紧紧围绕全面建成小康社会对保障国家粮食安全的新要求和守住"种粮卖得出、吃粮买得到"的粮食流通工作底线，加大政策支持和资金投入，彻底改善粮食仓储、应急等基础设施条件，全面提升粮食收储供应安全综合保障能力、宏观调控能力和抗风险能力，确保国家粮食安全。

《规划》提出的总体目标是：到 2020 年，全面建成售粮便利、储存安全、物流通畅、供给稳定、应急高效、质量安全、调控有力的粮食收储供应安全保障体系，形成布局合理、结构优化、竞争有序、监管有力的现代粮食流通新格局，使粮食收储能力大幅增强，粮食物流效率显著提高，应急保障能力明显提升，粮油质量安全综合保障能力全面提升，粮情监测预警体系全面建成，粮食产后节约减损取得明显成效。

《规划》明确了五个方面 13 项指标，主要包括：2015 年底前完成集中新建仓容 1 000 亿斤的任务，实现农户科学储粮专项户数达到 1 000 万户；到 2017 年完成全国"危仓老库"的维修改造；到 2020 年基本消除"席茓囤"等露天存粮，应急供应网点达到 5 万家，应急加工企业达到 0.6 万家，改建成品粮批发市场 312 家，改建区域性配送中心 531 个，国家粮食质量监测机构数量达到 500 个，粮食质量安全风险监测网点达到 2 500 个，国家粮食信息直报点增加到 2 000 个，粮食供需平衡抽样调查城乡居民户达到 20 万户，年减少粮食产后流通环节损失浪费 1 300 万吨以上。

按照统筹兼顾、重点突破，急需优先、梯次推进的要求，建设分为三个阶段：一是应急建设期（2015 年），重点解决仓储设施不足等紧迫问题，核心是主产区仓容建设和"危仓老库"维修改造；二是整体推进期（2016—2017 年），全面推进粮食流通领域基础设施建设；三是全面建成期（2018—2020 年），全面完成"粮安工程"建设任务。

记者：《规划》提出的六大建设任务是什么？

答：一是建设粮油仓储设施。2015 年底前，完成国务院第 52 次常务会确定的集中新建仓容 1 000 亿斤的任务，"十三五"期间继续重点安排建设。配套建设烘干设施设备，完成全国"危仓老库"维修改造和功能提升，加快成品粮应急低温储备库建设，全面推广应用绿色生态智能储粮技术，提升仓储设施技术水平。重点加快东北地区及南方稻谷产区等主产区粮食仓储设施建设，明确主销区、产销平衡区也要加强粮食仓储设施建设的责任。

二是打通粮食物流通道。重点是加大东北、黄淮海、长江中下游等流出通道和华东沿海、华南沿海、京津、西南、西北及沿海进口流入通道建设力度，建设一批铁路散粮车和集装箱装卸节点及内河散粮节点，形成一批大型粮食物流园区，完善和优化物流节点布局，建设物流公共信息平台，推广应用新技术、新装备，提高物流组织化程度，实现散粮运输全程无缝连接，使粮食物流成本下降，运输通畅。

三是完善应急供应体系。重点是进一步加强城乡粮油应急供应网点建设和维护，完善粮食应急供应、配送、加工等网络布局，改造建设一批区域性骨干粮油应急配送中心、成品粮批发市场，推进主食产业化，通过增建和技术改造提升粮油应急加工能力。

四是保障粮油质量安全。重点是加强粮油质量安全检验监测体系、"放心粮油"供应销售网络平台和质量安全管理体系、流通追溯体系建设，完善粮油质量安全标准体系，提升粮食质量安全应急处置能力，确保粮油全产业链质量安全。

五是强化粮情监测预警。重点是整合现有粮食信息资源，强化信息基础设施和安全保障能力建设，建成包括信息采集、警情分析、信息发布的粮情监测预警体系，建立和完善库存粮食识别代码制度，推进"智慧粮食"建设，增强国家调控市场的前瞻性、针对性和有效性，实现对粮情"未涨先知""未抢先知"。

六是促进粮食节约减损。重点是深入推进节粮减损示范工程和专项行动，继续扩大农户科学储粮专项实施范围，大力支持种粮大户、家庭农场和专业合作组织等建设粮食烘干、储存设施设备。加快减少粮食储运损失，大力推进粮油适度加工和副产物高效利用，推进粮油科学健康消费，形成政府主导、企业实施、全民参与的全社会节粮减损长效机制。

（资料来源：中国粮食信息网，2015.6.19）

专题二 粮食市场

 学习目标

  了解粮食市场的概念、功能与作用；掌握我国粮食市场的主要类型；了解世界粮食市场概况和发展趋势。

 **学知识**

第一讲　我国粮食市场

  "民以食为天"，粮食作为人们赖以生存的生活必需品和关系国计民生的战略性物资，自古以来备受世界各国政府重视。

  在我国，伴随经济体制改革，为适应社会主义市场经济的要求，改革具有浓厚计划经济色彩的粮食购销体制，1987年国务院宣布实施粮食平价购销与议价购销并行的粮食购销"双轨制"，1991年国务院印发《关于调整粮食购销政策有关问题的通知》，我国粮食购销体制在探索中酝酿变革，逐步推进粮食产业市场化进程。1992年中共十四大确定建立社会主义市场经济体制基本国策之后，粮食购销体制由传统的统购统销体制向市场经济体制转变的步伐明显加快，我国以粮食为商品的粮食市场才真正逐渐建立起来。

一、粮食市场的概念功能及作用

（一）粮食市场的概念

  按照市场学的经典理论，市场有狭义市场与广义市场之分。

  狭义市场是指形成的相对固定的交易场所。狭义市场是社会分工和商品经济发展到一定阶段，因交易需要而自发形成或社会主动创设。市场的存在主要是为了降低搜寻成本和促成交易。

  广义市场是指因交易形成的各种交换关系的总和。广义市场是从理论角度抽象描述交易的实质内涵以及由此衍生的各种利益关系。

  粮食市场是指以原粮及加工后的粮食成品为交易对象的专业市场。粮食市场既可以是狭义粮食市场，也可以理解为广义粮食市场。本专题中的粮食市场，在未作特别说明的情况下专指广义粮食市场。

补充阅读

世界粮食日

1979 年，联合国粮农组织第 20 届大会决定从 1981 年起，把每年的 10 月 16 日（联合国粮农组织创建纪念日）定为"世界粮食日"（World Food Day，WFD），以引起人们对全球粮食短缺问题的重视，敦促各国采取行动增加粮食生产，与饥饿和营养不良做斗争。每年世界粮食日，包括联合国粮农组织在内的国际机构、各国政府及民间组织都会开展各种宣传与纪念活动。2014 年世界粮食日的主题是"家庭农业——供养世界，关爱地球"，2014 年是联合国确定的国际家庭农业年。

（二）粮食市场的功能

1. 交换功能

促进和实现商品交换活动的交换功能是市场的基本功能，粮食市场也不例外。在商品经济条件下，粮食生产者、消费者以及粮食商品经营中间商、中介服务商，通过市场交换方式，使得粮食商品所有权让渡和转移的经济行为得以实现。

由于地理位置的原因，国内各地和世界各国粮食生产的自然条件、规模、产量，以及粮食作物的品种差异较大。例如，我国南方适宜种植水稻，每年能够收获两季，甚至是三季，而北方则适宜种植小麦。这种粮食品种和生产规模上的差异客观上使粮食商品地区间交易成为可能。同时随着社会的发展，人们饮食消费的多样性、城镇化和国际贸易，粮食地区间和国际交换成为有利可图的贸易形式，而且交易规模越来越大。例如，世界小麦贸易量自 1981 年超过 1 亿吨以后，大部分年份在 1 亿~1.2 亿吨，2012 年超过 1.37 亿吨，2013 年更是达到 1.64 亿吨。

粮食市场为国内地区间乃至国际粮食交换，在流通渠道、商品供求信息、价格形成、仓储和运输等方面提供了必不可少的支持，推动和促成了粮食商品交换的实现。

2. 调节功能

粮食市场发挥粮食交换基本功能的同时，把粮食交换活动过程中产生的粮食价格波动趋势、不同粮食商品需求与供应情况等各种相关市场经济信息传递、反映给参与粮食市场的各方当事人。

粮食市场传递、反映的市场经济信息虽然形式多种多样，内容纷繁复杂，但参与市场的各方当事人对市场信息表现出来的经济含义做出的反应基本一致。例如，国家职能部门根据粮食市场反映的粮食商品总量及商品结构的变化信息，了解和判断国民经济活动中粮食供需状况和粮食安全状况，并据此调整和规划粮食生产及市场干预的政策；粮食流通企业根据粮食市场反映的粮食商品各品种购销信息及价格波动信息，对当前及未来粮食消费偏好和各品种粮食商品需求潜力做出判断和预测，调整企业的经营方向和经营范围；粮食市场中介机构根据粮食市场的信息，向社会发布专业性粮食市场报告，引导粮食的生产与流通。也就是说，参与粮食市场的各方当事人，通过细致分析能够了解并掌握粮食市场传递的信息中隐含的现实经济生活中粮食商品供需的真实状况，以及从中揭示出今后一段时间内各品种粮食的市场供求价格变动趋势，并做出对自己最有利的应对。

在市场经济条件下，粮食市场参与各方毫无争议的利己反应，客观上调节了社会的粮食生产与流通。

3. 引导功能

社会的生产过程实质上是社会资源的配置过程，在市场经济条件下，资本逐利的本质特性及市场的价格变化趋势，成为引导和调整社会资源配置的原动力。

粮食市场中众多参与者博弈形成的粮食市场价格，在很大程度上客观反映了市场的真实供需状况和需求的变化趋势，对现实社会经济资源的流向与流量，具有较强的调整和引导效应。例如，粮食市场中某种粮食商品价格上涨（下跌），意味着相关的粮食生产者和粮食经销商会获得更高（低）的投资回报，这一结果不仅会提高（降低）现有生产者和经销商的经营热情与经营信心，同时也会强化社会其他行业经营者对粮食未来的市场预期，进而引导和调整社会资源在粮食产业中的配置。

需要特别指出的是，虽然现代经济学和市场学认为，市场主导社会资源的配置，并且能够高效率实现社会资源的配置。但现实经济运行证明，市场对社会资源的配置也并非万能的，尤其是存在"市场失灵"的现象，这是由于：一是市场配置社会资源具有一定的盲目性，市场经济活动主体的短期行为、市场信息的误判、市场惯性等因素，在一定程度上造成粮食市场经济活动主体资源投向（投资）的盲目性；二是经济社会中很多的公共需要（如粮食的收购与仓储）和公共产品（如普通粮食品种的社会供应保障）无法通过市场商业行为自发供给完全满足。由于粮食的特殊社会属性，社会一方面需要通过粮食市场引导社会资源在粮食行业中的配置，另一方面还需要政府从国家整体安全与稳定的角度出发，通过宏观的财政经济政策和经济杠杆（如粮食生产与粮食流通补贴），介入粮食行业的资源配置，优化和保障粮食行业资源的配置。

4. 优化功能

粮食虽然是特殊的商品，但在商品经济社会，粮食的生产和购销同样遵从市场运作的一般规律。粮食市场通过规范的市场运作、有效的价格形成机制、明确的市场供需信息、透明的政策扶持信号，优化粮食生产结构、粮食流通业务结构、粮食市场经济主体结构和粮食行业从业人员结构。

在优化粮食生产结构方面：粮食需求的变化以及现实社会中的消费偏好，可优化粮食种植结构，增加优质原粮生产比重；国家政策性的扶持，可促进粮食产销平衡，提高粮食供给保障水平；粮食价格的引导，可推动调整科技含量低且雷同化的产品格局，增加粮食产品加工的科技含量等，进而优化我国整体粮食生产的结构。

在优化粮食流通业务结构方面：粮食市场有机联系粮食购、销、存、运、加五大基本流通业务环节，市场运行机制必然促进粮食流通各业务环节间的密切衔接，优化粮食仓储、粮食中转、粮食运输等流通基础设施布局与建设，推进粮食加工、检测技术及储运技术的升级，形成与粮食流通发展相适应的流通业务结构模式。

在优化市场经济主体结构方面：在粮食市场中，不能适应市场的市场经济主体，其市场经营能力将持续处于劣势，也难以适应越来越激烈的市场竞争环境，最终被市场淘汰出局。相反，对粮食市场适应能力强的市场经济主体，在市场竞争中能够逐渐扩大其竞争优势，获得越来越高的市场占有率，进而增强其市场生存和发展的能力。粮食市场经济主体结构在市场的优胜劣汰机制下得到优化。

在优化粮食行业从业人员结构方面：现代粮食市场是一个涉及多学科、多领域的专业性市场，粮食行业从业人员自身的知识水平和业务能力对其工作业绩有着直接的影响。粮食市场内在和外在的客观要求，将促成粮食行业从业人员结构的调整优化，使从业人员结构趋于合理。

（三）粮食市场的作用

1. 有助于优化粮食产业结构

粮食市场对粮食产业的生产流通活动具有直接的导向作用。在社会主义市场经济体制下，粮食市场通过供需关系及价格等调节机制引导产业的生产流通活动，市场经济主体根据粮食市场供需信息决定其生产经营活动，在公平竞争的市场法则下优胜劣汰，优化粮食市场的经济主体结构。

在市场中获得竞争优势、赢得生存和发展的经济主体，更能够适应现代市场竞争环境，更能理性地分析粮食市场宏观环境因素的变化趋势，进而从市场中发现并把握更多的市场机会，同时有效规避市场风险，在做大做强自身的过程中，按照一般市场经济主体经营扩张期的战略思路，或主动投资，或间接渗透，不断延伸其经营领域，拓展其经营的深度与广度。同时，市场经济主体的优化和发展壮大，反过来又进一步促进粮食市场的发展，而粮食市场的发展，又将带动与粮食市场相关的粮食生产、加工、仓储、运输、贸易等业务的发展及相关人才的培养，逐步形成配套完整且有利于粮食行业发展的粮食产业链和人才培养储备机制。因此，粮食市场有助于优化粮食产业结构。

2. 有助于促进粮食产业的技术进步

科学技术是第一生产力。粮食市场中各经济主体为了谋求在市场中的竞争优势，获得更大的生存与发展空间，除了必须尊重并适应市场规律，还需要重视科学技术的进步。通过技术研发与新技术应用，提高自身的核心竞争力。如原粮生产者需要依靠科学技术提高原粮产量、改良原粮品种、提升原粮品质等；粮食初级供应商和加工企业需要依托科学技术提高粮食加工效率、加工转化合格品率、深加工增值能力、降低工业"三废"等；粮食流通中间商需要依靠装卸转运、粮食品质检测、仓储等科学技术降低流通中粮食损耗率和保证仓储保管期间的粮食仓储安全等；粮食批发市场和粮食期货市场运营商更需要科学技术支撑，确保大宗粮食交易的准确性等。另外，粮食市场的管理者（政府职能部门）更需要有计划、有步骤地开展国家粮食安全技术、粮食产业核心技术及关键技术的研发与示范推广，提高粮食产业技术含量和科技创新能力。

在经济利益和社会利益的驱动下，粮食市场参与者或被动或主动地应用推广、研发能够增强市场竞争力的科学技术，客观上推动了粮食产业的技术进步。

3. 有助于建立国家粮食安全体系

对于社会而言，粮食安全是实现社会稳定、经济发展和国家安全的重要基础，既是维护社会稳定的战略要求，也是保障社会经济发展的前提条件。尤其对于人口基数庞大的我国，粮食安全更是一项必须完成的首要战略目标。为进一步明确各省级人民政府在维护国家粮食安全方面的事权与责任，国务院 2015 年 1 月印发了《关于建立健全粮食安全省长责任制的若干意见》。

需要指出的是，粮食安全与食品安全是两个不同的概念，粮食安全更偏重于"数量"保障，而食品安全则主要是指"质量"保证。

4. 有助于国家对粮食生产流通的宏观调控

在商品经济社会，社会资源按照粮食市场价格信号反映的粮食供求关系，通过参与粮食市场的生产流通活动，自发流向最有利的粮食经营领域，在市场竞争中追求各项资源要素的最佳组合。

在正常情况下，扮演社会管理者的国家，应当充分尊重粮食市场内在的经济规律，不需要也不应该直接干预粮食市场的微观经济活动。但粮食作为一类特殊的商品，既是基础性生活物资，又是基础性生产物资，最经济的粮食市场资源配置不一定符合社会的要求，甚至产生负面的社会效益，不利于社会的稳定和发展。例如，粮食市场价格一直维持高位，造成低收入社会成员生活困难；粮食市场价格持续低迷，挫伤粮食种植业者的积极性，造成主要原粮品种生产不足。在这种情况下，就需要国家运用宏观调控措施对粮食市场进行必要的干预。例如，科学确定粮食最低保护收购价和基本农田保护法规，保障社会主要粮食品种的生产面积和产量；运用国家储备制度，及时平息粮食市场异常价格波动；通过粮食市场释放扶持或抑制政策信号，间接调节粮食生产流通。

粮食市场为粮食宏观调控提供了最直接的市场供求总量信息、价格波动状态等决策依据，有利于国家制定针对性的粮食宏观调控政策措施。

二、我国粮食市场的主体

自 1992 年中共十四大确定建立社会主义市场经济体制基本国策之后，我国粮食市场才从真正意义上开始构建雏形，其后我国粮食市场在探索中不断发展，近年来伴随我国强力推进战略性经济结构调整，以及全球经济一体化进程的不断加速，我国粮食市场逐渐趋于成熟。多元化的市场经济主体、日臻完善的市场体制和运行机制，使粮食市场成为我国市场体系中重要的专业性市场，在国民经济中发挥着越来越重要的作用。

我国粮食市场的主体主要有以下六类。

（一）国家粮食行政管理部门

国家粮食行政管理部门是指国家授权主要负责全国粮食流通宏观调控、粮食行业指导和管理国家粮食储备的行政机构。国家粮食行政管理部门是粮食市场的管理主体。

我国粮食行政管理部门，主要包括国家粮食局和各地方粮食局，其中国家粮食局的法定职责有以下几个方面：

（1）监控粮食总量平衡、重要粮食品种结构，并向国家提供有关的宏观调控建议。

（2）向国家有关部门提供粮食流通中长期规划、现代粮食流通产业发展战略的建议。

（3）拟订和实施粮食流通体制改革方案。

（4）编制粮食市场体系、仓储、加工设施以及科技发展规划。

（5）负责管理中央或地方粮食设施投资项目。

（6）提供储备粮规模和布局的建议。

（7）负责国有粮食企业改革和发展工作。

（8）确定和调整相关粮食生产者、经营者和消费者的政策措施、制度和标准技术规范等。

（9）制定涉及国家粮食安全的重大行政决策。

各地方粮食局的法定职责有以下几个方面：

（1）监管最低粮食收购价的执行和储备粮等政策性粮食的收购及轮换。

（2）监督粮食经营者履行法定储粮义务。

（3）监督检查国家粮食流通统计制度的执行情况。

（4）监测粮食质量安全。

（5）监督粮食收购、仓储、运输等一般市场经济活动。

（6）维护粮食流通市场正常秩序。

（7）认定储备粮代储资格和粮食质量监督检验机构的资质。

（二）粮食生产者

经济学上的生产者是指能够独立进行生产决策的单个社会经济单位，一般指厂商（企业）。粮食生产者则是指直接从事原粮生产的组织和个人。在我国，既有以农户为单位的个体粮食生产者，也存在大规模国有粮食企业，如生产建设兵团、农垦总公司，还有民间社会资本投资形成的生产者。

粮食生产是粮食产业的起点和粮食市场的基础，对国家粮食安全有着至关重要的影响。粮食生产者的劳动效率和生产积极性，以及粮食生产技术应用、农业水利设施建设和粮食生产面积等是粮食生产的相关影响因素。

由于我国现阶段粮食生产集约化和机械化程度还比较低，粮食生产产业化程度不高，以农户为单位的个体粮食生产者在粮食生产者中所占的比重较大，因此，当前乃至今后一段时间内，通过政策倾斜和制度设计，改变我国个体粮食生产者群体在粮食市场中的弱势地位，重视个体粮食生产者的市场利益诉求，调动其种粮积极性，对我国粮食生产有着较为重要的现实意义。

当然，最为理想的解决途径是从根本上改善我国粮食生产者结构，形成以集团化企业为主的粮食生产格局，以此保障我国的粮食安全，增强粮食生产者在粮食市场中的话语权，完善粮食市场结构，进而增强粮食产业的国际竞争力，使我国粮食市场更加健康地可持续发展。

（三）粮食加工企业

粮食加工企业是指对原粮进行初级加工和深加工的社会组织。粮食加工企业是现代粮食产业体系的重要组成部分，也是粮食市场重要的主体之一。

粮食加工企业一方面作为买方直接参与粮食市场原粮交易，另一方面又是粮食市场的粮食商品供应商。由于多种因素的影响，目前国内粮食市场主要粮食品种远高于国际市场价格。据山东省农业厅发布的统计数据，2014 年前 5 个月，大米、小麦、玉米等主要粮食品种国内市场与国际市场价格差分别为每吨 318 元、451 元、924 元。在上游有国家执行政策性粮食收购保护价抬高原粮价格，下游有进口粮食的挤压，国内粮食加工企业普遍面临较大的生存压力。

（四）粮食流通中间商

粮食流通中间商是指直接或间接参与粮食市场流通的经济活动主体。粮食市场流通中间商种类较多，从功能差异方面可分为以下几种。

1. 粮食购销企业

粮食购销企业是粮食市场中粮食交易的主体，主要从事原粮的收购和粮食的销售等经济活动。随着我国粮食流通体制改革，国有资本（国有粮食储备企业）在加强政策性平衡市场重点业务的同时，逐渐退出一般粮食购销领域，让位于民间资本经营。

2. 粮食仓储企业

粮食仓储企业以粮食的存储保管和周转为主要业务。粮食仓储在调节粮食供应平衡、稳定粮食市场价格、应对重大自然灾害和影响粮食供给的突发事件、保证储藏期间的粮食质量、保证社会粮食消费等方面有着十分重要的意义。

我国粮食仓储企业以国有企业为主，多种经济成分并存。截止到 2014 年 7 月，我国共有各类粮食仓储企业 1.9 万家，仓储总容量超过 3 亿吨。为保障国家粮食安全和缓解我国粮食仓储设施不足的矛盾，国务院 2014 年决策部署，在 2014 年和 2015 年两年间新建 1 亿吨粮食仓储设施。

中国储备粮管理总公司是目前国内最大的粮食仓储企业，是直属国资委管理的粮食类中央企业，简称中储粮。中储粮成立于 2000 年，注册资本 166.8 亿元，拥有国内覆盖面最广、规模最大的粮食储运网络和先进的粮食储运技术和装备水平。中储粮主要承担特殊政策性粮食流通业务，对中央储备粮的总量、质量和储存安全负总责。

3. 粮食运输企业

粮食运输企业主要从事粮食异地转移的运输业务。粮食运输是我国粮食行业市场化程度较高的领域，粮食运输企业间的竞争尤为激烈。由于粮食的转运量一般较大，在大宗粮食长途运输方面，以铁路运输和水路运输为主，公路运输主要集中在粮食短途运输业务和粮食集散运输业务方面。

4. 国际粮食供应商

粮食是当前规模较大的国际贸易品种，虽然我国粮食生产实现罕见的"十一连增"，但在国际贸易格局中，仍然是世界粮食的主要进口国之一，尤其是大豆和玉米等粮食品种。在世界经济一体化的今天，我国粮食市场经营者面临着国际粮食供应商的竞争。

在众多的国际粮食供应商中，以美国 ADM（Archer Daniels Midland）、邦吉（Bunge）、嘉吉（Cargill），法国路易达孚（Louis Dreyfus）最为有名，它们控制了全球近 80% 的粮食国际贸易，俗称"ABCD"四大国际粮食供应商。

（五）粮食市场中介机构

粮食市场中介机构是指间接服务粮食市场，促成粮食交易的社会组织，主要包括：

（1）粮食专业性交易市场，如粮食批发市场、粮食期货市场等。

（2）金融服务机构，如银行、保险公司等。

（3）广告媒体，如报纸、杂志、电台、电视台等。

（4）咨询服务机构，如粮食专业研发机构、粮食市场调研机构等。

（六）粮食消费者

粮食消费者是指为满足个人和家庭生存需要，购买并消费粮食及粮食复制品的消费者。粮食消费者是粮食商品的最终消费主体，一般泛指社会中的个体消费者。粮食工业企业，如粮食工业、饲料加工、食品酿造等企业，只是加工转化粮食，因而不是粮食消费者。

粮食是人类生存最基本的生活消费品，由于我国人口基数庞大，地域广阔，粮食安全对于社会稳定和社会发展异常重要。随着经济社会的发展，人们对物质生活要求越来越高，以及可预见人口基数的缓慢增长，在消费特点和消费总量方面，我国粮食消费将会发生较大的变化，这些变化将影响我国的粮食生产和粮食安全。

三、我国粮食市场的主要类型

我国粮食市场从市场影响面和市场具体业务角度，涵盖了粮食生产（种植）、粮食加工（工业）、粮食流通、粮食消费、政府粮食政策性干预等粮食相关领域。虽然上述粮食相关领域彼此制约和相互影响，但从粮食再生产和市场参与者特性差异等角度，可将我国粮食市场分为三种类型。

（一）粮食工业生产者市场

粮食工业生产者市场是指粮食工业企业因工业生产需要而形成的特定市场。现实生活中，粮食工业企业的基本业务主要有：在粮食市场中购买原粮（原料）、对原粮进行加工或深加工使之成为符合社会需要的粮食商品（生产）、组织粮食商品的销售并从中获取利润（销售）。由于原粮不能直接满足粮食消费者的需要，只有经过粮食工业企业加工或深加工，才能实现其使用价值；因此，在粮食市场中，粮食生产者（农业种植）只是原粮供应者，粮食工业生产者才是实质上的粮食商品供应商。

粮食工业生产者市场具有以下主要特征。

1. 粮食工业生产者是专家购买者

随着我国经济的发展，在市场机制优胜劣汰下，我国粮食加工工业格局发生了深刻变化。早期遍布城乡的小作坊式粮食加工企业多数已被市场淘汰，社会资源逐渐向大中型粮食加工企业集中，而且呈现加速趋势。

粮食工业生产者市场格局的变化，使得粮食工业企业生产规模越来越大，生产专业化程度越来越高。在粮食市场原粮采购过程中，不论是采购方式和采购数量，还是质量判别和价格磋商，粮食工业企业都不同于一般消费者。在判定拟购原粮品质方面，有别于普通消费者通过个人感觉判断，粮食加工企业以专业的技术指标和专业的检测手段检测拟购原粮水分、干物质等的品质特性；在采购方式方面，由于全年生产耗用原粮数量巨大，粮食工业生产者还通过科学安排采购次数，控制最经济单次原粮采购量，提高资金使用效率；在议价方面，粮食工业生产者有一定的定价话语权；对粮食市场变化时刻保持关注，了解并影响粮食市场商品行情。上述情况表明，粮食工业生产者是专家购买者。

2. 生产规模大且分布相对集中

按照现代工业生产和产业规模经济的要求和发展规律，规模化集中生产在粮食生产者市场中表现越来越明显。由于激烈的市场竞争和高度专业化的生产技术要求，粮食生产者市场处在不断的市场整合和社会配置中，少数市场适应能力突出的粮食工业企业逐渐成为粮食市场上的生产者主力，生产规模越来越大。

在粮食工业生产者分布上，整体表现为相对集中分布于主要粮食品种主产区周边大中城市，以及重要的沿海港口城市。这种分布格局的形成，主要是为了满足大宗粮食商品运输和集散的低成本。

3. 生产专业化程度高

粮食工业一般被认为生产简单、技术含量低。其实不然，如面粉加工，即使有着丰富实践经验，面对生产现场的复杂粉路和风网，也不会感觉轻松。随着近年来粮食生产技术的升级，粮食工业生产专业化、自动化程度越来越高，粮食生产技术水平、装备水平、主要经济技术指标和加工质量等方面已达到国际先进水平。

4. 粮食工业生产者市场需求弹性小

粮食是特殊的商品，不具有替代性，下游消费领域消费者的需求基本稳定，价格弹性小，因此，粮食工业生产者市场，不论是原粮的需求总量，还是粮食商品的供给总量，一般情况下对市场价格波动不敏感，受市场价格波动影响小。但是由于粮食是生活必需品和基本的生产资源，如果社会对粮食价格波动异常敏感，容易引发一系列的社会问题，因此，粮食正常的价格波动可以由市场自发调节，而非正常价格波动则需要政府加以干预。

5. 与粮食市场中间商联系紧密

一般情况下，企业的生产规模及市场渠道短期内不会有较大变化，在实际经济生活中，粮食工业生产者为保持生产的连续性，通常与粮食流通企业建立长期合作关系，构建稳定的原粮供应和粮食商品销售体系，以降低市场风险。

（二）粮食流通中间商市场

粮食流通中间商市场是指从事粮食流通业务的组织和个人所构成的市场。粮食流通中间商市场的一般业务有原粮收购、仓储、转运和粮食批发、零售等，流通中间商的存在不仅完善了粮食市场结构，而且提高了粮食市场运作效率。

粮食流通中间商市场具有以下主要特征。

1. 有效沟通粮食生产与消费两大领域

粮食流通中间商能够专业地大规模组织原粮收购、仓储和转运，并在市场中根据粮食市场需求特点，有效建立粮食商品销售渠道和网点，提高粮食市场流通效率。

2. 对价格波动极为敏感

粮食流通中间商对粮食市场价格波动极为敏感，擅长在粮食价格波动中寻找经营机会。中间商对地区间粮食价格差的敏感性，客观上起到缓解地区间粮食供给不平衡和消除地区间粮食价格过大的差异，稳定粮食市场价格的作用。

3. 资金占用庞大

粮食生产的季节性和粮食消费的连续性，造成粮食流通中间商，特别是粮食收购、仓储等粮食流通中间商的资金占用庞大。据国家粮食局公报，2012 年我国各类粮食企业收购粮食 3.13 亿吨，2013 年收购 3.44 亿吨，2014 年收购 3.65 亿吨，由此可见，庞大的收购库存量，使粮食流通中间商承担了较大的资金占用压力。

4. 兼顾政策性市场保障功能

粮食流通中间商，特别是国字号粮食储备企业，还承担着粮食市场政策性保障任务。

（三）粮食消费者市场

粮食消费者市场也称粮食零售市场，是粮食商品终端消费的市场，它由众多的个人和家庭消费者组成。粮食消费者市场是粮食市场存续的基础。

粮食消费者市场具有以下主要特征。

1. 价格弹性小

粮食是特殊的消费品，是人们赖以生存的基本生活资料，同时不同地域的消费者对粮食品种有不同的消费偏好（如南米北面的主食习惯），粮食的替代性较小，粮食价格的变化对粮食消费者的需求影响较小。但从另一方面看，粮食价格变化对粮食消费者心理及整个社会经济的影响非常大。因此，稳定的粮食价格对社会意义重大，国家需要对粮食市场价格的非正常波动进行政策性干预。

2. 粮食消费者数量众多

在现实社会中，有别于其他工业品消费，社会上每一个人都是粮食消费者。众多的消费者、消费的连续性、粮食购买次数频繁但数量零星，以及现阶段我国人口的流动性大等因素，对我国的粮食市场供给和粮食安全提出了更高的要求。

3. 粮食消费趋同性和差异性并存

同一地区，因生活习惯相同，粮食消费具有一定的趋同性，但收入、年龄的不同导致粮食消费又具有一定的差异性。粮食消费表现出趋同性和差异性并存的特点。

4. 粮食消费者属非专家购买者

粮食消费者一般缺乏粮食商品品质专业评价知识和检测手段，在购买时，多数凭借自我感觉或广告宣传，属于典型的非专家购买者。因此，粮食消费者消费行为具有可诱导性，粮食生产和经营企业在经营过程中需要加强自身宣传和商品宣传，增强粮食商品品牌意识，提高企业或企业经营商品的社会知名度。

四、我国粮食批发市场

商品经济发展到一定阶段，随着商品交易范围的扩张和交易量的扩大，供应商直接面对零售企业或消费者的传统市场模式遭遇发展的瓶颈。为适应市场的发展，在现实社会中，人们摸索尝试一种新型商业形式，即在生产和零售两个环节之间，设立专门机构成批量吸纳生产者生产的商品，并将商品批量转售零售企业。这种商业新形式就是商业批发，自此社会商业部门内部形成批发和零售业务的分工。由于商业批发是成批购进和售出商品，商品能够更有效地从社会生产领域进入流通领域，不仅加速了生产企业的资金周转，而且批发商在购进和售出期间的商品储存，发挥着商品流通的"蓄水池"作用，有利于平衡社会商品供求关系。基于此，新型"生产→批发→零售→消费"商业模式得到迅速推广应用。

（一）粮食批发市场的概念

粮食批发市场是指为粮食批发交易提供服务的流通中介机构，是现代社会粮食流通的一种组织形式。

对粮食批发市场的理解有两种不同的观念：第一种观念认为粮食批发市场是指以粮食批发为主要业务的交易场所；第二种观念认为粮食批发市场是指为粮食批量交易提供服务的流通中介机构，是粮食流通的一种组织形式。本书中粮食批发市场特指第二种观念。

我国粮食批发市场一般由政府（主要是地方政府）投资兴建。粮食批发市场有专门的管理人员和专职技术人员，为粮食批发业务提供交易资格审查、粮食商品信息、交易粮食品质检测、交易报价平台、交易品种展示、交易结算等服务，是一种组织化程度较高的粮食现货交易市场形态。我国粮食批发市场多采用会员制。

（二）我国粮食批发市场的发展过程

我国粮食批发市场伴随粮食流通体制的改革产生和发展。1990年成立的中国郑州粮食批发市场，标志着我国粮食批发市场正式进入现实社会经济生活。我国粮食批发市场20多年的发展，大致可分为三个阶段。

1. 初期发展阶段（1990—1993 年）.

以 1990 年中国郑州粮食批发市场正式成立为标志，我国拉开了粮食批发市场建设的大幕，不少地方积极报备建设粮食批发市场。

2. 停滞调整阶段（1994—1999 年）

1993 年年底，我国逐渐出现全国性粮食价格大幅上涨的情况，为平抑粮食价格，国家采取了挂牌销售、凭本供应、抛售 2 000 万吨储备粮，并进一步加强粮食市场管理等政策措施，粮食批发市场因此进入停滞调整阶段。这一局面一直延续到 1999 年，这期间各大全国性粮食批发市场不断尝试发挥粮食批发市场作用的新途径。

3. 正常发展阶段（2000 年之后）

2000 年，为调整农业粮食生产结构，推动粮食流通体制改革，国务院办公厅下发《关于部分粮食品种退出保护价收购范围有关问题的通知》；2001 年国务院出台《关于进一步深化粮食流通体制改革的意见》。国务院出台的两个文件，不仅为粮食批发市场发展创造了较为宽松的政策环境，而且大力支持培育全国性和区域性粮食批发市场。我国粮食批发市场由此进入正常发展阶段。

（三）我国粮食批发市场的特征

1. 辐射面广且交易规模大

以合肥国家粮食交易中心（原 2002 年成立的安徽粮食批发交易市场）为例，合肥国家粮食交易中心拥有 4 000 多个交易会员，在业务方面与河北、山东、江苏、天津等全国 25 个省（市、区）批发市场联网，业务基本覆盖全国各地，交易标的包括稻谷、小麦、玉米、大豆、中央储备粮 5 个大类 20 个品种的粮食。截至 2012 年 12 月，合肥国家粮食交易中心的统一平台共举办国家政策性粮食竞价销售交易会 1 737 场次，累计成交各类粮食 2 亿吨，成交额 3 900 亿元。

2. 市场功能完善

从全国各地粮食批发市场的情况看，目前我国粮食批发市场功能较为完善，主要体现在交易资格审查、发布粮食商品信息、交易粮食品质检测、交易报价平台、交易品种展示、交易结算等方面。

3. 交易规范有序

粮食批发市场用完善的交易机制规范粮食批发交易行为。会员制、交易资格审查和交易粮食品质检测服务，能够有效预防商业欺诈和交易纠纷的产生；交易报价平台规避了市场操纵，保证了市场交易的公开、公正和公平。

4. 社会影响力大

粮食批发市场通过场内粮食交易平台，提高了成交机会，并能够在较短时间内完成交易，降低粮食流通费用和规范粮食流通秩序，进而吸引更多粮食商品经营者进场交易。同时，粮食批发市场形成的粮食交易价格较为真实地反映了粮食供求关系，不仅对粮食生产者和经营者具有指导意义，而且为政府宏观调控粮食市场提供了原始依据。

我国粮食批发市场充分发挥在指导生产、引导消费、规范流通、调节供求、价格发现、稳定市场和保证国家粮食安全等方面的积极作用，同时粮食批发市场自身的社会影响力，在这一过程中也得到不断扩大。

五、我国粮食期货市场

(一) 期货市场的概念

期货市场按照国际惯例也称期货交易所，是指交易双方按照既定的交易规则，达成交易协议后，约定在未来某个时间交割交易标的物的商业组织形式。期货市场是商品经济发展到一定阶段，交换双方为规避未来市场不确定风险而发展起来的一种商业形式。期货市场是在现货市场基础上发展形成的一种高度规范化和组织化的市场。

不同于货款两讫的现货市场，期货市场交易的是远期标准商品合约。市场参与者对某种商品和整个市场的未来预期决定着期货市场商品交易价格，期货市场商品价格实际上是市场对于未来一段时间商品价格变化的价值预判。同时，期货市场严格按照"公平、公正、公开"的市场原则组织商业活动。因此，期货市场是市场发展的一种高级组织形式，成为现代市场体系的重要组成部分。

随着社会生产力的提高和商品经济的高度发展，以及全球经济一体化的加速，市场供求关系越来越复杂多变，一次性反映市场供求关系变化的现货市场逐渐不能适应经济发展的需要。如何在复杂多变的市场中根据市场变化，预估市场商品价格变化趋势，通过远期交易回避市场价格波动风险，使整个社会生产过程顺利进行，成为发展到一定阶段的商品经济社会的一种迫切需求。在这种情况下，期货市场应运而生。

粮食收获季节，市场由于严重供过于求，粮食价格暴跌。而每年春季，市场又因为供不应求，粮食价格暴涨。为解决粮食价格暴涨暴跌对市场的巨大影响，1848 年美国芝加哥 82 名商人为降低粮食交易风险，发起组建了芝加哥期货交易所。芝加哥期货交易所的建立，标志了期货市场正式进入现代市场体系，期货交易也开始步入现实经济生活。之后，标准化合约制度、保证金制度、对冲交易规则、期货结算制度等完善的期货交易制度推出实施，真正意义上的期货市场开始形成。

(二) 我国粮食期货市场的发展过程

我国粮食期货市场的发展始于 20 世纪 80 年代末，其发展过程大致可分为四个阶段。

1. 启动阶段

为适应我国粮食流通体制改革需要，我国于 20 世纪 80 年代后期，开始探索实践社会主义市场经济条件下粮食批发、粮食期货等粮食流通新形式。1990 年 10 月经国务院批准，中国郑州粮食批发市场在现货交易的基础上，引入期货交易机制。中国郑州粮食批发市场期货交易的准入，标志着我国粮食期货市场的正式启动。

2. 快速发展阶段

1990—1993 年，在我国属于新生事物的粮食期货市场，备受社会和各地方政府支持，粮食期货市场发展迅速。但由于我国粮食流通市场改革初期过高的期望值、社会高涨的期货市场投资热情、地方经济利益驱动等因素的影响，加之因粮食期货市场管理经验不足导致对市场监管不力，1991—1993 年上半年，国内粮食期货市场过快发展，逐渐脱离现实经济社会的实际需要，呈现发展失控趋势。截止到 1993 年年底，我国筹建的粮食期货市场达 50 多家，粮食期货经纪机构近千家，粮食期货市场发展渐现盲目无序迹象。

3. 治理整顿阶段

鉴于 1990—1993 年粮食期货市场超常规发展引起的一系列社会问题，尤其是这一时期粮食市场充斥的浓厚投机色彩，国家在 1993 年年底开始对粮食期货市场进行治理整顿。1993 年 11 月，国务院发出《关于制止期货市场盲目发展的通知》，1994 年 5 月，国务院办公厅批转国务院证券委《关于坚决制止期货市场盲目发展若干意见的请示》，对国内粮食期货市场进行整顿。到 1998 年，粮食期货市场经重组调整为三家：大连商品交易所、郑州商品交易所和上海期货交易所；原 35 个期货交易品种调减为 12 个；兼营机构退出期货经纪代理业；期货经纪公司缩减为 180 家左右。

经过治理整顿，以及随后颁布实施了《期货交易管理暂行条例》和四个期货交易管理办法，到 1999 年年底，我国形成中国证监会、中国期货行业协会和期货交易所三个层次的市场监控体系，期货市场主体行为逐渐理性和成熟，市场规范化得到很大程度的提高。

4. 稳定发展阶段

从 2000 年开始，特别是 2004 年国家在《关于推进资本市场改革开放和稳定发展的若干意见》中明确提出稳步发展期货市场之后，我国粮食期货市场在规范中稳定发展。作为粮食市场价格发现和规避远期粮食价格波动风险的粮食期货市场，在我国社会主义市场经济的发展，特别是粮食市场发展过程中，将会发挥越来越大的作用。

第二讲　世界粮食市场

一、世界粮食市场概况

粮食是人类赖以生存和发展的基本物资，也是国家战略性资源之一。第二次世界大战后，随着各国对粮食问题的重视，以及粮食种植技术的发展，全球粮食生产得到较快发展，粮食总产量增长迅速。据联合国粮农组织统计数据，1950—1984 年，世界粮食总产量从 6.3 亿吨增至 18 亿吨，2013 年世界粮食总产量为 24.79 亿吨，2014 年世界粮食总产量为 25.32 亿吨。世界粮食总产量和人均产量整体呈增长趋势。但世界粮食生产地区分布不均衡，人口只占全球人口 25% 的发达国家，粮食产量占全球粮食总产量的 50%。

由此可以看出，全球国家间粮食生产与消费极度不均衡，同时现代工业大发展造成大气污染与气候极端变化等工业化后遗症，化学肥料的大规模使用导致土壤退化，以及世界人口的自然增长，人类社会面临可耕地面积逐渐减少，特别是发展中国家和落后国家，可耕地面积绝对或相对减少的情况更加严重，粮食自给紧张或不足等问题也更加突出。

由于粮食安全引发的社会问题极易在全球传导，这使得全球粮食安全问题愈发成为当今世界各国忧虑和担心的隐患。尤其在经历 2007—2008 年粮食价格飙升引发的全球性粮食危机后，粮食生产与粮食贸易备受世界各国政府和国际社会的重视。

随着世界各国不断加大粮食生产投入，2013 年、2014 年世界粮食总产量连续两年刷新历史纪录。目前，世界粮食市场整体形势是供给总量大于需求总量。据联合国粮农组织 2015 年 2 月发布的《谷物供求简报》称，由于全球粮食 2013 年、2014 年连续两年增产，2014 年国际粮食价格一改之前稳中有升的态势一路下滑，到 2014 年年底，国际粮食价格已下滑至 2010 年以来的最低点。

联合国粮农组织另一项统计显示，2014 年世界粮食市场主要谷物品种库存储备情况：欧盟、美国和中国的玉米库存增加；欧盟、中国、印度和俄罗斯的小麦库存增加；印度、印度尼西亚和泰国的大米库存增加。与此形成强烈反差的是，世界上至少有 38 个国家处于粮食短缺状况，其中非洲有 29 个粮食短缺国家，赞比亚、塞内加尔、几内亚比绍和中非等国家存在严重的粮食危机。

国际粮食价格持续走低，一方面对粮食进口国有利，有助于保障世界粮食安全。但另一方面，可能会抑制世界粮食生产，造成国际粮食总产量下滑。同时，国际粮食主要以美元计价，考虑到美元的强势和粮食进口国的支付能力，国际粮食价格走低并不能确认可以解除世界粮食安全问题。联合国粮农组织谷物经济学家在接受媒体采访时表示，通过观察世界饥饿人口总数不难发现，不管是在近年国际粮价达到峰值时，还是在过去始终徘徊于低谷时，世界饥饿人口的总数并没有出现大幅波动。

美国是目前全球最大的粮食出口国。在世界粮食市场中，美国、加拿大、澳大利亚、阿根廷等国是世界上小麦的主要出口国，美国、巴西、乌克兰、阿根廷等国是世界上玉米的主要出口国，泰国、越南、美国等国是世界上大米的主要出口国。我国 2004 年以前在世界粮食市场中是粮食净出口国，从 2004 年开始成为粮食净进口国。

二、世界粮食市场的特点

在人们极度关注粮食安全的当今社会，世界粮食市场呈现以下特点。

（一）世界粮食市场价格波动剧烈

自 2004 年以来，世界粮食市场价格跌宕起伏。2004 年前，世界粮食市场整体价格水平较低，粮食价格波动也较为平缓。2004 年后，由于全球饲料工业消费的替代效应和粮食能源化，引发世界粮食价格上涨。尤其在 2006 年年底，出于对气候变化导致粮食减产的担忧，世界粮食市场价格经历了持续两年的飙升，2007 年全球小麦价格上涨 49%，玉米价格上涨 52%。世界粮食市场价格持续上涨局面一直延续到 2013 年。随着全球主要粮食出口国 2013 年、2014 年粮食连续丰产，世界粮食市场整体供给充足，2014 年世界粮食价格开始逐渐回落到 2010 年的水平，但整体仍维持较高的价位。

（二）全球粮食总产量和粮食贸易总量持续增长

在世界各国对粮食生产的日益重视下，全球粮食总产量整体上逐年递增，除 2010 年、2012 年徘徊在 22.8 亿吨左右，2013 年为 24.79 亿吨，2014 年为 25.32 亿吨。值得注意的是，随着全球可开发耕地资源的枯竭，试图通过大规模增加耕地面积大幅度提高世界粮食总产量已不可能。今后粮食总产量的提高将更多依赖提高粮食单产。

1990 年关税及贸易总协定（GATT）"乌拉圭回合"谈判签订《农业协定》后，国际粮食贸易迅猛发展，其发展速度远超世界粮食总产量增长水平。全球越来越多的国家参与到世界粮食市场之中，建立粮食调剂国际通道或借此影响世界粮食市场，世界粮食市场也因此成为调节国际粮食供求关系和全球粮食安全的重要因素。

（三）世界粮食市场进出口地区相对集中

近年来，世界粮食市场粮食进出口贸易发展迅速，同时世界粮食贸易方向地理清晰。从粮食国际贸易地理分布上看，北美和欧洲是粮食出口相对集中的区域，而亚洲和非洲则是粮食进口相对集中的区域。从国别分布上看，世界粮食贸易出口国多集中于发达国家，进口国多集中于发展中国家和落后国家。从世界粮食贸易格局成因上看，全球主要粮食出口国，如美国、阿根廷、加拿大、乌克兰等，多具备耕地资源丰富、农业科技发达、自身人口压力小等特点。而主要进口国，如日本、埃及及非洲其他国家，多是耕地资源少、水资源短缺的国家。

（四）世界粮食市场贸易品种少

相对于工业品贸易，世界粮食市场贸易主要集中于玉米、小麦和大米三个品种，约占粮食贸易（不包括大豆贸易）90%的份额。三个主要粮食贸易品种中玉米和小麦贸易又远远超过大米贸易。

三、世界粮食市场发展趋势

近年来，随着国际贸易和互联网技术的发展，全球经济一体化不断加速，经济的国际融合度不断提升，特别是电子商务的发展，作为一种新的商务形式，正在对世界经济交融和国际贸易产生革命性影响。

在世界经济的大格局下，世界粮食市场有以下发展趋势。

（一）世界粮食市场参与国多元化

粮食作为基础性生产、生活物资，随着人类对全球性粮食安全的担忧，特别是在2007—2008年的世界粮食危机之后，世界各国越来越重视粮食生产和粮食国际贸易。在联合国粮农组织和国际谷物理事会的推动下，世界粮食市场参与国越来越多，其中既有发达国家，也有发展中国家和落后国家。传统的粮食市场出口国和进口国格局也在悄然发生变化，乌克兰、俄罗斯、印度、印度尼西亚、泰国、越南等跻身世界粮食主要出口国行列。在粮食对外贸易政策方面，世界各国也在不断调整，既有争夺国际市场份额的激烈竞争，也有限制出口的贸易保护，各国通过粮食对外贸易政策的调整，不断扩大对世界粮食市场的影响力。

（二）世界粮食市场贸易结构有较大的变化

发展中国家人口增长、全球饲料工业发展、粮食能源化和各国粮食库存调整等因素，促使世界粮食市场贸易结构近年来发生较大变化。在小麦、玉米、大米三大粮食贸易品种中，饲料工业和能源工业对玉米的强劲需求，促使全球玉米贸易总量快速上升；小麦需求基本稳定，但在全球粮食贸易总量中比重下降；随着亚洲国家对大米需求的旺盛，大米国际贸易由弱转强，贸易份额在全球粮食贸易总量中逐年扩大。

（三）世界粮食库存总量呈现先减后增趋势

世界粮食库存总量以2008年为分界线，呈现先减后增趋势。据联合国粮农组织发布的数据显示，2003年世界粮食库存为4.76亿吨；2004年世界粮食库存为3.76亿吨，三大谷物库存量均有所下降；2005年世界粮食库存为3.67亿吨；2007年世界粮食库存为3.61亿吨，库存量占本年度消费量的比例为15.4%，首次低于18%的粮食安全线。

2008年世界粮食库存下滑趋势得到遏制。国际粮食专家分析，有四个因素致使世界粮食库存总量发生减增逆转：一是国际市场粮食价格持续上升对粮食生产的刺激作用；二是世界主要生产大国粮食种植结构的调整；三是良种、化肥和灌溉等增产技术的推广运用；四是主要粮食生产大国气候条件相对较好，没有遭遇大范围自然灾害的不利影响。2008年之后世界粮食库存总量逐年递增，2012年世界粮食库存总量为5.03亿吨，2013年世界粮食库存总量5.82亿吨。

（四）跨国公司对世界粮食市场影响越来越大

在国际市场重组整合的大环境中，世界粮食市场也难以置身局外。大型跨国公司凭借其强大的资金、研发、公共关系和市场开拓能力，在世界粮食市场取得无可比拟的竞争优势，占有较高的市场份额，仅美国 ADM、邦吉、嘉吉和法国路易达孚四大国际粮食跨国公司，2010 年通过粮食贸易和粮食期货交易，直接或间接控制的粮食国际贸易量占当年全球粮食贸易总量近 80% 的份额。

大型粮食跨国公司多通过布局掌控粮食产业链，直接或间接影响世界粮食市场和粮食贸易。例如，美国 ADM 公司旗下有约 270 家包括食品、饮料、食疗及饲料等分布世界各地的企业，从事可可、玉米加工和食品、营养品、类固醇、食用油等生产和销售，以及从事有关粮食储备与交通运输等商业活动。ADM 的谷物与作物油料处理量在世界排名第一，谷物输出贸易在世界排名第五，黄豆压碎处理和玉米类添加剂制造在美国排名第一，面粉加工在美国排名第二，同时 ADM 还是美国最大的生物乙醇生产商。

（五）粮食生产和存储新技术研发投入和推广应用力度加大

受世界人口增长、可开发耕地资源逐渐枯竭、极端气候等自然灾害频发等客观因素影响，在粮食安全的重压下，世界各国纷纷加大粮食生产和粮食存储技术的研发和推广应用，以期从提高粮食单产、节约社会水资源、减少粮食存储和运输消耗等方面，降低粮食安全的风险。

世界各国或通过政府投资或通过鼓励民间资本投资，加大粮食生产和粮食存储技术研发投入力度，并加速推广应用相关的新技术，如节水灌溉、生物工程、作物生长模拟模型、粮食生产技术与知识信息化和网络化、农作物生产遥感监测、粮库自动控制系统等粮食生产和存储技术得到广泛的应用，在实际经济生活中发挥着越来越大的作用。

▶▶▶ 做练习

1. 粮食市场与一般工业商品市场有何异同？
2. 我国粮食消费者市场有哪些特征？
3. 简述我国粮食批发市场的发展历程。
4. 试分析粮食期货市场的作用。
5. 简述现阶段世界粮食市场的特点。
6. 试分析世界粮食市场发展趋势。

▶▶▶ 看资料

世界粮食日历年主题

1981 年：粮食第一　　　　　　1988 年：乡村青年
1982 年：粮食第一　　　　　　1989 年：粮食与环境
1983 年：粮食安全　　　　　　1990 年：为未来备粮
1984 年：妇女参与农业　　　　1991 年：生命之树
1985 年：乡村贫困　　　　　　1992 年：粮食与营养
1986 年：渔民和渔业社区　　　1993 年：收获自然多样性
1987 年：小农　　　　　　　　1994 年：生命之水

1995 年：人皆有食

1996 年：消除饥饿和营养不良

1997 年：投资粮食安全

1998 年：妇女养供世界

1999 年：青年消除饥饿

2000 年：没有饥饿的千年

2001 年：消除饥饿，减少贫困

2002 年：水：粮食安全之源

2003 年：关注我们未来的气候

2004 年：生物多样性促进粮食安全

2005 年：农业与跨文化对话

2006 年：投资农业促进粮食安全以惠及全世界

2007 年：食物权

2008 年：世界粮食安全——气候变化和生物能源的挑战

2009 年：应对危机，实现粮食安全

2010 年：团结起来，战胜饥饿

2011 年：粮食价格——走出危机，走向稳定

2012 年：办好农业合作社，粮食安全添保障

2013 年：发展可持续粮食系统，保障粮食安全和营养

2014 年：家庭农业——供养世界，关爱地球

2015 年：社会保护与农业：打破农村贫困恶性循环

（资料来源：www.cnrencai.com）

专题三　粮食流通及调控

 **学知识**

第一讲　粮 食 流 通

　　国家粮食安全的决定因素是粮食生产总量和粮食库存总量，但完善的粮食流通体系、健全配套的粮食流通产业及粮食流通的效率也是国家粮食安全重要的影响因素。粮食仓储、加工、运输、收购和销售五大基本流通业务任何一个环节出现问题，都可能对社会造成灾难性后果。

一、粮食流通概述

　　在商品经济社会，流通一般是指将商品从生产领域转移到消费领域，实现商品交换的市场中间环节。在高度分工和大规模生产的现代工业化社会，商品经济离不开商品流通，没有商品流通的支持，商品经济将寸步难行。

（一）粮食流通的概念

　　粮食流通是指通过粮食收购、销售、仓储、运输、加工和进出口等环节，实现粮食从生产领域向消费领域转移的全过程。

　　在粮食流通过程中，既有由市场供求（信息流）引发交换而导致的粮食所有权的转移（商流）和粮食交换支付活动（资金流），又有由粮食仓储地与粮食消费地之间的空间距离导致的粮食空间位移（物流），粮食流通同其他商品流通的本质相同，是商品流、资金流、信息流和物流的高度统一。粮食流通是社会商品流通的有机组成部分。

　　粮食是关系到国计民生和社会稳定的大事，自古以来粮食无小事，我国历朝历代以及当代世界各国无一不重视粮食问题。粮食从生产到消费又离不开粮食流通，因此，粮食流通对于社会经济发展和国家粮食安全意义重大。

　　我国粮食流通伴随经济体制改革，从计划经济年代的统购统销，到改革开放初期的平议价双轨制，再到现阶段粮食流通市场化，其间粮食流通管理体制几经波折，粮食流通体系也随之进行了较大的调整。作为全球第一大粮食消费国，我国用全球 7% 的耕地面积，养活着全球 22% 的人口，加之近些年国际上不断叫嚣我国将引发全球粮食危机的言论，我国承担着巨大的粮食安全压力。因此，审慎地改革粮食流通管理体制，构建适合我国国情的粮食流通体系既是非常必要的，也是国家安全稳定的客观要求。

目前，相比世界发达国家，我国粮食流通在粮食流通损耗、流通成本控制、流通效率、市场监管、宏观调控、行业指导等方面还存在不小差距。仅从粮食流通损耗一项来看，我国每年粮食流通环节损耗约为 3 500 万吨，损耗率约为 15%，而发达国家粮食流通环节损耗率仅为 1%～2%。

（二）粮食流通管理

粮食流通管理是指对粮食流通各环节进行的管理。粮食流通管理的目标是促进粮食生产，保护经营者和消费者合法权益，保障国家粮食安全，维护粮食流通秩序。

根据 2004 年国务院颁布的《粮食流通管理条例》，我国粮食流通管理的主要内容如下。

1. 粮食经营

（1）经营范围。

粮食流通管理经营范围主要包括粮食收购、销售、储存、运输、加工、进出口等经营活动。

（2）经营条件。

粮食流通管理应具备经营资金筹措能力；拥有或通过租借具有必要的粮食仓储设施；具备相应的粮食质量检验和保管能力。

（3）经营规范。

粮食流通管理经营规范主要包括办理登记注册；向粮食行政管理部门书面申请经营资格；等等。

2. 宏观调控

（1）行政干预。

正常情况下由粮食市场自我调节粮食流通活动，在必要时国家可采取储备粮吞吐、委托收购、粮食进出口等多种经济和价格等行政干预手段，加强对粮食市场的调控，保持全国粮食供求总量基本平衡和价格基本稳定。

（2）分级粮食储备。

国家实行中央和地方分级粮食储备制度，储备粮食主要用于调节粮食供求，稳定粮食市场，以及应对重大自然灾害或者其他突发事件等情况。

（3）粮食风险基金。

粮食风险基金主要用于对种粮农民直接补贴、支持粮食储备、稳定粮食市场等。

（4）最低收购价格。

当粮食供求关系发生重大变化时，为保障市场供应、保护种粮农民利益，必要时可由国务院决定对短缺的重点粮食品种在粮食主产区实行最低收购价格。

（5）粮食应急体系。

监测和预警全国粮食市场供求形势，发布粮食生产、消费、价格、质量等信息，建立突发事件的粮食应急体系。

3. 监督检查

粮食行政管理部门对粮食流通活动、经营者资格、粮食库存量、粮食质量、原粮卫生、粮食仓储设施技术规范、粮食经营违法行为、违法违规交易行为等进行监督检查。

（三）粮食流通的特点

粮食是人类社会的基础性生产和生活物资，在现实社会中，无论对国家的安全稳定，还是对普通民众的日常生活和社会经济活动，都有非常大的影响。作为社会商品流通有机组成部分的粮食流通，既具有一般商品流通的共性，又具有自身的特殊性。

1. 社会影响大

粮食流通通过形成粮食价格、粮食市场供给总量和地区间粮食调剂效率等影响国家的经济生活和安全稳定环境，而且在现代社会，随着经济和科学技术的发展，因粮食流通引发的社会危机在国际传导异常快速。例如，2007 年，海地粮食危机引发全球性恐慌，促成世界粮食价格连续两年飙升和多年持续上扬。此外，粮食流通还直接影响社会民众日常生活和经济活动。

因此，粮食流通基础设施建设、流通网点布局、流通市场体系建设、粮食市场行情监测等日益受到国家的重视。

2. 季节性和连续性并存

粮食流通有别于一般的商品流通，由于粮食生产具有季节性特征，因而粮食的收购、储存、运输等流通环节也具有较强的季节性。粮食收获季节，相关流通环节的业务量显著增加，非粮食收获季节则明显减少。另外，粮食消费又具有连续性和稳定性，为保证粮食平稳的市场供应和稳定粮食市场价格，粮食流通必须保证连续性。

3. 社会需求复杂多变

粮食是生活必需品，随着社会经济发展，人们的生活方式发生了较大的变化，饮食结构和生活习惯也在悄然改变；同时，由于社会生活节奏的加快和人口流动性的增强，以往地区粮食消费同质化倾向逐渐改变，呈现多样化变化趋势，不同地方的粮食需求数量也因人口的流动起伏不定，粮食地理流向因此复杂多变。如何适应社会变化、保障粮食供给是粮食流通部门面临的新问题。

4. 经济效益与社会效益并重

粮食流通活动一方面是市场经济行为，粮食流通部门需要尊重粮食市场运行规律，分析市场形势和市场需求变化，寻找市场经营机会，发展壮大粮食流通产业；另一方面粮食流通又需要承担保障社会粮食供给和粮食市场稳定的社会责任。

二、我国粮食流通发展历程

粮食流通是社会经济生活的有机组成部分，与社会经济体制密不可分。我国粮食流通伴随国家经济体制变迁，历经计划经济和社会主义市场经济两大体制，随着国家经济体制的改革而发展。整体上我国粮食流通可分为以下三个发展阶段。

（一）统购统销阶段（1949—1984 年）

新中国成立后在国内民族资本改造期间，粮食流通经历了短暂的自由购销时期。政府不主动干预市场，粮食流通市场延续过去的格局，市场经营主体多元化，粮食价格由市场供求关系自发调节。自由购销的粮食流通极易导致投机粮商利用当时尖锐的粮食产需矛盾囤积粮食，粮食市场经常剧烈波动。

鉴于这种不利于国家稳定和国民经济恢复发展的状况，同时随着我国民族资本改造的推进，国有粮食企业逐渐在粮食流通领域取得绝对的主导地位。1953 年中共中央做出《关于实行粮食的计划收购与计划供应的决议》，1953—1984 年我国粮食流通正式进入统购统销发展阶段。

"统购"即"计划收购","统销"即"计划供应",也就是粮食收购和销售价格由国家统一制定,取消粮食自由市场,由国有粮食企业单一市场主体经营粮食购销业务。

在实行统购统销阶段,我国粮食流通也有一些微调:

1955年,实行"定产、定购、定销"的三定政策。

1958年,实行大购大销,即所产粮食全部收购,按需返销。

1965年,实行粮食征购"一定五年不变"的政策。

1971年,实行征购加价。

1983年,实行粮食征购包干制。

统购统销的粮食流通体制实施初期,对稳定国内粮食价格和保障粮食供应发挥了重要作用。但随着时间的推移,僵化的统购统销粮食流通体制严重地阻碍了国民经济的发展和农业生产的积极性。

(二) 双轨制阶段 (1985—1997年)

1984年10月,中共中央做出《关于经济体制改革的决定》,开始有计划、有步骤地推进经济体制改革,构建完善的社会主义市场经济体制。在改革的大背景下,我国粮食流通体制改革也被提上议事日程。

1985年,《中共中央、国务院关于进一步活跃农村经济的十项政策》中明确提出,粮食由统购改为合同定购,合同定购以外的粮食可以自由在市场上交易(即粮食流通双轨制)。这是我国在实行社会主义市场经济改革之后,首个推进粮食流通体制改革的政策。粮食流通双轨制的推行,为1998年之后的粮食流通市场化改革创造了条件。

在实行粮食流通双轨制阶段,为使粮食流通能够更好地适应社会经济的发展,在不同时期,粮食流通也有一些变化:

1985年,实行"三挂钩",即收购粮食的同时供应平价化肥、柴油,发放粮食预购定金的政策;对粮食购销调和财务实行逐级包干;严格控制平价粮食销售等。

1987年,取消国家委托代购,改为议价收购。

1990年,建立粮食专项储备制度。

1991年,国务院决定将合同定购改为国家定购。

1992年,实行购销同价。

1993年,放开粮食收购、销售价格,取消城乡粮油平价供应,实行指导性收购。

1994年,建立中央和省级粮食市场风险基金制度;实行粮食购销两条线运行改革,即粮食经营实行政策性业务和商业性经营两条线运行机制。

1997年,实行"四分开一并轨",即政企分开;储备与经营分开;中央与地方责任分开;新老挂账分开;粮食价格与市场价格并轨。

(三) 市场化阶段 (1998年至今)

我国粮食流通经过双轨制阶段的探索和实践,粮食流通渠道不断拓宽,粮食流通市场化条件逐渐成熟,以国务院1998年下发《关于进一步深化粮食流通体制改革的决定》为标志,我国粮食流通进入市场化发展阶段。需要特别说明的是,粮食流通市场化是一个渐进的过程,一步到位完全开放粮食市场不符合我国国情,也不利于国家粮食安全。

在我国粮食流通市场化进程中,有较大影响的政策措施有:

1998年,国务院下发的《关于进一步深化粮食流通体制改革的决定》中,粮改原则是

"四分开一完善"，即实行政企分开、中央与地方责任分开、储备与经营分开、新老财务账目分开，完善粮食价格机制。同年实行粮食流通"三项政策一项改革"，即实行敞开收购、顺价销售、资金封闭运行三项流通政策，加快粮食企业自身改革，转换经营机制，提高市场竞争能力。

2001年，国务院出台《关于进一步深化粮食流通体制改革的意见》，推进浙江、上海、广东、福建、海南、江苏、北京、天津八省市主销区粮食流通市场化改革。

2002年，安徽、吉林、湖南、湖北、河南、辽宁、内蒙古、江西、河北等粮食主产区进行了粮食补贴方式改革试点。

2004年，国务院决定在全国全面推进粮食购销市场化改革，全面放开粮食收购市场，实现粮食购销市场化和市场主体多元化。同年在全国范围内实行粮食直补，粮食直补由粮食风险基金安排资金解决。

2006年，国务院下发《关于完善粮食流通体制改革政策措施的意见》，加快推进和完善粮食流通体制改革。

2007年，执行最低收购价政策（对小麦品种），即政府托市收购的政策。

经过多年发展，目前我国粮食流通已初步形成与现代市场要求相适应的流通体系，在我国社会经济发展过程中将发挥越来越重要的作用。

三、粮食流通现代化的内涵和本质

现代化是人类社会在发展过程中，为促进社会进步，对社会政治、科学技术、生产生活方式等方面进行变革和创新，使之与社会政治经济发展相适应的过程。现代化是人类文明进步的表现。

（一）粮食流通现代化的内涵

粮食流通现代化是指粮食流通产业通过创新粮食流通管理理念和管理方式方法，提升粮食流通产业科学技术水平和装备水平，改造优化现有粮食流通体系等途径，提高粮食流通效率，保障国家粮食安全，提升粮食流通产业的核心竞争力，使粮食流通产业居世界领先地位，更好地服务和促进社会政治经济发展。

粮食流通产业现代化建设，是强化粮食的基础性和战略性地位的需要，也是经济社会发展和保障粮食安全的客观要求。粮食流通产业现代化建设的核心内容主要包括粮食流通效率、粮食流通组织、粮食流通方式和粮食安全保障等四个方面。

粮食流通现代化的内涵可从以下三个方面来理解。

1. 粮食流通现代化是动态变化的过程

由于粮食的特殊性，粮食流通的发展受到社会整体政治经济的制约，一般情况下，粮食流通总是伴随社会政治经济发展而发展。例如，我国在1985年根本不可能超越当时的政治经济形势，推行粮食流通市场化，而在1998年由于符合当时社会政治经济形势发展，粮食流通市场化被认可并得以推行实践，自此我国粮食流通开始了现代化进程。

从粮食流通现代化发展过程来看，1998—2003年是我国粮食流通现代化试点探索建设阶段；2004—2008年是我国粮食流通现代化不断总结经验和调整阶段；2009年之后是粮食流通现代化、规范化建设阶段。目前我国仍处于粮食流通现代化建设过程中。

2. 粮食流通现代化具有综合性

粮食流通现代化要求包括管理体制、运行机制、法制体系、基础设施、技术装备、网点布局、新技术应用、从业人员素质等粮食流通领域各方面，都能够适应并促进当代社会政治经济的发展，换句话说，粮食流通现代化具有综合性。

3. 粮食流通现代化具有发展性

粮食流通现代化的内涵是发展变化的，引发变化的主要因素是新技术的应用。例如，20世纪 80 年代多数人还不熟悉计算机，但在当今社会，包括互联网技术、数据库、电子商务等信息技术的应用，已经成为粮食流通现代化的重要标志之一。

需要指出的是，虽然产业化、市场化等是粮食流通现代化的表现形式，但不能把粮食流通产业化、市场化等同于粮食流通现代化。

(二) 粮食流通现代化的本质

一般而言，粮食流通现代化主要是通过改造、变革和创新等手段，使粮食流通产业发生脱胎换骨的变化，进而具备较强的核心竞争力或具备世界强国粮食流通产业一般水平。

粮食流通现代化的政策措施、实现途径等现代化表象性问题容易理解，我们也了解了粮食流通现代化的内涵，那么，什么是粮食流通现代化的本质？

粮食流通现代化的本质，需要从粮食流通现代化的目标中去寻找。从粮食流通现代化的内涵可知，粮食流通现代化的目标有三个：一是适应并促进社会政治经济发展；二是提升粮食流通产业的核心竞争力；三是保障国家粮食安全。归根结底，其实粮食流通现代化三个目标可以归纳为一个总目标，不管是增强产业核心竞争力，还是保障国家粮食安全，实际上都是为了满足社会政治经济发展的需要。因此，粮食流通现代化的本质是满足社会政治经济发展的需要。

第二讲 粮食调控

粮食调控也称粮食宏观调控，是国家为了实现粮食供需平衡，保障粮食安全，运用经济、法律、政策等手段，从国家全局高度对全国粮食生产、流通和消费进行的调节和控制。

粮食调控是在尊重粮食市场调节的前提下，针对市场调节不足或市场本身不能解决的粮食供需问题，由国家进行干预和调整。通过粮食调控，防止出现粮食总量供求失衡和粮价异常大幅波动的情况，确保粮食市场供需总体平衡和粮食价格整体稳定。因此，粮食调控是国家管理社会经济职能的重要体现，也是现代社会国家干预粮食市场的重要形式。

一、我国粮食宏观调控的主要目标及手段

粮食是人类生存不可缺少的物资，也是现代商品经济社会商品定价的基础参照价格。粮食市场的状况直接影响现代社会的政治经济生活，正所谓牵一发而动全身。因此，在尊重粮食市场自身调节功能的前提下，运用粮食调控国家干预手段，纠正粮食市场微观过激或不当经济行为，使其回归正常经济运行轨道，修正粮食市场"失衡"或"失灵"，是确保粮食市场整体稳定和国家粮食安全所必需的。

近年来，我国粮食虽然实现多年连增，但粮食专家一致认为，国内粮食"紧平衡"和"脆弱平衡"的格局尚未得到根本改变，反而有所加剧。自然灾害、公共突发事件等都有可

能成为粮食"紧平衡"之弦的触发因素，一旦不能妥善处理和解决，极有可能引发全社会粮价上涨和通胀预期。另外，市场经济的趋利本性，使得粮食市场失灵和局部市场失衡的情况时有发生。

因此，对于民众敏感的粮食问题和社会高度关注的粮食市场，国家作为宏观经济管理者，一方面需要加大投入，完善粮食生产和粮食流通基础设施，按照市场规律，调动粮食生产者和经营者的积极性，提高粮食生产总量和粮食流通效率，确保国家粮食安全；另一方面，需要密切监测粮食市场变化，特别是对供需总量平衡和价格异常波动的监测，建立科学的粮食调控体系，运用价格、财政、金融等经济手段和动用国家粮食储备、调整对外贸易政策等政策手段，在必要时干预粮食市场，降低和化解风险，促进我国经济社会的发展。

(一) 我国粮食宏观调控的主要目标

粮食在国民经济生活中的特殊地位，决定了国家在必要时需要对粮食市场进行宏观调控。例如，在粮食价格剧烈波动、局部粮食供不应求、粮食库存下降、国际粮价冲突等特定情况下，国家根据政治经济发展形势的客观需要，通常会采取措施对粮食市场进行调控干预，使粮食市场符合整体国民经济发展的需要。

国家宏观调控具有极强的针对性和明确的目标，在粮食"紧平衡"总体形势下，我国粮食宏观调控的主要目标如下。

1. 保障粮食供求整体平衡

美国人莱斯特·布朗 1995 年出版了影响较大的《谁来养活中国》一书，经过 20 年的实践检验，布朗关于"粮荒"的结论及其依据显然有悖于事实。作为一种个人观点，我们确实不需要对其太在意，但我们需要冷静理性地反思我国的粮食安全问题。保障粮食安全是我国经济社会发展过程中不容忽视的战略性命题。

保障粮食供求整体平衡是保障国家粮食安全的重要前提条件。从我国粮食供给角度看，到 2014 年，我国已实现粮食生产总量 11 年连续增长，并连续 7 年超 5 亿吨，这是保障我国粮食供给的坚实基础。但整体上我国人口仍在缓慢增长，人口自然增长、城镇化和饮食消费结构变化形成的刚性粮食需求，以及工业用粮快速增长，使我国在粮食生产总量连续增长的情况下，粮食并未明显过剩，粮食"紧平衡"格局没有得到改善。

在粮食供求"紧平衡"格局下，我国粮食宏观调控的首要目标就是保障粮食供求整体平衡。而实现粮食供求整体平衡最关键的是提高粮食生产总量。近些年来，除了通过免除农业税、农业生产财政补贴、确定粮食耕种面积红线、增加水利基本建设投入、实施粮食最低收购保护价等粮食宏观政策措施，提高粮食生产积极性，实现粮食生产总量的增长，保证粮食长期有效供给外，国家还积极利用国际粮食渠道，调节国内结构性粮食供需矛盾，确保粮食供给和需求同时增长的情况下供需总量平衡。

2. 保持粮食价格基本稳定

粮食价格是现代社会基础性基准价格，粮食价格不仅影响整个社会的价格体系，而且还会影响粮食生产者和普通民众的生产生活，所谓"谷贱伤农""米贵伤民"说的就是这一道理。

粮食市场价格波动是市场正常的表现，在社会主义市场经济条件下，国家尊重市场通过价格波动自发调节供需关系。只有粮食市场价格非正常波动，国家才会有针对性地进行调控，如投放国家储备粮平抑粮价，或改变粮食收购价格等，迅速稳定粮食市场价格，防止粮食市场风险扩散。

3. 促进粮食生产

粮食生产是解决粮食安全问题的根本和基础,尤其对我国这样的粮食消费大国来说更是如此。一般而言,粮食生产总量增长取决于粮食种植面积和粮食生产能力两个方面。国家粮食宏观调控也基本从这两个方面促进粮食生产。例如,2003年年底,国务院出台《关于促进农民增加收入若干政策意见》,政策效果较为明显,2004年我国粮食播种面积和粮食总产量增长较大,其中粮食总产量4.7亿吨,比2003年增产3 877万吨。2004年《关于加强农村工作提高农业综合生产能力若干政策的意见》、2005年《关于推进社会主义新农村建设的若干意见》等粮食宏观调控政策相继出台,极大地调动了农民粮食生产的积极性,为我国粮食总产量连增打下了牢固的基础。

近年来,国家加大了对中低产田改造、优良品种推广、提高复种指数、推广粮食种植新技术、推进农业机械化等方面的政策扶持力度,由此可以看出,随着可开发耕地资源的逐渐枯竭,国家在保障粮食种植基本面积红线和实施多项惠农政策的基础上,将粮食宏观调控的重点逐渐转移到提高粮食生产能力方面。

4. 适度利用国际粮食市场

我国的粮食问题必须坚持立足国内实现粮食基本自给的原则,通过提高粮食生产能力,不断提高粮食生产总量,从根本上解决我国粮食安全问题。但在全球经济一体化的当今社会,让我国粮食市场完全独立和游离于国际市场之外没有必要,也不现实。现阶段我国虽然是粮食净进口国,但在国际粮食市场,我国既是重要的粮食进口国,也是重要的粮食出口国。

因此,立足国内保证粮食基本自给,适度利用国际粮食市场调节粮食品种余缺是较为理性的选择。国家在粮食对外贸易政策上,应当适度考虑利用国内和国际两个市场、两种资源,建立常态化的粮食对外贸易机制,合理利用国际粮食资源、主动影响国际粮食市场,争取国际粮食市场话语权。

(二) 我国粮食宏观调控的手段

在市场经济条件下,我国粮食宏观调控应当在充分发挥粮食市场配置资源的作用的基础上,以财税、金融、保险、补贴等经济手段为主体,以法律手段为辅助,以行政手段为补充,建立针对性强、指向性明确、效果显著的调控机制,实现粮食供求总量平衡,确保国家粮食安全。

1. 经济手段

经济手段是指国家借助于经济杠杆对粮食进行宏观调控,主要包括财政(如粮食直补)、税收(如免农业税)、价格(如规定粮食保护性收购价)、金融(如粮食收购资金信贷)等调控手段。

2. 法律手段

法律手段是指国家运用立法权制定法律法规(如《粮食流通管理条例》),干预粮食市场经济行为的调控手段。

3. 行政手段

行政手段是指国家运用管理公权(如命令、指示、规定等)调控粮食市场,以达到宏观调控目标的一种手段,如检查监督、储备粮吞吐等。

行政手段具有权威性、纵向性、无偿性及速效性等特点,是短期的非常规手段,不可滥用。经济手段具有短期性、滞后性等明显缺陷。

二、我国粮食宏观调控的主要内容

我国粮食管理体制经过多轮改革，建立了适合我国国情的粮食生产和流通体系框架，立足国内，适度利用国际粮食市场实现了粮食供求平衡的目标，改革的成效明显。但与世界发达国家相比，我国的粮食宏观调控，还在调控手段、调控效率、调控长效机制等方面存在诸多不足。

（一）我国粮食宏观调控的主要内容

在商品经济条件下，市场无形之手自我调节能力非常之强，但如果完全依靠市场自发调节，社会有可能付出较大的代价，如经济周期中的萧条和衰退、短期市场失灵等。为降低放任市场自我修复的社会代价，经济学家提出的宏观调控很快得到社会的认可和广泛应用。粮食不同于一般商品，世界所有国家都不能容忍粮食供求失衡，尤其不能容忍供不应求的状况形成。粮食宏观调控毫无例外地成为各国政府异常重要的调控重点领域。

我国粮食宏观调控的主要内容包括以下四个方面。

1. 粮食产业政策调控

粮食产业政策是指国家为实现国家粮食安全和粮食产业科学有序发展而制定的相关政策，一般包括确定国家粮食产业发展战略规划、粮食供求总量平衡控制、相关粮食产业发展扶持、产业管理体制等有关政策措施。

粮食产业政策调控属于国家产业宏观调控的范畴，调控改变的是产业生存发展的社会政治经济环境，对粮食产业发展影响巨大。从社会经济实践看，粮食产业总是伴随着国家粮食产业政策调整而发生巨大变革。例如，针对1949—1952年国内粮食市场供给紧张和粮食经营者经常性哄抬粮价的局面，1953年中共中央决定对粮食产业政策进行调控，发布了《关于实行粮食的计划收购与计划供应的决定》，从1953年起在全国范围内实施购统销的粮食政策。1953年的粮食产业政策调控使粮食产业发生巨变：粮食产业正式纳入国家计划经济，传统的粮食自由市场（集贸市场）被取缔，国有粮食企业取代多元粮食市场主体，成为粮食产业唯一的经营者。再如，1998年，国务院下发《关于进一步深化粮食流通体制改革的决定》（以下简称《决定》），实施以"四分开一完善"为主要内容的深化粮食产业改革的政策，其中"四分开"即实行政企分开、中央与地方责任分开、储备与经营分开、新老财务账目分开；"一完善"即完善粮食价格机制。《决定》使粮食产业市场化进程越来越快：粮食市场经济主体逐渐趋于多元化；国家政策性粮食储备业务与一般市场粮食经营性业务彻底分开；粮食市场结构进一步完善；粮食批发市场、粮食期货市场在粮食产业中发挥的作用越来越大等。

2. 粮食生产宏观调控

粮食生产宏观调控主要是指对粮食作物种植、农业新技术推广应用、粮食生产设备购置使用、农田水利基本建设等有关粮食生产领域进行调控。粮食生产调控主要的目标有三个方面：

一是提高或稳定全国粮食总产量。其粮食宏观调控措施一般包括：提高农民种粮积极性（粮食种植面积）的调控措施，如全面取消农业税、粮食直补、最低收购保护价、粮食风险基金制度等；提高粮食单产调控措施，如粮食良种培育推广、病虫害防治、粮食田间管理等；农业新技术推广应用调控措施，如节水技术、农膜技术、抛秧栽培技术等。

二是提高粮食生产效率。主要包括：推广农业机械化调控措施，如农业机械购置补贴、鼓励粮食收割机械跨片作业、建立农业机械维修服务体系、建设农业机械电子信息服务平台等；低产田改造调控措施，如退耕还林、退耕还湖、轮作垄作栽培、渍涝地改造、湿地保护等；粮食规模化生产调控措施，如土地流转试点、城镇化建设、农业龙头企业和种粮大户荣誉称号、"企业+农户"粮食产业链模式试点等。

三是完善粮食生产基础设施建设调控措施。主要包括：农田水利基本建设调控措施；粮食集散仓储设施建设调控措施；与粮食生产相关的新农村建设调控措施等。

3. 粮食流通宏观调控

粮食流通宏观调控主要是指对粮食收购、加工、仓储、运输、销售等粮食流通环节进行调控。通过政策和管理规范，促使粮食市场经济行为更加理性和规范；通过国家粮食储备制度，有效调节粮食市场供求关系；通过调控释放国家政策信号，引导粮食市场各参与方按照国家粮食战略意图调配资源；通过强制行政干预矫正短期市场失灵。粮食流通调控是宏观调控各种手段广为实施的领域。

4. 粮食对外贸易调控

粮食对外贸易调控是通过调整粮食对外贸易政策，包括粮食出口政策、粮食进口政策、对外直接投资政策、外资引进与管理政策，调节我国粮食进出口规模和改善我国粮食对外贸易结构，实现立足国内保障国家粮食安全的战略目标。

（二）我国粮食宏观调控存在的不足

1. 偏重行政调控手段

虽然我国已确立社会主义市场经济制度，但观念改变是缓慢和滞后的。由于思考粮食问题的敏感性、习惯性和功利性思维偏向，使得我国在粮食宏观调控实际工作中，往往更多使用行政指令、最低库存、限价等行政调控手段。行政手段的效果尽管立竿见影，但对于整个社会而言调控成本较高，而且有一定短期行为特征，不利于建立我国粮食宏观调控长效机制，也与我国社会主义市场经济体制相抵触。

2. 粮食宏观调控整体政策措施统筹性仍有待完善

我国粮食宏观调控整体政策措施涉及发改委、财政、金融、国土、工商、交通、对外贸易等多个部门，由于各部门职能不同，在实际粮食宏观调控政策措施制定和执行方面，侧重点和政策目标不一致在所难免，而相对弱势的粮食管理部门难以居中有效协调，结果导致调控措施不能形成整体调控合力，甚至调控作用相互抵消或出现逆向调控。

3. 需要建立粮食投入与收益平衡机制

粮食产业是社会较为重要的产业之一。在商品经济社会，产业投资和收益需要有完善的平衡机制，一般产业可以通过政策强制平衡和市场规律自我调节，实现产业投资收益在波动中趋近社会平均收益。但粮食产业的特殊性，以及粮食生产投入的长周期特性，要求社会通过宏观调控政策措施，使粮食产业投资获得略高于社会平均利润水平的收益，从而吸引社会资金进入粮食产业，使立足国内的国家粮食安全基础更加牢固。

4. 向粮食主产区调控倾斜的力度不足

在我国现阶段的粮食供需格局中，13 个粮食主产省区 2011 年粮食产量占全国总产量的比重为 75.4%，粮食增产量约占全国增产量的 95%（国家粮食局统计数据）。由此可以看出，粮食主产区是我国粮食保障体系的支柱。然而，其中 11 个粮食主产区是经济欠发达地区，这固然是长期工农业产品价格"剪刀差"的后遗症，但也与粮食宏观调控向粮食主产区倾斜力度不足有关。2005 年国家实行工业反哺农业政策以来，粮食主产区的经济状况得到较大改善，但粮食宏观调控依然应当加大向粮食主产区倾斜的力度。比如，国家粮食风险基金，现在基金的来源是由中央补助和地方配套，是否可修改为由中央和粮食主销区地方按比例出资构成？这样一方面可以使粮食主产区能够动用更多财力发展地方经济，另一方面也可以促使粮食主销区为国家粮食安全尽义务。

5. 国有粮食流通企业双重角色须改变

现实经济生活中，国有粮食流通企业既扮演着粮食市场经营主体角色，从事粮食经营性业务；又扮演着粮食宏观调控载体的角色，承担政策性业务。国有粮食流通企业的双重角色必然会产生目标上的冲突，进而影响粮食宏观调控的效果。

三、我国粮食宏观调控的主要运行机制

现阶段，我国粮食供求关系"紧平衡"态势虽然尚未得到根本性改变，但在市场经济条件下，仍需要充分尊重粮食市场规律，在发挥粮食市场调节机制作用的同时，合理运用宏观调控工具，弥补粮食市场缺陷，维护粮食市场稳定，确保国家粮食安全。

（一）粮食宏观调控的主体

粮食宏观调控是通过一定的调控工具，主动激发社会粮食生产积极性、矫正粮食市场扭曲、维护粮食市场稳定，最终目标是实现国家粮食安全。这就要求粮食宏观调控的主体必须具有立法、制定全国统一的粮食政策和多部门协调的粮食管理等公权。因此，中央政府是粮食宏观调控的唯一主体。

（二）粮食宏观调控的工具

1. 政策法律工具

国家根据粮食生产状况、粮食供求状况及其变化趋势、国民经济整体发展状况和世界粮食市场状况，统筹兼顾，通过粮食立法和出台有关粮食的政策文件，调控粮食产业发展。

目前我国粮食政策调控工具运用较为频繁，而且政策关联度和连续性较强，调控力度大，预期调控效果明显。从 2004 年至今，中央 1 号文件连续多年强调粮食安全，对粮食产业促进作用明显，我国粮食总产连年连增。

但粮食立法相对滞后，迄今为止，我国除《粮食流通管理条例》《中央储备粮管理条例》等有限的粮食部门法之外，更多的是地方性粮食法规，粮食法律调控作用没有充分显现。这一状况有悖于依法治国的基本国策，粮食立法和粮食法律调控有待加强。

2. 财政工具

粮食宏观调控财政工具一般通过财政预算、税收、粮食各专项补贴、粮食生产基本建设和仓储设施及流通网点建设投资、转移支付等手段，发挥稳定粮食生产与流通、优化粮食产业资源配置、调节产业内外收入分配等调控作用。

3. 金融工具

粮食产业投资回收期长、投资回报率低、自然条件制约大等天然竞争弱势，使得社会资源选择投资粮食产业的意愿较弱，而粮食产业又是不可缺少的产业，因此，仅仅依靠政策法律、财政等调控工具是不够的，尤其是对需要占用庞大资金的粮食收购来说，金融成为重要

的调控工具。

4. 制度化工具

中央和地方粮食储备制度、国家粮食风险基金制度等制度化工具，对粮食宏观调控作用也不容忽视。

（三）粮食宏观调控体系的构成

粮食宏观调控运行机制是一个复杂的系统。国家需在充分尊重粮食市场规律的前提下，针对市场失灵形成的机理和可能发生的突发事件，制定有预见性的粮食宏观调控政策措施，并在实践中根据我国粮食产业发展状况，以及借鉴发达国家粮食宏观调控的经验教训，建立健全在政策法律规范框架下，以经济调控手段引导为主、行政干预手段为辅的粮食宏观调控体系，逐渐形成规范化、制度化的粮食宏观调控长效运行机制，促进我国粮食生产和粮食产业发展壮大，根本改善我国粮食供求"紧平衡"状况，实现三大主粮完全自给，彻底解决粮食安全隐患。

粮食宏观调控体系由以下几个方面构成。

1. 粮食宏观调控决策子系统

粮食宏观调控决策子系统即根据国家粮食安全和粮食产业发展需要，以及防止粮食突发事件，制定一般性宏观调控程序，并具有决策权限的调控子系统。

2. 粮食宏观调控执行及应急事务处理子系统

粮食宏观调控执行及应急事务处理子系统负责国家粮食宏观调控政策措施的执行，并按法定程序快速处理粮食突发事件，降低和消除负面影响。

3. 粮食市场监控反馈子系统

粮食宏观调控的效果，不仅取决于科学的调控决策，而且还需要对粮食市场进行有效监控并及时反馈。

4. 粮食宏观调控支持子系统

粮食宏观调控支持子系统主要包括粮食储备体系、基础生产设施建设、财政支持、金融支持等。

补充阅读

国家粮食局调控司

国家粮食局调控司负责提出粮食宏观调控措施，总量平衡以及粮食流通的中长期规划，进出口总量计划和收储、动用中央储备粮的建议；提出中央储备粮的规模、总体布局，收购、销售、进出口总量计划；提出中央储备粮轮换计划的审核意见并督促实施；承担粮食监测预警和应急有关工作；指导协调最低收购价粮食等政策性粮食购销和粮食产销合作。

四、我国粮食宏观调控面临的挑战

目前，我国正处于工业化、城镇化加快发展的重要阶段，粮食问题不仅是关系社会稳定的重要因素，而且是关系社会经济发展和国家安全的重大战略问题。在人口自然增长、工业用粮不断增加、可开发耕地资源日益枯竭的形势下，保障粮食安全和维护粮食市场稳定任重道远，我国粮食宏观调控将面临更多的变量和更加严峻的挑战。

（一）粮食生产与粮食消费增长不均衡

我国粮食生产自 2004 年以来总产量连续 11 年递增（见表 3-1），从表中数据可以看出，在近年来国家不断调整农业政策、大力促进粮食生产的基础上，我国粮食总产量年增幅基本为 1%～3%，说明在现有的粮食生产技术和资源条件下，尤其是受粮食生产资源的限制（我国人均耕地面积仅 1.38 亩，为世界平均水平的 40%，人均淡水 2 100 立方米，为世界平均水平的 28%），我国粮食总产提升潜力有限，侧重调动粮食生产积极性的粮食宏观调控政策，促进粮食增产空间不大，而数量庞大的人口的刚性粮食消费，以及饮食结构变化和粮食能源化的工业用粮增速较快。对于粮食生产与粮食消费增长不均衡的挑战，粮食宏观调控实际面临的是生存和发展的两难选择。

表 3-1　我国 2004—2014 年粮食总产量一览表

（数据来源：国家统计局公报并经整理）　　　　　　　　　　万吨

年份	2004	2005	2006	2007	2008	2009	2010	2011	2012	2013	2014
总产量	46 947	48 402	49 746	50 150	52 850	53 082	54 641	57 121	58 957	60 193	60 710
增长率/%	—	3.1	2.78	0.81	5.38	0.44	2.93	4.54	3.21	2.10	0.86

（二）实现粮食集约化生产

我国粮食生产除了几大生产建设兵团和农垦集团外，基本上是以农户为生产单位的生产组织模式。这一模式导致国内粮食生产资源（主要是耕地的使用权）极度分散，粮食生产整体效率低，不仅不利于保护粮食生产者的权益（农户在粮食市场基本没有话语权），也不利于国家粮食安全战略目标的实现（近些年以经济作物生产替代粮食生产的现象较为严重，且具有较大的盲目性），更谈不上规模生产和抗风险能力。

实施粮食集约化生产对我国现阶段来说尤其迫切。首先，粮食集约化生产可以充分利用我国有限的粮食生产资源，合理规划，构成规模机械化生产，提高粮食生产效率。国内三大主粮生产成本约为美国的 2 倍。政策推动粮食集约化生产已成当务之急。其次，有利于先进粮食生产技术和良种培育耕种的推广应用，提高粮食单位产量。再次，有利于节约粮食流通成本。集约化生产的规模性使粮食预处理和粮食临时仓储状况得到改善，从而降低粮食流通损耗和流通成本。最后，有利于完善粮食市场结构。集约化生产使粮食生产者真正成为粮食市场具有话语权的供给方。如何实现粮食生产资源归集和对现有使用权拥有者进行有效补偿是粮食宏观调控面临的挑战之一。

（三）国内、国际两个市场的共生

由于世界经济一体化的加速，越来越多的国家或主动或被动地融入国际经济体系。而在全球关注粮食安全的当代，国际粮食市场对我国粮食生产、流通乃至消费影响越来越大，美国玉米、澳大利亚小麦、泰国大米等外国粮食商品在国内粮食市场逐渐司空见惯。近些年来，我国粮食对外贸易规模较大，成为世界粮食市场的主要进口国之一。如小麦、玉米、大米三大主粮品种进口，2011 年为 1 126 万吨，2012 年为 1 398 万吨，2013 年为 1 317 万吨，2014 年为 1 951 万吨（资料来源：国家统计局公报并经整理）。

由于粮食市场问题并非全是经济问题，不能单纯考虑成本利润。在有效利用国际粮食市场调剂国内市场余缺的基础上，过滤和化解国际市场的冲击，保持国内粮食市场相对独立性，是我国粮食宏观调控必须面对的新课题。

（四）培育我国国际粮商

随着我国经济的发展，国内越来越多的企业（如华为、联想等）通过"走出去"战略，成功跻身国际市场，直接参与国际竞争。在粮食行业，虽然也有在海外购买或租用土地从事粮食生产的我国企业，但其对国际粮食市场影响力几乎为零。目前，我们所熟知的ABCD四大国际粮商占据了粮食交易的主要份额。我国也同样需要培育有影响力的中国国际粮商。我国粮食安全需要自己的国际粮商和众多集约化大型粮食生产企业。

综上所述，我国粮食宏观调控面临的主要挑战就是如何建立集约化粮食生产模式，协调好国内、国际两个市场，避免或缓解国际市场对国内市场的冲击，从根本上解决我国粮食供需整体平衡，保障我国粮食安全。从长远的角度看，我国还应当培育能够影响国际市场的我国国际粮商。

五、粮食宏观调控的国际经验与启示

一方面，粮食刚性需求和饮食结构变化，以及工业用粮不断增加，使粮食供给压力不断加大。另一方面，国际市场粮食价格与国内粮食价格形成倒差，在促进进口冲动的同时抑制了国内粮食生产的积极性，这与我国力求主粮基本自给的国策相冲突，我国粮食安全隐患不容忽视。粮食宏观调控是我国促进粮食生产，确保粮食供需基本平衡，避免粮食尤其是主粮供给受制于人的重要工具。

（一）全球主要粮食出口国的粮食宏观调控

全球主要粮食出口国如美国、加拿大、澳大利亚等国，在粮食宏观调控方面较为相似，主要侧重于维护粮食市场稳定，保护粮食生产者的利益。调控措施主要包括价格保护、生产补贴、信贷支持、鼓励出口等方面。

在价格保护方面，国家通过多种补贴途径，如差额补贴、反周期补贴、直接收入补贴、销售贷款差额补贴等，直接或间接保护粮食生产者的经济利益。由于粮食价格保护与世界贸易组织（WTO）制定的贸易规则相冲突，现已逐渐淡出。美国在价格保护方面出台了《土壤保护与家庭分配法》，防止出现粮食生产过剩，以保护粮食价格。

在粮食生产补贴方面，国家对粮食生产者直接补贴。加拿大通过制定《加拿大农民安全网措施方案》，即农民收入稳定政策和农民收入方案，建立了较为完备的粮食生产者保障体系。

在对外贸易方面，主要以关税保护、出口信贷、出口补贴等方式支持和鼓励粮食出口。

另外，世界主要粮食出口国的粮食宏观调控还涉及农业基础设施建设补贴和农业新技术推广应用及信息服务等方面，对粮食宏观管理也不遗余力。如加拿大谷物管理委员会负责加拿大全国粮食管理工作，包括制定谷物的国家标准、检验和计量办法，进出口谷物检验和检验证书签发，粮食品质鉴定和新技术推广，粮食经营机构的资格审查和注册等。

补充阅读

农 业 补 贴

农业补贴是一国政府对本国农业支持与保护政策体系中最主要、最常用的政策工具，是政府对农业生产、流通和贸易进行的转移支付。WTO 框架下的农业补贴是指针对国内农业生产及农产品的综合支持。如对粮食等农产品提供的价格、出口或其他形式的补贴。我国的农业补贴政策始于 20 世纪 50 年代末，最早以国营拖拉机站的"机耕定额亏损补贴"形式出现，之后逐渐扩展到农用生产资料的价格补贴、农业生产用电补贴、贷款贴息补贴等方面。

（二）全球主要粮食进口国的粮食宏观调控

粮食进口国的粮食宏观调控更侧重于调控主粮价格和粮食供需平衡。主要措施有以下几个方面。

1. 保护性粮食收购价格

保护性最低收购价，意味着政府为粮食生产者购买了粮食销售的保险，解除了生产者对粮食价格波动的后顾之忧，制度化保障粮食生产者的预期收益。

2. 粮食生产者收入补贴政策

粮食主要进口国一般都制定对粮食生产者补贴的相关政策。如农业生产直接补贴、自然灾害补贴、生产资料购置补贴等。

3. 金融支持

通过立法和政策，建立粮食生产、流通的信贷支持体系，以及构建粮食生产保险体系。

4. 限制主粮进口数量的贸易政策

粮食进口国国内主粮价格普遍高于国际市场粮价，限制粮食进口，主要是防止低价的国际粮食对国内粮食生产构成致命的冲击。如日本的粮食进口同步系统。

5. 建立国家粮食储备体系

补充阅读

国家粮食储备体系

国家粮食储备体系是指为保护农民利益、有效调控粮食市场、确保国家粮食安全而建立的分层次的粮食储备及其管理系统。新中国成立后，国家开始逐步建立一定规模的粮食储备，主要用于备战备荒。1990 年国务院决定建立国家专项粮食储备制度，同时要求各省级人民政府也相应建立地方粮食储备。目前，我国已形成了由中央和地方两级粮食储备构成的国家粮食储备体系。

（三）国外粮食宏观调控的启示

从上述国际粮食宏观调控的通常措施可以看出，粮食出口国与进口国的粮食宏观调控措施虽然有着较大的差异,但在保护粮食生产者利益方面却是一致的。

1. 粮食宏观调控首要的目标是保障粮食安全

粮食安全问题关系到国家政治经济的稳定和经济发展的基础,是国家战略安全问题,无论是粮食出口国还是粮食进口国,无一例外。稳定粮食生产,实施包括价格管制、补贴、削减或免除进口壁垒、实行出口限制、提高战略储备等粮食宏观调控措施,表明国家粮食安全已成为世界各国粮食宏观调控的首要目标。

我国是全球最大的粮食消费国,众多人口的刚性粮食消费,不仅要求粮食供需整体上平衡,而且还要求粮食结构平衡和地区间平衡,任何一个方面出现问题,都将导致灾难性后果。事实上,我国粮食消费还有很大比例属于工业性粮食消耗,如粮食能源化、饲料工业等,现实经济生活中,提高粮食生产积极性,财政补贴,国家粮食储备等,实际上都是与国家粮食安全有着直接或间接关系的粮食调控措施。因此,国家粮食安全同样是我国粮食宏观调控的首要目标。

现阶段,我国粮食生产仍然沿袭以农户为主要生产单位的传统模式,粮食生产效率难以得到实质性提高,生产者抗风险的能力弱。实现粮食生产产业化将是当前乃至今后一段时间,我国粮食宏观调控面临的重要选择。

2. 粮食宏观调控重点是粮食生产者的利益保护

对粮食生产者的利益保护,能够取得稳定和扩大粮食生产的直接效果。因此,世界各国,包括粮食主要出口国美国在内,在保护粮食生产者利益方面不遗余力。其中价格支持、粮食生产补贴、国家储备是较为常规性的宏观调控措施。

由于粮食价格是商品经济社会的基础价格,大幅提高粮食价格,使粮食生产者能够获得社会平均利润的可能性几乎为零。因此,在粮食生产者利益保护方面,关键是建立粮食生产者的利益补偿机制以及科学设定补偿幅度。只有形成科学完善的利益补偿机制,并使粮食生产者的回报达到或超过社会平均利润水平,粮食生产者利益保护的宏观调控才具有长效性,宏观调控释放的政策信号和实际的投资回报才能真正吸引社会资源投资粮食产业,才能在真正意义上稳定和扩大粮食生产,为国家粮食安全奠定物质基础。

3. 粮食宏观调控应以经济和法律为主要调控手段

粮食宏观调控法律手段主要是对粮食产业进行规范和确立规则,建立粮食产业公平、公开、公正的经营环境,有利于粮食法制化建设。经济手段是通过财政、金融等经济杠杆,调节粮食产业投资回报,吸引社会资源流入粮食产业。行政手段是利用国家公权,以行政命令、行政指令方式强行干预粮食生产流通经济行为。粮食宏观调控行政手段虽然收效快,但其短期效应明显,且容易因误判形势导致严重后果,一般适合在紧急状况和突发状况下调控粮食产业。相比较而言,在商品经济社会,经济调控手段和法律调控手段更有利于建立粮食产业调控长效机制。以经济与法律手段为主、行政手段为辅应成为粮食宏观调控的主基调。

4. 粮食中转仓储网络建设需纳入粮食宏观调控范畴

粮食中转仓储既是粮食的集散基地,也是粮食预处理基地。完善的粮食中转仓储网络,不仅有利于解决农户储粮难题,而且有利于降低粮食仓储损耗和运输成本。因而,粮食中转仓储网络建设需纳入粮食宏观调控范畴。

5. 粮食对外贸易政策目标应与粮食宏观调控目标一致

立足国内实现粮食基本自给是我国粮食问题的基本国策，也是我国粮食宏观调控的目标之一。作为国民经济有机构成部分的粮食对外贸易，应服务于国家粮食宏观调控大局，在政策目标上应与粮食宏观调控目标一致。

▶▶▶ 做练习

1. 简述粮食流通的特点。
2. 简述我国粮食流通的发展演变过程。
3. 什么是粮食流通现代化？
4. 我国粮食宏观调控的主要目标有哪些？
5. 论述我国粮食宏观调控存在的主要问题以及解决对策。

▶▶▶ 看资料

调整粮食宏观调控思路　允许粮价合理上涨

作为一种特殊商品，粮食价格不仅受市场供求关系的影响，还受政府宏观调控的影响，但调控有时会使粮价偏离其真实价值，过高或过低的粮价均会产生负面影响。

首先，从收入标准来衡量粮价的合理性。1995—2012 年，我国农村和城镇居民家庭人均可支配收入分别增长了 4.01 倍和 4.74 倍，但同期我国三种粮食平均价格仅增长了 0.54 倍。其次，从粮价与农业生产资料价格的比较来看，1995—2012 年，农业生产资料分类指数要高于谷物价格指数，这说明农业生产成本的增长速度要高于粮食价格的增长速度。再次，从猪、粮比价来看，一般来说，生猪与粮食（以玉米为代表）的合理价格比为 6∶1 左右。1995—2012 年，猪、粮价格比的波动比较剧烈，1995 年猪、粮价格比为 5.2∶1，之后便一直上升，2008 年达到 8.6∶1，说明和生猪价格相比，粮食价格变动幅度较小且上升幅度有限。最后，从粮价与资源竞争品价格的比较来看，传统上认为合理的棉、粮价格比为 8∶1。1995—2012 年，除 2009 年、2011 年、2012 年外，棉、粮价格比都高于 8∶1，2003 年棉、粮价格比更是达到 13.2∶1，说明和棉花价格相比，粮价较低。从果、粮价格比来看，1995—2012 年，果、粮价格比涨势明显，1998 年果、粮价格比为 0.8∶1，2010 年达 2.3∶1，说明水果的价格涨幅远高于粮价涨幅。

低粮价导致诸多问题，主要表现在：第一，低粮价影响农民收入。粮食价格长期低迷导致农民无法通过种粮致富，城乡差距持续扩大，进而影响我国建设小康社会、和谐稳定社会的目标。第二，影响粮食生产的稳定增长，进而影响国家粮食安全。低粮价使农民种粮积极性下降，导致农村青壮年劳动力纷纷离开土地外出打工或经商，长此以往，粮食生产的稳定增长必将受到影响，威胁粮食安全。第三，严重消耗了资源，透支了环境。由于土壤肥力持续下降，农民只能靠大量施用化肥来维持产量，容易引发环境与食品安全问题。第四，粮食浪费现象严重。国家粮食局的最新数据显示，我国粮食产后损失超过 1 000 亿斤，占全国粮食总产量的 9% 以上。

在工业化、城镇化快速推进的进程中，粮价的合理上涨不可避免，而且适度上涨也是合理的。因此，第一，政府应明确粮价调控的方向，由优先考虑市民转向优先考虑农民，促使粮价的合理上涨，让种粮农民能够获得合理收益；第二，坚持以市场形成价格为主，充分发挥市场的及时性和有效性，切实保障粮食市场和价格的基本稳定；第三，改变粮食安全观念，由仅关注粮食数量安全，转向数量质量并重，并适当进口一定数量的粮食，通过调整补贴政策使我国的耕地得到适度的休整，做到"藏粮于地"。

（资料来源：中国饲料工业信息网）

专题四 粮食经纪人

 学习目标

了解粮食经纪人基本知识；熟悉粮食经纪人的权利与义务；了解粮食经纪人管理和培训的方式和方法。

 **学知识**

粮食经纪人就是俗称的粮食购销员，他们在方便农民售粮、拓宽粮食购销渠道、活跃粮食流通、促进经济发展和协助国有粮食购销企业掌握粮源等方面发挥着重要的作用，也在为国家粮食安全服务等方面发挥着积极的作用，在生产者与经营者之间起着不可替代的桥梁和纽带作用。本专题介绍粮食经纪人的相关知识和对粮食经纪人管理的内容。

第一讲 粮食经纪人基本知识

一、粮食经纪人概述

（一）粮食经纪人的概念

粮食经纪人是指活跃在农村经济领域，以收取佣金为目的，为促成他人粮食交易而从事粮食收购、加工、销售中介服务的公民、法人和其他经济组织。

（二）粮食经纪人的特征

粮食经纪人的特征如图 4-1 所示。

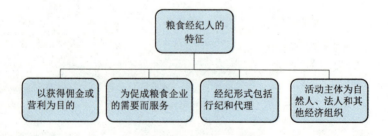

图 4-1 粮食经纪人的特征

第一，以获得佣金或营利为目的。粮食经纪人为促成他人粮油交易而从事经纪业务，以获取佣金为目的。粮食经纪人直接从生产者手中收购粮食，销售给国有粮食企业或其他粮食企业，以获取利益，其表现形式是差价。

第二，为促成粮食企业的需要而服务。粮食经纪人为促成具有收购资格的国有粮食购销企业、储备企业、加工企业等的需要而进行服务活动。

第三，粮食经纪人的经纪形式。根据《经纪人管理办法》的规定，经纪形式包括行纪和代理。粮食经纪人可以与具有收购资格的委托人签订行纪合同或委托合同，以获得合法地位。

第四，粮食经纪人的活动主体。粮食经纪人的活动主体为自然人、法人和其他经济组织。

（三）粮食经纪人在粮食流通中的地位

1. 粮食经纪人是粮食市场体系中的重要组织元素

在我国，粮食收购主体主要有四类：分布在全国各县（市）的国有粮食购销公司、各级储备库；国有控股或个体私营的粮食购销股份公司及粮行；国有、国有控股和非国有的粮食加工企业；广泛分布在各乡（镇）、村的农村粮食经纪人。粮食经纪人分散在广大乡、村、社区，有着广泛的人缘和群众基础，熟悉农村，熟悉农业，熟悉农民，既能为农民售粮提供方便，又能为多元化经营企业组织粮源，经过几年的培育发展，已经成为粮食收购市场网络的重要组织元素，是构建新的粮食流通网络体系的"毛细血管"和基础环节，是推动粮食购销市场有序发展的重要力量。

2. 粮食经纪人是连接粮食生产者与经营者的桥梁和纽带

粮食经纪人走村串户、上门购销，并把集中起来的粮源送到需要的企业，在粮食流通中成为衔接产销的第一道环节，不仅方便农民购销粮食，而且极大缓解了国有购销企业人员不够、网点不足的矛盾，成为连接粮食生产者与经营者的桥梁和纽带。

（四）粮食经纪人在粮食生产和流通中的作用

2004年中央1号文件明确指出："要积极培育和发展农村经纪人队伍。"2006年，国务院在《关于完善粮食流通体制改革政策措施的意见》中，明确提出："继续培育、发展和规范多种粮食市场主体，鼓励各类具有资质的市场主体从事粮食收购和经营活动，培育农村粮食经纪人，开展公平竞争，活跃粮食流通。"一般来说，粮食经济人的作用有以下几点。

1. 为农民购销粮食和为企业组织粮源服务

粮食经纪人走村串户，上门或就近设点购销，并提供灌包、装车、翻晒、运输、卸车等全程服务，解决了部分农户无运输工具、无劳力、无时间售粮的困难，方便农民购销粮油。同时缓解了因基层网点不足造成的矛盾，帮助企业组织粮源，促使粮食生产者与经营者的产销对接。

2. 协助国有粮食购销企业发挥主渠道作用

粮食经纪人与国有粮食购销企业合作后，很快成为企业的依靠力量，有利于在新形势下构建以国有粮食购销、储备、加工企业为中心，以农村经纪人为依托，按照规定进行活动的新的收购网络，协助国有粮食购销企业掌握更多的粮源，更好地发挥主渠道作用，为调控市场、确保国家粮食安全服务。

3. 推动粮食种植结构优化

粮食经纪人对市场行情信息灵通，在接受委托与农户签订订单或上门入户收购时，可以充当市场需求和价格现状及趋势等信息的传递员，引导农民按照市场需求安排种植；同时，在收购时坚持优质优价，以质论价，推动粮食种植结构优化，促进农民增收。

4. 成为农民剩余劳动力就业的可靠渠道

开展粮食经纪业务，为农村剩余劳动力开辟了新的就业门路，也为粮食等行业下岗职工实现再就业、农民增收提供新渠道，给农村粮食市场增添了生机和活力。各地都有部分粮食经纪人因此而致富，有的还创办了粮食企业。随着粮食产业化步伐加快和市场改革的不断深化，其规模还将不断扩大。

5. 促进粮食市场的规范和发展

粮食经纪人的参与，可以减少粮食市场信息的不对称性，使粮食市场交易行为更为公开和透明，在一定程度上预防欺诈行为。更重要的是促进粮食收购网络体系的建立，有利于粮食流通市场的发育和完善。

二、粮食经纪人应具备的条件

（一）一般经纪人必须具备的条件

按照国家工商管理有关条例、制度要求，取得经纪人执业资格必须具备以下条件。

1. 具有完全民事行为能力

《中华人民共和国民法通则》第 11 条规定："十八周岁以上的公民是成年人，具有完全民事行为能力，可以独立进行民事活动，是完全民事行为能力人。十六周岁以上不满十八周岁的公民，以自己的劳动收入为主要生活来源的，视为完全民事行为能力人。"不具备完全民事行为能力的人，不能从事经纪人职业。

2. 诚实守信

诚实守信是从事粮食经纪人的基本条件，并具有从事经纪活动所需要的知识和技能。

3. 有固定的住所

经纪从业人员申请时，需要出示户口、房产证等能证明自己固定住所的证件和身份证明，以增强从业诚信度。

4. 掌握国家有关的法律法规和政策

经纪从业者需要知晓国家基本的经济政策，明了行业规范、规则。

5. 申请经纪资格之前连续三年没有犯罪和经济违法行为

经纪业是诚信职业，三年内有犯罪和经济违法的人没有从业的基本可信度，不能申请从业。

6. 提出申请

具备以上条件的人员，可以根据当地的规定，提出申请，经工商行政管理等机关核准，方可从事经纪活动。

（二）粮食经纪人在满足一般经纪人所具备的条件的基础上还需具备的条件

（1）年收购量达到 50 吨以上的粮食经纪人必须取得粮食收购资格。

按照《粮食流通管理条例》、国家粮食局和国家工商行政管理总局联合制定的《粮食收购资格审核管理暂行办法》的规定，申请取得粮食收购资格必须具备以下条件：

① 具备筹措经营 3 万元以上资金的能力。

② 拥有或通过租借具有必要的粮食仓储设施。

③ 具备相应的粮食质量检验和保管能力。

具体条件由省、自治区、直辖市人民政府规定、公布。

（2）年收购量低于 50 吨的粮食经纪人无须申请粮食收购资格，但需具备以下条件：

① 具有完全民事行为能力，连续几年内无犯罪和经济违法行为。

② 遵守国家法律法规，诚实守信，合法经营。

③ 具有一定的粮食临时储存条件和粮食运输条件，能够妥善保管所收购粮食或及时运送到粮食收储企业。

④ 有条件的，应当与具有粮食收购资格企业签订委托收购合同或聘用合同。

（3）上述两种粮食经纪人必须具备的能力：

① 熟悉经纪人享有的权利和应承担的义务，遵守粮食经纪人行业的各项规定。

② 了解国家粮食政策和有关规范，包括粮食收购、储存、运输的技术质量标准和规范。

③ 具备鉴别粮油质量的基本技能，拥有和能操作基本的质量检验和计量工具。

三、取得粮食经纪人执业资格的主要流程

取得粮食经纪人执业资格的主要流程如图 4-2 所示。

（一）申请粮食收购资格

1. 向办理工商登记的部门同级的粮食行政管理部门提交书面材料

（1）法定代表人（负责人）身份证复印件。

（2）营业执照或工商行政管理机关核发的《企业名称预先核准通知书》复印件。

（3）资信证明。

（4）经营场所产权证明或有效租赁合同。

（5）质量检验、仓储设施和保管能力等证明材料。

（6）原来从事粮食收购业务的经营者须同时提交上一年度粮食购销情况年报表。

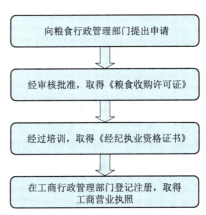

图 4-2 取得粮食经纪人执业资格的主要流程

2. 取得收购资格

粮食行政管理部门自受理之日起 15 个工作日内完成审核，对符合规定条件者做出许可决定，发给《粮食收购许可证》。

（二）取得经纪执业资格

根据国家工商行政管理局发布的《经纪人管理办法》和有关省市的具体规定，经纪人培训考核发证由县以上工商行政管理机关组织实施，也可以委托有关单位进行。经培训考核合格发给证明，凭考核合格证明，向发照的工商行政管理机关申请，经核准后发给执业资格证书。获得执业资格证书的人员，可以依法申请设立经纪企业、合伙的经纪组织，申请登记注册为独立经纪人。

（三）工商注册登记

取得粮食行政管理部门《粮食收购许可证》的，可以依法向工商行政管理部门申请登记，在经营范围中注明粮食收购；已在工商行政管理部门登记的，从事粮食收购活动也应当取得粮食行政管理部门的粮食收购资格许可，并依法向工商行政管理部门申请办理变更营业范围登记，在经营范围中注明粮食收购。经核准，取得个体经纪人、个人独资经纪企业、合伙经纪企业或经纪公司营业执照。粮食经纪人的注册、变更、年检和换照等工作按现行有关法律、法规办理。

1. 注册粮食个体经纪人

粮食个体经纪人向工商行政管理部门申请注册登记时应提交的证明文件：

（1）申请人签署的个体工商户设立登记申请书（申请报告）。

（2）申请人身份证明（身份证复印件）。

（3）《粮食收购许可证》。

（4）粮食经纪人执业资格证书。

（5）法律、法规规定提交的其他文件。

2. 注册合伙粮食经纪企业

首先要办理名称预先核准登记，并提交规定的文件，主要有全体合伙人签署的《企业名称预先核准申请书》和全体合伙人的身份证明。在注册登记时还应提交以下证件：

（1）全体合伙人签署的《合伙企业设立登记申请书》。

（2）全体合伙人签署的《全体合伙人指定的代表或共同委托代理人的委托书》。

（3）全体合伙人身份证明。

（4）全体合伙人签署的合伙协议。

（5）全体合伙人对各合伙人认缴或者实际缴付出资的确认书。

（6）主要经营场所证明。

（7）全体合伙人签署的委托执行事务合伙人的委托书，执行事务合伙人是法人或者其他组织，还应当提交其委派代表的委托书和身份证明复印件。

（8）《企业名称预先核准通知书》。

（9）《粮食收购许可证》。

（10）行政法规、国家工商总局规定提交的其他文件。

3. 注册粮食经纪公司

（1）设立粮食经纪公司应具备的条件：

① 10 万元以上的注册资金。

② 相应的组织机构和固定的业务场所。

③ 有与其经营规模相适应的粮食经纪人执业人员。

④《中华人民共和国公司法》及有关法律、法规规定的其他条件。

（2）申请注册成立粮食经纪公司，首先要办理名称预先核准登记，并提交规定的文件，主要有全体投资人签署的《企业名称预先核准申请书》、全体投资人签署的《申请授权委托意见》和代办人或代理人身份证复印件，同时要查看身份证原件。

在注册登记时还应提交以下证件：

① 公司法定代表人签署的《公司设立登记申请书》。

② 全体股东签署的《指定代表人或者共同委托代理人的证明》及指定代表人或委托代理人的身份证复印件。

③ 全体股东签署的公司章程。

④ 股东的主体资格证明或者自然人身份证复印件。

⑤ 验资证明和住所使用证明。

⑥ 董事、监事、经理的任职文件及身份证复印件。

⑦ 法定代表人任职文件及身份证复印件。

⑧《企业名称预先核准通知书》。

⑨《粮食收购许可证》。

⑩ 法律、行政法规和国务院规定设立公司的必须报经批准的，提交有关的批准文件或者许可证书复印件。

⑪ 法律、法规和国家工商总局要求提交的其他材料。

四、粮食经纪人的发展形式和运作方式

（一）粮食经纪人的发展形式

近年来，综合各地的粮食经纪人发展形式，大体有以下几种。

1. 取得执业资格才能从事粮食经纪活动

个别省份首先对申请人进行专门培训，通过考试合格，由粮食部门和工商部门正式颁发粮食经纪人执业资格证书，然后与具有粮食收购资格的企业签订粮食委托收购合同，使之成为国家行政法规认可的合法粮食购销活动的参与者，由此逐步形成一支可靠的粮食经纪力量。

2. 接受具有粮食收购资格的企业委托从事粮食经纪活动

经过选择考核，企业对合格的粮食经纪人发放诚信经营卡（即经营身份证明），并造册建档，实行规范管理。经常为他们提供便捷的信息服务，并采取收购开始前集中培训和交粮现场示范等方式进行培训。粮食经纪人持卡入户收购，按委托要求将收购的粮食送交粮库。

3. 由粮食经纪人协会组织粮食经纪人收购

组建农村粮食经纪人协会，在收购季节到来时，由协会组织经纪人收购，并进行培训与管理。

4. 以粮食专业合作社或粮食产业经济组织为依托从事粮食经纪活动

粮食经纪人是农民与粮食企业之间的中介人，接受企业委托，进行从种到收的全程服务，包括签订订单、供应优良种子、提供生产技术服务，组织收购、对农户进行二次分配等服务项目。

除上述四种粮食经纪人发展形式外，目前各地还有相当数量的农村粮贩，基本处于无证照、无组织、无场所的"散兵游勇"状态，其粮食经纪活动还无固定的买卖对象和流通渠道，大多数聚散无时，行踪不定，盲目行事，收购粮食只是为了赚取利润。

（二）粮食经纪人的运作方式

当前主要有行纪和代理两种。

1. 行纪

行纪是指经纪人受委托人的委托，以自己的名义，从事代购、代销等活动并获得相应报酬的行为。双方需签订行纪合同，并承担相应的法律责任。这种方式被粮食经纪活动普遍采用。粮食收购经纪人按合同规定的价格，在农村把分散在千家万户的粮食，收集、运送到有收购资格的粮食企业。

行纪的特征如下：

（1）行纪人以自己的名义实施法律行为。

行纪人依委托人的指示进行商业活动，但他在与第三人建立关系时不是以委托人的名义，而是以自己的名义出现，并承担所产生的法律后果。

（2）商品所有权属于委托人。

行纪人为委托人购销物品的所有权属于委托人。

（3）违背粮食收购行纪合同的行为属于违法违规行为。

双方必须遵守合同承诺，违背粮食收购行纪合同的行为，对行纪人来说就是违法行为。因为其超开粮食经纪人身份的粮食收购活动，既违反《经纪人管理办法》，又违反粮食行政管理法规。

（4）实效性。

粮食收购行纪合同的有效期一般以 1~3 个月为宜，即在每个粮食收购期开始签订，到收购结束为止，期满解约，过期作废。新的收购期可以再签约。

（5）行纪合同的排他性。

行纪人不能在同一时期内同时与第三方签订经纪合同。多头经纪势必制造矛盾，扰乱市场秩序。

2. 代理

（1）经纪企业。

由于粮食收购网络覆盖的缺位，民间自发产生了类似粮栈的大粮商。他们往往除收购农民的粮食外，还接收经纪人的粮食，这类形式的业务属于经纪企业的行为，应该根据规定，申请设立经纪公司或合同经纪企业，合法参与到粮食收购中去。

（2）经纪企业的代理行为。

在粮食经纪实践中，代理也是一种必要的经纪形式。农村现有的大粮商只有完成经纪企业的工商登记等合法手续，才能名正言顺地经营粮食收购代理业务。对于委托方来说，必须明了代理人在代理权限内，以被代理人的名义实施民事法律行为，被代理人对代理人的代理行为承担民事责任。

经纪企业代理行为的特点是：

① 有固定的收购场地、设施，具有地域优势和一定的粮食集散能力。

② 通过与有收购资格的粮食企业签订委托代理合同，取得粮食代购的代理资格。

③ 经纪企业根据委托代理合同规定，收购就近的个体粮食经纪人送交的粮食。

第二讲　粮食经纪人的权利与义务

一、粮食经纪人的权利

根据《中华人民共和国民法通则》及《中华人民共和国合同法》等规定，粮食经纪人依法、依照合同开展经纪活动，受法律法规保护，享有如下权利。

（一）依法经营

粮食经纪人有在法律法规允许的范围内开展经纪活动，依法经营的权利；正常经纪行为受法律保护，有权拒绝各种名目的乱收费、乱罚款和乱扣车等行为。

（二）核实资金、资料，取得支持

粮食经纪人有权通过合法途径了解、核实委托方提供的资金、资料的权利；有权获得委托企业提供的粮食政策、市场信息、业务培训和技术支持；有权拒绝任何组织和个人的委托

代扣、代缴税费和其他款项。

（三）取得报酬

粮食经纪人有权依照法律法规和按合同约定获得劳动报酬。

（四）双方约定的权利

粮食经纪人有签订合同和依法享有合同中双方约定的权利。

（五）仲裁申请权和诉讼权

在经纪活动中发生争议，粮食经纪人有仲裁申请权和诉讼权。

（六）协会会员资格申请权

粮食经纪人有粮食经纪人协会或粮食行业协会会员资格申请权。

二、粮食经纪人的义务

（一）遵纪守法

在经纪活动中自觉遵守国家法律、法规，讲道德、懂政策、重承诺、守信用，认真执行国家粮食收购政策，维护国家、企业、农民的利益。

（二）公正经纪

按国家质量标准收购粮食，按质论价，不缺斤短两、掺杂使假。不得损害农民利益，自觉维护粮食收购市场秩序；保护委托人权益，诚实守信，自觉履行合同。

（三）及时支付售粮款

主动向售粮农民提供有关国家粮食收购政策、价格、质量标准等咨询服务，及时支付售粮款。

（四）履行合同

依照合同把经纪的粮食全部送交委托的粮食收购企业。不囤积，不私自提高价格。

（五）自觉接受培训

定期参加粮食购销政策和业务培训，不断提高自身政策和业务水平。

（六）依法缴纳税费并接受行政监督

自觉依法纳税，并接受粮食行政执行机构的监督检查。

（七）其他

法律、法规赋予的其他义务。

第三讲　粮食经纪人管理和培训

一、粮食购销业务管理

（一）粮食收购服务程序

粮食经纪人收购粮食的主要服务程序，一般是接受企业委托签订粮食收购订单、收购前的准备工作、宣传和执行国家现行粮食收购政策和有关规定、按照标准对收购粮食品种初步定等、使用标准衡器称重计量、计价与支付货款和运送收购粮食等。

1. 接受企业委托签订粮食收购订单

粮食经纪人接受企业委托在粮食播种前或粮食收购前，与农户签订粮食收购订单，促使农户按照市场需求种植，对促进农业生产、稳定粮食产量、发展粮食产业化、提高粮食企业的经济效益、维护种粮农民利益、保障国家粮食安全等方面，能起到积极的作用。签订粮食收购订单需要做好以下工作：

（1）调查服务区内主要粮食品种的种植面积、生长情况。根据委托企业的要求，粮食经纪人要深入农户，调查服务区内主要粮油的种植面积等情况，向委托企业提供有关信息，为企业确定与农户签订收购订单总量等内容提供依据。

（2）接受粮食企业关于与农户签订收购订单的委托。

① 签订协议。

粮食经纪人经过与粮食企业协商，如同意接受粮食企业关于与农户签订收购订单的委托，双方应该签订协议。协议中要明确与农户签订收购订单应该执行的政策和所有要求。

② 与粮食企业签订协议应该量力而行。

要切实根据服务区的粮食种植情况和自身的收购能力签订协议，确保收购订单的稳步实现和农民利益得到维护。

③ 根据粮食企业要求进行订单签订工作。

粮食经纪人根据与粮食企业签订的收购订单协议的规定，要深入农户，逐户签订粮食收购订单。签订订单时，要宣传国家粮食收购政策，帮助农户分析市场形势和价格趋向。注意适用性、可操作性，要注意收购订单履约率的提高，力求实现粮食企业有效掌控粮源、种粮农民收入得到提高、粮食经纪人的粮食经营量不断增长等目标。

（二）收购前的准备工作

1. 了解服务区内的主要粮食品种的生产和市场价格情况

（1）了解生产情况。

通过调查分品种粮食生产实际状况，包括种植面积、天气变化、灾害发生、施种、施肥、施农药、科学种植以及作物生长和收获等情况，掌握分品种粮食的生产实打实测情况。

（2）了解市场价格情况。

及时掌握粮食市场行情，密切关注粮食市场价格变化。

2. 了解情况的方法

（1）走村串户。

粮食经纪人应在粮食种植后到粮食收购前，直接到农民家中和田间地头，向农民等有关人员了解分品种的生产情况。

（2）访村问组。

粮食经纪人及时与村、组统计农业生产的人员保持联系，了解本服务区的粮食生产情况，大体掌握本服务区的粮食生产的品种及数量。

（3）电话联系。

粮食经纪人及时与粮食企业保持联系，经常电话咨询粮食市场的现时价格，做到心中有数。

（4）多方收集。

粮食经纪人可通过电视、报纸、广播、网站，多方及时了解粮食政策、宏观调控措施和市场需求等，收集粮食市场行情。

（三）宣传和执行国家现行粮食收购政策和有关规定

宣传和执行国家现行粮食收购政策和有关规定，是保护种粮农民利益、将国家惠农政策落到实处、规范粮食市场行为、提高粮食企业经营能力、加强粮食经纪人规范化管理的需要。

粮食经纪人要与委托粮食企业及时保持联系，积极接受培训，并通过报纸、电视、广播、互联网等传媒及时了解国家当前粮油购销政策，以便在收购时，将国家现行的粮食购销政策信息传递给农村基层组织和种粮农民；并接受粮食行政管理部门的监管，认真执行国家现行粮食购销政策，保护售粮农民利益，增加自身经营收入。

粮食经纪人可以通过张贴、发送宣传材料，深入田间和农民家中等各种形式，将国家现行粮食收购政策、各粮食品种的收购性质、收购方式、收购质价标准等如实、及时传递给种粮农民，争取做到服务区种粮农民家喻户晓。

（四）按照标准对收购粮食品种初步定等

粮食经纪人在收购粮食时，应该按照国家标准初步定等，这样既可以保护售粮农民利益，同时也可以提高粮食经纪人的收入。初步定等的步骤和方法如下。

1. 识别品种

要学会识别粮食品种，特别是能够分辨普通品种和优质品种，做到收购不同的粮食品种执行不同的质量标准和收购价格，同时做到不同品种在不同地方存放和分开运输，确实做到依质论价、优质优价。

2. 感官鉴定

在收购粮食时，首先要利用感官鉴定粮食的色泽、气味、水分、杂质、重度、出糙等基本指标，做出一个最初的判断，分辨出合格和不合格的粮食，再根据基本指标对粮食等级做出初步判断，以给出一个合理的收购价格和水分、杂质增减量。

3. 仪器检测

在感官鉴定的同时，粮食经纪人还要利用一些必备、简单的粮食检测仪器，对粮食质量进行准确的检测。

4. 公示样品

在收购现场，可以出示收购粮食标准样品，便于售粮农民随时对照，了解自己出售的粮食可以达到规定的具体粮食标准。

5. 专业检验

粮食经纪人送交企业的粮食，要通过企业的专业检测，从而对照出自己的检验水平，并在以后的收购中及时校正自己的检验误差，提高自己的检验水平。对于一些种粮专业户的大批粮食，可以采取送检样品的形式，让具有专业检验水平的化验室对样品全项目地做出准确判断，让售粮农民的粮食真正做到以质论价。

（五）使用标准衡器称重计量

称重计量是粮食经纪人进入农户收粮，以及把粮食送到仓库、加工厂时的重要环节，是经济结算的依据。称重计量的准确与否，是双方经济交往的基础，它关系到粮食经纪人的诚信度和农民能否得到应有的售粮收入。因此，粮食经纪人在收购中必须坚持公平、公正，秤足量准，绝不做出缺斤短两的行为，坑害农民利益。

目前，在粮食收购中主要使用的称重衡器有机械磅秤和电子汽车衡。无论使用何种衡器称重，在使用前必须经过技术监督部门检测，保证称重衡器的完好和准确。

为保证在使用中能够做到准确计量，需要注意如图4-3所示的事项。

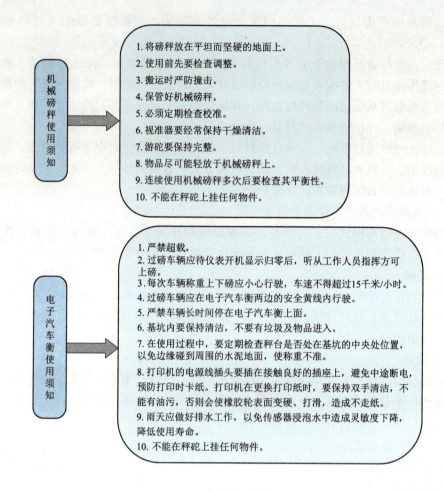

机械磅秤使用须知
1. 将磅秤放在平坦而坚硬的地面上。
2. 使用前先要检查调整。
3. 搬运时严防撞击。
4. 保管好机械磅秤。
5. 必须定期检查校准。
6. 视准器要经常保持干燥清洁。
7. 游砣要保持完整。
8. 物品尽可能轻放于机械磅秤上。
9. 连续使用机械磅秤多次后要检查其平衡性。
10. 不能在秤砣上挂任何物件。

电子汽车衡使用须知
1. 严禁超载。
2. 过磅车辆应待仪表开机显示归零后，听从工作人员指挥方可上磅。
3. 每次车辆称重上下磅应小心行驶，车速不得超过15千米/小时。
4. 过磅车辆应在电子汽车衡两边的安全黄线内行驶。
5. 严禁车辆长时间停在电子汽车衡上面。
6. 基坑内要保持清洁，不要有垃圾及物品进入。
7. 在使用过程中，要定期检查秤台是否处在基坑的中央处位置，以免边缘碰到周围的水泥地面，使称重不准。
8. 打印机的电源线插头要插在接触良好的插座上，避免中途断电，预防打印时卡纸。打印机在更换打印纸时，要保持双手清洁，不能有油污，否则会使橡胶轮表面变硬、打滑，造成不走纸。
9. 雨天应做好排水工作，以免传感器浸泡水中造成灵敏度下降，降低使用寿命。
10. 不能在秤砣上挂任何物件。

图 4-3　称重衡器使用须知

（六）计价与支付货款

计价与支付货款是粮油收购中非常重要的环节，关系到农民的直接利益，也是粮食经纪人诚信经营、信用程度的体现。在粮食收购中，要按等计价，结价合理，依质论价，优质优价。在此基础上，及时、据实支付售粮款。

1. 计价

（1）定等定价。

对收购不同性质的粮食品种，应该按照规定进行合理的定等定价。一般以粮食质量国家标准的中等品为计价基础。

（2）增减量计价。

① 收购不符合质量标准的政策性粮食，要按规定做扣价、扣量处理。

② 收购不符合质量标准的市场经营粮食，在处理增扣价、扣量等问题时，可按贸易合同规定执行，也可参照有关规定执行。

2. 支付货款

（1）开具收粮检斤手续。

粮食经纪人收购农民的粮食必须开具收粮检斤手续，票据上要注明收购粮食的日期、姓名、品种、价格、数量、质量、增减量、总金额等，便于售粮农民及时核对和备查。

（2）及时支付售粮款。

粮食经纪人收购粮食后，必须及时结算，并支付给农民售粮款，严禁"打白条"，不得拖欠售粮款，不得接受任何组织或个人委托代扣、代缴任何税、费和其他款项。

（3）建立粮食经营台账。

粮食经纪人从事粮食收购，应当及时建立粮食经营台账，台账保留期限不得低于三年。

（七）运送收购粮食

1. 运送收购粮食的情况

把收购的粮食运送到粮食企业，是粮食经纪人收购的最后环节。当前，粮食经纪人运送收购的粮食有以下两种情况：

（1）运送直接收购农民的粮食。

把从农民手中直接收购的粮食，利用自有的或雇用的运输车辆及时运送到粮食企业。

（2）运送购自其他粮食经纪人的粮食。

购自其他粮食经纪人的粮食，利用自有的或雇用的运输车辆及时运送到粮食企业。

2. 运送粮食收购的特点

（1）随收随运。

一般采用电话预约、上门收购。基本上随时收购随时上车，将收购的粮食在最短的时间内送往粮食企业。

（2）运输车辆的必要配备。

运输车辆上配备必要的收购器材、设备、方便实用的称重计量仪器、防雨防尘的苫布，并配有粮食装卸人员，以减轻农民售粮的劳动强度。

（3）快购，多拉。

在收购季节，都是快购、多运，周而复始，每天往返1~2次。

3. 运送收购粮食的注意事项

（1）自备或雇用的车辆状况良好。

要符合国家有关车辆管理的要求。

（2）认真选择运输路线。

收购前，粮食经纪人要掌握道路实际交通状况，注意天气变化给农村简易路面通行带来的影响，杜绝出现承重车辆不能通行的情况，以免给售粮农民带来不便，给自身造成损失。

（3）按核定吨位装粮。

① 粮食经纪人要对自有车辆吨位进行核定，做到心中有数，要按照核定吨位装粮，不得超载。

② 在收购运送时，由于安排不周，可能会出现携带的运输工具需要二次运输，或不能满载。因此，要根据不同地点、不同时间的售粮情况和自身收购能力科学安排，既确保农民售粮方便，又充分利用自身收粮条件，节省运输力量，降低成本，增加收入。

（4）确保运输安全

① 在粮食搬运、装车的过程中，要注意装卸人员的安全。

② 加强对车辆的维护与保养，保证车辆处于良好的运营状态。

③ 车辆要按规定行驶，并注意车辆上人员的人身安全；要根据天气变化采取防雨、防沙尘等措施，做好运送粮食时的防火、防水、防盗。

④ 运送车辆应该满足安全、卫生、防雨、防尘的要求，不得与其他危险物品、易污染的化学物品一同运输，避免粮食受到污染。

⑤ 在运送途中，要注意携带的器材等绝对安全。

二、粮食销售服务的基本要求

（一）粮食销售的概念和方式

粮食销售是指把商品粮食出售给各种用粮单位和消费者的经济活动。通过销售，把商品粮食变为货币并能得到一定的利润，满足用粮单位和消费者的需求。

粮食商品销售的方式是多种多样的，下面介绍批发与零售两种方式。

1. 批发

批发是将商品粮食卖给零售企业或转售给其他企业的经济活动，在活动结束时，商品粮食仍处于流通领域。批发环节经营的商品粮食一般数量都比较大，粮食批发对粮食零售价格有很大的影响。因此，批发是左右粮食市场和价格的重要环节。

2. 零售

零售是指把商品粮食出售给居民和社会集团的活动。零售的特点是交易次数频繁，每次出售的数量较小，主要通过城乡集贸市场、小商贩、城市粮店零售给消费者。

（二）粮食销售的服务程序

粮食销售的服务程序主要包括选定目标客户、签订购销合同等。

1. 选定目标客户

选定目标客户，首先要选定目标市场，然后在目标市场中选出目标客户。

（1）选定目标市场。

目标市场就是粮食经纪人决定要进入的市场。考虑进入目标市场应符合下列标准：

① 有一定的规模和发展潜力。

② 符合粮食经纪人的目标和能力。

（2）选出目标客户。

目标市场选定后，还必须对目标客户的消费动机、购买行为、每批次采购的品种和数量、采购的频次、送货的要求等进行调查和分析，以便掌握客户的真正需求。在此基础上将客户划分为一、二、三类，进行分级管理。一类客户结账信誉好、销量大、能带来稳定的销售收入，需要重点开发维护；二类客户合作态度好，虽然销量一般但较为稳定，需要做好服务工作；三类客户可能属于不稳定的购买者，是需要培养和争取的。

（3）与客户进行洽谈和业务联系。

向客户介绍粮油产品及特点，并进行价格协商。介绍粮油产品时可以使用语言、文字、多媒体等方式，或者采用多种介绍复合法。

2. 签订购销合同

（1）签订合同前，一般要查看对方的营业执照、生产许可证、粮食收购许可证、税务登记等资质证件。签订大宗合同前，最好登录最高人民法院执行网查看对方是否有债务纠纷，若有必要还应当派人进行实地考察，以确定对方的履行能力和信誉，避免违反法律的风险。

（2）购销双方经过洽谈协商，在自愿、平等的原则下，经双方法定代表人或法定代表

粮食经纪人

人的委托代理人签字后生效。合同一经签订，就应当按约定履行，否则，要承担违约责任。

三、粮食经纪人服务与引导措施

（一）粮食经纪人的管理原则

粮食经纪人的管理原则，是根据建立粮食经纪人制度的目标、任务、特点、管理规律而设定的，也是实践经验的总结，具有普遍的指导意义。

1. 自律原则

（1）坚持平等。

粮食经纪人不分规模大小、经营量多少、进入市场先后，一律平等。管理者应以经纪人队伍建设和行业规范为目标，加强相互间的沟通和交流，倡导团结协作，实现经纪人行业共同发展。

（2）坚持公平竞争。

管理者应自觉遵守国家有关经纪行业发展和监管的法律法规和政策，顾全行业和社会公共利益，不从事不正当竞争行为，从本行业、本企业做起，自觉维护公平竞争的市场环境。

（3）坚持诚实守信、沟通与协商。

管理者和经纪人都应以诚信为本、服务至上，信守承诺和协议，切实履行合同义务。在解决双方发生的矛盾和纠纷时，要以事实为根据，以诚相待，妥善处理相互之间的矛盾。

2. 引导原则

引导原则，是指在教育和管理粮食经纪人的过程中，通过做深入细致的交流沟通工作，建立良好的协调和沟通渠道，循序诱导，启发自觉，为经纪人指明正确的发展方向，使经纪人形成自觉接受教育、管理和规范的内部动力，使经纪人制度不断完善和发展。

从粮食经纪人的年龄、分布、知识结构和法律素养等特点看，他们大多为 40~50 岁，虽然文化和法律知识水平不高，但他们思想敏锐，接受新事物快，有丰富的粮食经营经验，在他们身上蕴藏着许多积极的因素。他们出现的一些问题大多属于认识问题，往往是由于出发点不同、分辨能力不强、专业知识不足造成的。这就需要对他们加以培训和规范，不断进行正面教育，积极引导，使其内在因素占主导地位，从而克服消极、落后的因素，从根本上提高他们的依法经纪理念。

3. 规范原则

规范原则，是指粮食经纪人从制度建立、队伍建设、市场运行到行业完善和发展，每个工作环节、步骤、流程、岗位都有明确的规定和标准的原则。简单来说，就是为粮食经纪人队伍确立的行为标准，以约束和指导粮食经纪人的日常经济行为。

针对粮食经纪人在工作中存在的专业知识不足、规范经营不严、履约率不高、服务水平低等问题，必须从以下几方面进行规范：

（1）建立定期学习培训制度。

不断增强粮食经纪人法律意识和专业素养，规范行业行为。

（2）建章立制，约束经营行为。

经纪人主管部门和委托主体，或粮食行业协会、经纪人协会等行业组织，要建立健全各项规章制度，推动行业诚信建设，建立完善经纪人自律约束机制，实施动态监控规范，防止不规范的经营行为发生。

（3）规范签订合同，提高合同履约率。

经纪合同是主体之间规范相互行为的一种重要形式和依据，是双方利益和合作的书面保证。合同所涉及的标的、履行方式和期限、违约责任等内容必须规范、合法，才能受到法律的保护，产生应有的约束力，才有助于合同履约率的提高。

4. 分类管理原则

分类管理原则是指根据粮食经纪人的不同特点，如经营区域、经营时间、经营规模、登记类型、信用程度等，将粮食经纪人划分成若干类型，找出规律，有针对性地加强管理的原则。

（二）粮食经纪人的管理制度

粮食经纪人及其经纪活动，仅以利益与骨干粮食企业联结，组织相对松散，做好粮食经纪人队伍的科学有效管理与规范，是保证粮食经纪人队伍健康发展的重要环节。从管理的角度，粮食经纪人可分为重点粮食经纪人、一般粮食经纪人和自由粮食经纪人。重点粮食经纪人主要是指接受国有粮食购销企业、储备粮库、大中型加工企业等骨干企业的委托，并签订行纪合同或委托合同的粮食经纪人。接受上述以外企业的委托，并签订合同的为一般粮食经纪人。重点粮食经纪人和一般粮食经纪人构成签约粮食经纪人，其余则为自由粮食经纪人。但签约粮食经纪人在合同满期后，如没有续签，就会转化为自由粮食经纪人；自由粮食经纪人如接受企业委托，并签订合同，则成为签约粮食经纪人。

制度是规范地管理粮食经纪人的基本方法。健全粮食经纪人管理制度，就能提升对经纪人的管理成效。用制度管理的对象主要是签约粮食经纪人，只有登记管理等部分制度对所有的粮食经纪人起约束作用。

管理签约粮食经纪人的制度主要包括以下几个方面。

1. 登记管理制度

登记管理制度是指工商行政管理部门和粮食行政主管部门依法对自愿申请从事粮食经纪人活动的人员和组织进行登记审批的程序，登记管理主要包括粮食收购许可、工商登记注册等步骤。未经登记注册和收购许可，擅自开展经营活动，则视为违法行为。

2. 备案管理制度

备案管理制度是指粮食经纪人在领取工商营业执照后，将粮食经纪执业人员的有关资料提交给经纪人管理主体进行备案的制度，实行备案管理是对粮食经纪人身份和执业档案、信用记录、信用管理进行分类的重要依据。

3. 明示制度

明示制度是指对粮食经纪人经纪行为的相关内容在经营场所进行公示的制度，实行明示是强化粮食经纪执业人员的自我约束能力，增强社会公众对粮食经纪行为的监督，提高粮食经纪人信誉的重要手段。

粮食经纪人在粮食经纪执业过程中，应将自己的姓名、照片、执业的经纪项目、联系电话、备案号码等在经营场所的相应位置明示，同时还要明示粮食经纪执业证书号码，以及粮食和工商行政管理机关的投诉电话等。有的地方以胸牌等形式明示。

4. 签订合同制度

粮食经纪人和委托人签订的行纪、委托合同，是粮食经纪执业人员的执业依据和对双方的约束。对经纪自然人来说，可以约束同一经纪人在合同期内只能接受一个有收购资格的经营主体委托；对法人经纪组织来说，不可实行多家代理。

5. 年审制度

年审制度是指对取得执业资格的粮食经纪人实行年度审查和信誉评定的制度，是对粮食经纪人队伍实施年度资质认定、进行规范管理的重要环节。未通过管理主体资质年检的不得继续从事粮食经纪活动。

年审需提交的资料如下：

（1）《工商营业执照》副本及复印件。

（2）《粮食经纪合同》原件。

（3）身份证或户口簿原件及复印件。

（4）近期一寸免冠照片。

有下列情形之一的，不予通过年度审查：

（1）伪造、变造、涂改、出租、出借粮食经纪人资格证书和粮食经纪合同的。

（2）在年度审查中弄虚作假，情节严重的。

（3）被粮食、工商主管部门查处有严重违反粮食收购政策、拒不履行粮食经纪合同、有群众投诉并被证实信誉度差的。

（4）年度经营总量低于规定数量的。

6. 激励制度

激励制度是指通过制度来反映激励主体和激励客体相互作用的方式。激励制度包含诱导因素、行为导向、行为幅度、行为时空、行为感化等构成要素。其中诱导因素起到发动行为的作用，后四者起导向、规范和制约行为的作用。

在粮食经纪业中的诱导因素，就是用于调动粮食经纪人积极性的各种奖酬资源。对经纪人的激励，就是从经纪数量、质量、服务、诚信等方面，设立工作目标和激励标准，对达到和超过工作目标者，给予表彰和奖酬。实际操作中，有的是企业采取粮食经纪二次结算方式，有的是采用利益分成方式，有的是协会组织年终表彰、给予物质和精神奖励等方式。这些方式对激励干劲，凝聚合力，促进经纪效率提升有着积极意义。

7. 诚信管理制度

诚信是指粮食经纪人在粮食经营和人际交往过程中必须恪守的基本准则之一，是在与农民、管理者、委托者，甚至其他经纪人等利益关系群体交往中产生的一种信誉约束，是社会道德的基本要求。建立健全守信奖励、失信惩戒、严重失信淘汰机制是保证市场经济条件下粮食行纪合同和社会文明规则实现的前提，是粮食经纪人年审和优胜劣汰制度实施的重要参数之一。

加快粮食经纪人信用管理体系建设，建立经纪人诚信档案是推动建立粮食经纪人诚信制度体系的基础。一是建立健全粮食经纪人信用管理的相关制度、法规，提高经纪人信誉约束力；二是进一步加大粮食经纪人诚信政策法规贯彻执行力度和执法力度，打击非法经纪行为；三是积极建立粮食经纪人信誉、评价、管理体系以及相应的数据库，奖励依法经纪，提高合同履约率；四是鼓励粮食经纪人协会、粮食行业协会等中介机构的发展，提高行业发展潜力。

8. 优胜劣汰制度

优胜劣汰制度是指通过市场竞争和筛选，把高素质、有技能、能吃苦、讲信用、守合同、有运输车辆、有稳定客户的粮食经纪人稳定下来，使队伍发展壮大，而把不执行国家粮食收购政策、不履行经纪合同、信誉度差的粮食经纪人调整出去，重新整合，合理确定经纪人队伍规模，提升整个队伍综合素质的制度。此项制度结合年审制度一并实施。

9. 检查制度

检查制度是指粮食经纪人管理主体依据相应法律法规，在各自职权范围内对粮食经纪人在粮食市场的经营行为开展的监督检查制度。各级粮食行政执法部门要按照市场管理法规，定期对粮食市场实行监督检查，严厉查处违法违规和非法经营等行为，规范粮食流通市场，促使粮食经纪人自觉维护经济市场秩序。

10. 协会约束管理

协会约束管理是以粮食经纪人协会等中介组织为主体，通过协会的培训和制定行规行约等各项活动，加强粮食经纪人队伍的内部监督和自我约束，逐步形成行业自律机制，促进粮食经纪人有序竞争。

四、粮食经纪人培训

（一）培训的必要性

随着粮食流通体制的改革和粮食市场化改革进程的加快，粮食经纪人作为一支新生力量，在粮食流通中的作用日益显现，越来越成为粮食流通领域不可缺少的重要环节，有力促进了农村经济的繁荣。

但是，现阶段粮食经纪人普遍存在法制和政策观念较弱、服务城乡居民的意识淡薄等问题；部分经纪人受利益驱使，存在一些失信行为。在粮食紧张或价格偏高的情况下，时有囤积居奇和卖高价的现象发生。尤其是在近年的收购中，部分地方反映对粮食经纪人的市场监管难度较大。为此，亟待加强粮食经纪人的培训，提高他们的政策水平和业务能力，全面提升其综合素质。

1. 培训粮食经纪人是落实党中央、国务院有关文件精神的重要措施

2006 年，中共中央印发了《关于推进社会主义新农村建设的若干意见》（中发〔2006〕1 号），提出要"培育和发展农村经纪人队伍"。同年，国务院《关于完善粮食流通体制改革政策措施的意见》进一步明确，要"鼓励各类具有资质的市场主体从事粮食收购和经营活动，培育农村粮食经纪人，开展公平竞争，活跃粮食流通"。因此，培训粮食经纪人，加强经纪人队伍建设既是贯彻落实中央、国务院文件精神的重要措施，也是行业人才工作围绕中心、服务大局的必然要求。

2. 开展对粮食经纪人的培训是维护国家粮食安全、保护种粮农民利益的迫切需要

粮食收购是确保国家粮食安全的重要环节，也是保护种粮农民利益的基础工作，根据《粮食流通管理条例》的规定，粮食经营者除了按规定进行公示登记外，还要取得粮食行政管理部门粮食收购资格许可。但在现阶段，对这些从事粮食经纪人职业的人员，除少数地方制定了规范措施外，普遍处于自发状态，使农村粮食收购市场的正常发展受到影响。为维护国家粮食安全，保护种粮农民利益，加强粮食经纪人培训，提高他们的政策水平和业务能力迫在眉睫。

3. 开展粮食经纪人职业技能培训是加强行业人才培育的重要组成部分

粮食经纪人职业是一项新兴的职业，由于其职业要求直接向种粮农民收购，同时要求必

须具备收购、销售、运输、保管、质量检验等多方面的技能，因此，它是粮食行业人才培育的重要组成部分。

（二）培训的目标

培训粮食经纪人的目标是，使其提升法制观念和职业道德水平，提高职业技能和综合素质，树立为城乡居民服务的观念，引导和规范粮食经纪人走上健康发展的轨道，使其在方便农民售粮、拓宽粮食购销渠道、活跃粮食流通、促进经济发展、协助国有粮食购销企业掌握粮源发展主渠道作用、更好地为国家粮食安全服务等方面发挥积极的作用，在生产者与经营者之间发挥不可替代的桥梁和纽带作用。

（三）培训的内容

在对粮食经纪人进行培训的过程中，需要培训的内容包括：

（1）基础知识。

（2）服务规程和业务技能。

（3）国家有关粮食政策。粮食经纪人必须认真执行国家有关粮食政策，这是做好粮食经纪和经营的基础。在培训时，要把学习国家粮食政策作为一项重要内容。其他有关粮食政策，如土地、税收、粮油消费、宏观调控、进出口等政策的变化，需要粮食经纪人了解并执行的，也应该适当进行讲解。

（4）粮食市场信息。粮食市场信息是培训粮食经纪人的另一项重要内容。

（四）培训的方式

培训的方式应该根据培训对象的情况和培训目标的要求而定。鉴于粮食经纪人大多数是农民，文化水平低，部分学员不适应坐在课堂长时间听讲，应该采取多种方式培训。综合各地采取的培训方式，主要有举办培训班、灵活机动的培训方式和现场示范操作三种。这三种方式可以任选一种，也可以选择其中的两种方式同时使用，甚至三种方式都使用。

1. 举办培训班

举办培训班是培训粮食经纪人最有效的方式，速度快，效果好。但需要具备以下条件：

（1）学员能够接受。

在此前提下，可以在当地举办小集中、短时间的培训班。如集中几十人，利用一天或半天的时间进行培训。

（2）具备场地和经费条件。

由于对粮食经纪人不能收取较高的培训费用，需要培训单位弥补培训费的不足，如有可能，即可举办培训班。

2. 灵活机动的培训方式

综合各地的做法，主要有"见缝插针"、多次灌输和多种方式等培训方式。

（1）"见缝插针"。

"见缝插针"主要是指利用一切可以利用的时间，甚至只有几分钟的时间，由分工负责的老师对一个或数个粮食经纪人在现场及时讲解急需的培训内容。

（2）多次灌输和多种方式。

多次灌输和多种方式是指采用多种方式分多次培训，力求解决粮食经纪人最直接、最重要、最适用的关键问题。

3. 现场示范操作

现场示范操作是以操作性学习为基本特征的培训方法，是理论联系实际的主要方式，具有实践性、可操作性、直观性、实用性的特征。综合各地的做法，主要是在收购现场和入库现场进行示范操作。

（1）收购现场。

在收购现场传授识别粮食品种、定等、验质、计价、结算等技能。有的还发放关于粮食质量鉴定和储存等基本知识的小册子。

（2）入库现场。

在入库现场，通过示范操作，教授容重器、水分测定仪、磅秤等常用仪器的校正、使用和维修方法；讲解粮仓常用机械、质量检验等知识。

做练习

1. 如何提高粮食经纪人的工作积极性？

2. 如何建立粮食经纪人与粮食行政部门、企业和农民之间的关系，促进粮食经纪人队伍的健康发展？

看资料

粮食经纪人　让农民卖粮更方便

夏收夏种刚结束，活跃在农村地区的粮食经纪人又进入了一年中最为忙碌的时节。在颍上县夏桥镇龙王庙码头，记者见到了来这里卖粮的粮食经纪人朱文亮，从5月底开始，他几乎每天都要送两货车小麦到这里出售。

每天上门收粮食

"做了20多年粮食贩子，今年第一次有人喊我粮食经纪人，虽说意思一样，不过听起来要鲜亮得多。"今年43岁的朱文亮是颍上县半岗镇塘圩村人，17岁初中毕业后开始做粮食生意，至今已有26个年头。

每年夏秋两季，朱文亮都要开着自家的机动三轮车走村串户收粮食，再把这些粮食卖给当地粮站，至少要忙上1个月时间；平时，他会把收来的粮食储存起来，等到价格上涨后才卖出去。一年365天，他每天都要跟粮食打交道。近年来，农村劳动力大量外出，地里的庄稼基本上都依靠留守老人和妇女来管理，收获和播种也全都依赖机械，久而久之，卖粮就成了困扰当地农户的一件麻烦事。朱文亮的生意就是把这些分散在农户家里的粮食买进来，集中起来后再转卖给当地粮站，每斤赚取约2分钱的差价。

和很多粮食经纪人不同的是，朱文亮收粮是挨家挨户地收，自己提供机动车和杂工，当地卖粮的农户只需跟他打一声招呼，灌装、过磅、上车、运输一概不用管，在家里等着数钱就行了。

谁的价格高卖给谁

"现在，农村的劳动力越来越少，很少有人把自家的粮食拉到粮站去卖。我们把这些粮食收上来以后，谁给的价格高就卖给谁；如果市场行情不好，就暂时储存起来。"朱文亮说。

　　靠着贩运粮食的收入，他在小镇上买了两间门面房，一楼当作仓库，二楼用来居住。五年前，他还买了一辆中型货车，专门往外地转运粮食。

　　这段时间，他把收来的小麦都卖给了一个在龙王庙码头等待装船的江苏客商，虽说附近的国有粮食收储企业也在按保护价收购小麦，但每斤价格比江苏客商低1分钱。为了多赚一点钱，也为了节省一点时间，他就舍近求远，把粮食送到了30公里①外的龙王庙码头。"这个码头一年四季都收购粮食，有多少要多少，价格与国家保护价差不多，可以长期合作。"朱文亮说。

挣的全是辛苦钱

　　粮食生意风险虽小，但经营起来并不容易，像朱文亮这样经营了20多年的粮食经纪人在当地也不多。朱文亮告诉记者，这种生意利润薄，而且还是体力活，刚开始接触这一行的时候，扛一天的粮食袋子也不觉得累，后来才觉得干这行挣的全是辛苦钱。

　　近年来，粮食价格不断上涨，经营的利润却越来越薄。1斤小麦的市场收购价在1.12元左右，卖给国有粮食收购企业的价格是1.18元，中间有6分钱的差价，除去运输成本和杂工工资，最多也就剩下2分钱。如果麦子水分过高，或遇上阴雨天气，弄不好还要赔钱。

　　当然，这么多年干下来，他也探索出一些赚钱的门道：在别人都不收购的时候储备一些粮食，在别人都在收购的时候控制储备的量，毕竟粮食价格存在一定的市场波动，在一个相对狭窄的利润空间里经营，需要运气，更需要赚钱的智慧。

　　　　　　　　　　　（资料来源：阜阳新闻网，http：//www.fynews.net/article-84378-1.html）

---

① 1公里=1千米。

专题五 粮食市场营销策略

 **学知识**

第一讲　粮油新产品的开发及品牌建设

一、粮油新产品的开发

（一）粮油新产品开发的必要性

当今，创新已经成为时代发展的主旋律。对粮食企业而言，开发粮油新产品具有十分重要的战略意义，它是企业生存与发展的重要支柱。

1. 市场竞争的加剧迫使粮食企业不断开发新产品

企业的市场竞争力往往体现在其产品满足消费者需求的程度及其领先性上。特别是现在市场竞争日趋激烈，企业要想在市场上保持竞争优势，只有不断创新，开发新产品。

2. 产品生命周期理论要求粮食企业不断开发新产品

产品生命周期理论告诉我们，任何产品不管其在投入市场时如何畅销，总有一天会退出市场，被更好的新产品所取代。粮食企业只有不断开发新产品，才可以在原有产品退出市场时利用新产品占领市场。

3. 消费者需求的变化要求粮食企业不断开发新产品

消费者市场需求具有无限的扩展性。随着社会经济的发展和消费者收入的提高，人们对粮油商品的需求也将不断地朝着更加营养、健康、安全、方便和有特色的方向发展。因此，粮食企业必须适应市场需求的变化，不断开发新产品，才能在市场竞争中立于不败之地。

4. 科学技术的发展推动粮食企业不断开发新产品

由于科学技术的迅速发展，新产品开发周期大大缩短，产品更新换代加速，从而推动粮食企业不断寻找新科技和新原料，开发更多的满足市场需要的新产品。

（二）粮油新产品开发的思路

市场营销学所说的新产品是一个广义的概念。一般认为，凡是企业向市场提供的能给顾客带来新的满足、新的利益的，企业还没有生产过的产品即为新产品。它包括新发明的产品、换代型新产品、改进型新产品、仿造型新产品等。

1. 从消费者的需求变化入手，研制开发适应消费者需求的粮油新产品

要了解消费者的需求变化，就必须预先做好市场调查和预测工作，以了解消费者对粮油商品的哪些需求已得到满足，哪些需求未得到满足，市场急需什么，消费者有什么购买意向等。粮食企业要通过静态和动态两个方面洞察市场需求的发展趋势，及时推出适应其营养、健康、安全、方便和特色需求的粮油新产品。

2. 从产品的更新换代着眼，使企业推出的新产品具有不同于其他同类产品的特点

粮油新产品的开发，既包括开发完全意义上的绝对新产品，也包括革新、改造老产品，赋予老产品以新的生命，即采用先进技术对现有产品的功能、性质、花色品种等做部分改进，如方便面、增白面粉、自发粉、绿色食品、精炼油、调和油等。开发这类改进型新产品，工艺简单，费用不高，见效快。但在采用此法时，要特别注意行情的变化，认真了解其产品的市场潜量。若该产品在市场上已趋饱和，推出后没有多少市场份额，就不宜盲目上马。否则，就会事倍功半，事与愿违。

3. 从同行推出的新产品中得到启迪，设计试制仿造型新产品

所谓仿造型新产品，一般是指对同行生产的新产品的样品进行剖析，并根据其原理和参照其有关技术资料，在原有产品的基础上加以仿造而成的新品牌产品。开发这样的新产品，路子较为广阔，能获得较高的经济效益，但产品的市场竞争很激烈，风险较大。因为这类产品已被同行抢先研制成功投放市场，其"新"是相对于本企业、本地区而言的，对消费者来说不一定"新"。因此，在开发前，要对其进行可行性研究，看其有无"市场可接受性"，本企业生产是否力所能及。同时还要注意两点：一是在仿造中要"仿中有造"，有所再创造，要有点新意，与原产品相比要力求"同中有异"；二是对专利产品要预先查阅有关专利文献，对获得专利的产品，在其法定有效期内切勿仿造，以免侵权。

4. 从粮油副产品的综合利用中开发新产品

粮油工业企业要有从粮油副产品的综合利用中拓宽新产品开发的思路，在"综合利用"上大做文章。粮油副产品即粮油加工后剩下的麸皮、谷壳、碎米、皮糠、油脚、水面筋等。通过综合利用开发粮油新产品的好处主要表现为：一是既不愁原料的来路，又可就地取材；二是从综合利用角度看，这些粮油副产品的废水、废渣通过技术处理也完全可以"变废为宝"，潜力很大。如碎米可以加工为饴糖，饴糖又可加工为液体葡萄糖、晶体葡萄糖、低聚糖、果葡糖；米糠可榨油，糠油又可加工派生出谷维素、糠蜡；榨油后剩下的糠饼，又可做植酸钙、有机磷、肌醇。以米、面、油副产品为原料的化工产品和深加工产品，在医药、食品、化工方面大有用途。如肌醇就是宝贵的医药原料，可用于治疗肝硬化、肝炎、血管硬化以及食品、饲料工业的添加剂，是国际市场上高额出口创汇的抢手货。由此可见，通过综合利用开发粮油化工产品，也是粮油工业企业开发新产品的一条重要途径。

（三）粮油新产品开发的常用策略

1. 竞争定位策略

在同一目标市场上进行新产品开发的粮食企业，因其营销目标、技术力量、财力物力等的不同，应采取不同的市场竞争定位。新产品的市场竞争定位是新产品开发能否取得预期效果的重要因素。新产品的竞争定位一般有三种：一是低成本新产品定位，是指企业所开发的新产品，以成本为主与竞争对手进行市场抗衡，力求提高所开发新产品的市场占有率；二是

差别化新产品定位，是指企业努力开发同类产品中差异性大的新产品，以"新、异、特"来吸引消费者，以求在该产品领域中占据领先地位；三是专业化新产品定位，是指根据企业的实际优势，集中力量在行业中某个细分市场进行专业化的新产品开发。这样的新产品定位，既可能是自主创新开发，又可以是模仿创新开发。企业在新产品开发项目立项之始，就必须根据市场的竞争势态和企业自身的资源环境（人、财、物），对新产品市场竞争准确定位，这样才可以提高企业新产品开发项目的效率、效果和效益。

2. 先发制人策略

先发制人策略是指企业率先推出新产品，利用新产品的独特优点，抢占市场上的有利地位。采用先发制人策略的企业应具备强烈的成为市场"第一"的意识。因为对于广大消费者来说，对企业和产品形象的认知都是先入为主的，他们认为只有第一个上市的产品才是正宗的产品，其他产品都要以"第一"为参照标准。因此，采取先发制人策略，能够在市场上捷足先登，利用先入为主的优势，最先建立品牌偏好，从而取得丰厚的利润。采用先发制人策略，企业必须具备以下条件：企业实力雄厚，且科研实力、经济实力兼备，并具备对市场需求及其变动趋势的超前预判能力。

3. 引进技术策略

把专利和技术买过来，组织力量消化、吸收和创新，变成自己的技术，并迅速转变为生产力。它可以分为三种情况：一是将小企业整个买下；二是购买现成的技术；三是引进掌握专利技术和关键技术的人才。

4. 组合翻新策略

组合翻新策略是指采用新技术、新工艺把两种以上的原料或功能组合为具有一物多功能或多营养或更方便的组合产品，譬如，把大米、红豆、绿豆等粮食按一定的工艺加工组合起来，就成为"八宝粥"；把花生油、菜籽油、葵花油等按一定的比例组合起来，就成为"调和油"；把大米与红枣、中药通过科学配方，按一定的工艺加工组合为"药用枣红米"；把红薯、萝卜、豆角等和苹果、草莓、菠萝等，利用真空低温油炸技术脱水即成为"蔬果脆片"。

5. 利用名牌策略

利用名牌策略是指利用名牌在消费群体中享有的信誉及由此产生的"名牌效应"，开发同类型的多样化的系列产品。这样不仅可以降低成本，增强新产品的知名度，有助于新产品打入市场，而且还可使名牌因有新产品而显示新活力。采用此策略时，应预先测试顾客对其名牌的观感，看是否适合新产品，以使名牌商标与新产品如影随形、相得益彰。同时，还要严把产品质量关。否则，就有可能因产品质量不过关，或因品牌延伸得不伦不类而影响品牌的形象。

6. 填补空隙策略

填补空隙策略是指针对市场空隙推出新产品。所谓市场空隙，是指因消费者多层次和多变性消费的特点而存在的"未被满足的需求"。市场空隙是企业开发新产品的良机。谁能不失时机地抓住市场空隙乘虚而入推出新产品，谁就能在强手如林的市场竞争中胜人一筹。譬如，抚顺金泰粮油科技开发有限公司瞄准市场空隙，推出咖啡味糙米粉和柠檬味糙米粉，一面世就受到市场青睐。

7. 系列开发策略

系列开发策略是指在同一产品中进行横向和纵向系列开发，从而派生出由低到高、不同规格、不同档次的同类型的系列产品。如开发款式、容量、包装、尺寸、颜色、功能不同的系列产品，以增加产品的新花色、新式样、新用途，满足不同层次的需求。

(四) 粮油新产品开发需要注意的问题

1. 注意粮油新产品的发展趋势

随着科学技术的迅速发展和人民生活水平的不断提高，人们的食物消费开始向优质化、多元化、方便化、科学化转变，膳食和营养结构显著改善。为适应这一趋势，粮食工业企业在开发新产品时，就必须密切关注国内外粮油产品发展的新动态，根据"营养、卫生、科学、方便"的原则开发适销对路的粮油新产品，顺应消费者的需求。

2. 注意给新产品起个好名字

商品的名字起得好不好，对商品销售有着举足轻重的影响。因为顾客选购商品时，首先看的就是商品的名称。一个好的商品名字要易懂、易记、易传，如中粮集团生产的"福临门"小包装食用油。

3. 注意给新产品抢先注册商标

《中华人民共和国商标法》规定，谁先申请商标注册，其商标权就归谁所有，就受法律保护。即使你是某商标的创始人，已在社会上形成最先使用某商标的既定事实，但只要该商标未注册，任何人都有权到实行申请在先授权原则的国家以同一商标抢先注册。因此，粮食企业开发新产品时，必须在新产品面世前抢先进行商标注册。

新产品开发成功案例

抚顺金泰粮油科技开发公司瞄准市场空隙不断开发粮油新产品。近年来，该公司开发的糙米胚芽养生粥系列，一上市就受到消费者的欢迎。

（1）五谷杂粮粥。五谷杂粮一直受到人们的青睐，是因为杂粮营养素全面均衡，其中含有高比例的蛋白质、氨基酸、微量元素和维生素，可为人体提供丰富的铁、钙、硒、磷、镁和维生素E、B及胡萝卜素等。在排除体内毒素、降低疾病隐患、均衡饮食营养、调节代谢平衡等方面有积极的作用。

（2）蔬菜粥。蔬菜是人们日常饮食中必不可少的食物之一，多吃蔬菜有益于身体健康。蔬菜中含有多种多样的植物化学物质，是公认的对健康有益的成分，可提供人体所必需的多种维生素和矿物质。

（3）中老年养生粥。"早晚吃粥，中午吃饭"的饮食方法，应该成为中老年人养生的饮食习惯。调查资料表明，长寿之人都有早晚喝粥的饮食习惯。该粥中添加了中老年人身体所需的营养元素，经常食用可以增强体质。

（4）产孕妇营养粥。坐月子是产妇调补身体的最佳时期，这期间的营养汲取对产妇身体恢复起到重要的作用。该营养粥搭配多样化，扩大了营养素的来源，保证了产后所需膳食纤维的摄入，避免了孕妇产后肥胖。

（5）宝宝营养粥。孩子早期的营养供给对身体和智力的发育至关重要，所以在孩子的生长阶段，提供给孩子必需的营养素是非常关键的。该营养粥容易消化吸收，不含有任何色素及添加剂。粒粒晶薄，淡淡的米香味，口感纯正。在单一的谷物基础上，搭配丰富营养辅料，全面满足孩子身体和智力双成长所需能量。

（6）状元粥。由于情绪紧张，考生的食欲往往较差。考生饮食要注意清淡，应全面均衡补充营养。该粥精选大米胚芽融入粥品之中，具有增强耐力、精力和体力，提高反应灵敏性和应激能力，增进记忆力及提高学习效率的功效。

二、粮油产品的包装

（一）粮油产品包装的基本概念

食品包装起源于人类持续生存的食物储存需要。当人类社会发展到有商品交换和贸易活动时，食品包装逐渐成为食品的组成部分。

现代粮油产品的包装是指在流通过程中为保护产品、方便储运、促进销售，按一定的技术方法而采用的容器、材料和辅助物品等的总称。现代粮油产品的包装按其在流通过程中的作用，可以分为销售包装和运输包装。

销售包装又称小包装或商业包装，不仅对商品具有保护作用，而且更注重包装的促销和增值功能，通过包装设计树立商品和企业形象，吸引消费者，提高商品竞争力。运输包装又称大包装，应具有很好的保护功能以及方便储运和装卸功能，其外表面对储运的注意事项应有明显的文字说明或图示，如"防雨""易燃""不可倒置"等图标或文字。

（二）粮油产品包装的基本策略

符合设计要求的包装固然是良好的包装，但良好的包装只有同包装策略结合起来才能发挥应有的作用，可供粮食企业选择的包装决策有以下几种：

（1）相似包装策略。企业生产的各种产品，在包装上采用相似的图案、颜色，体现共同的特征。其优点是能节约设计和印刷成本，树立企业形象，有利于新产品的推销。但有时会因为个别产品质量下降影响其他产品的销路。

（2）差异包装策略。企业的各种产品都有自己独特的包装，在设计上采用不同的风格、色调和材料。这种策略能够避免由于某一商品推销失败而影响其他商品的声誉，但也会相应地增加包装设计费用和新产品促销费用。

（3）相关包装策略。将多种相关的产品配套放在同一包装物内出售，可以方便顾客购买和使用，有利于新产品的销售。

（4）再使用包装策略。包装内产品用过之后，包装物本身还可用于其他用途，这种策略的目的是通过给消费者额外利益而扩大产品销售。

（5）等级包装策略。对同一种商品采用不同等级的包装，以适应不同的购买力水平。如送礼商品和自用商品采用不同档次的包装。

（6）附赠品包装策略。在包装上或包装内附赠奖券或实物，以吸引消费者购买。

（7）改变包装策略。当某种商品销路不畅或长期使用一种包装时，企业可以改变包装设计、包装材料，使用新的包装，这可以使顾客产生新鲜感，从而扩大产品销量。

三、粮油产品的品牌建设

（一）品牌与商标的基本概念

品牌俗称牌子，是制造商或经销商给产品起的名称或设计的标志，通常是由文字、图形、符号、标记或它们的组合形成的。其基本功能是把不同企业之间的同类产品区别开来，使消费者认牌购物。

品牌的构成可分为品牌名称和品牌标志两个部分。品牌名称是指品牌中能够用语言表达的部分，如金龙鱼、福临门、鲁花等。品牌标志是指品牌中可以被识别但难以用语言准确表达的部分，它包括特定的符号、图案、颜色和艺术字等。

品牌经过政府有关部门注册登记后就叫作商标。商标具有独占性和排他性。商标与品牌既有联系又有区别：商标是注册登记的品牌，所有的商标都是品牌，但品牌不一定是商标；品牌是一个商业名称，商标是一个法律名称；商标受法律保护，品牌不受法律保护。需要说明的是，在现实生活中，人们对商标和品牌往往不加区别地使用，通常所说的"实施品牌战略"就有将品牌注册为商标的含义。

（二）粮油产品品牌建设的基本内容及要求

粮油产品品牌建设是指品牌拥有者在正确观念指导下，对品牌进行设计、宣传、维护。其基本内容及要求如下：

第一，树立正确的品牌建设观。

首先，品牌建设是一个系统工程。说到品牌建设，一些粮食企业认为就是在媒体上大力做广告、搞促销，其实这不是做品牌，充其量只能叫作产品推广。品牌建设是一个系统工程，需要在企业品牌战略的统领下，各部门通力协作，把营销组合的 4P 要素全部做精做优。

其次，品牌建设的基石是优质的产品。产品是品牌的载体和生存基础，而品牌是产品的最高价值体现。优秀的品牌一定要依靠优质的产品来维护其价值，因为产品代表的是消费者的需求，只有产品被消费者接受，才会在消费者心目中建立起品牌价值。在产品充分满足消费者需求的情况下，品牌才能发挥出强大、持久的力量。

最后，品牌建设是一个长期的过程。品牌建设是一个长期积累的过程，是生产制造商专业化、规范化的运作机制和锲而不舍打拼成功的积累。例如，广告费是硬投资，广告效应就不是今天投多少，明天就能赚回来，而是一种长期积累。

第二，提炼品牌的核心价值。

品牌建设除了需要过硬的产品质量外，还需要提炼品牌的核心价值。品牌核心价值是品牌的灵魂，是能让消费者明确、清晰地识别并记住品牌的利益点与个性，驱动消费者认同、喜欢乃至偏爱一个品牌的主要因素，是品牌营销传播活动的核心。依托品牌核心价值提炼出的传播语可以给予消费者一个购买企业产品的合理理由。企业在所有营销传播活动中都要围绕品牌的核心价值展开，从而达到对品牌核心价值的体现与演绎，并丰富和强化品牌核心价值。提炼品牌核心价值应把握以下原则：

原则 1：高度的差异化。也就是要有独特的卖点，尤其是与同类产品相比，能显示出鲜明的特点或个性。一个品牌的核心价值如果与竞争品牌没有鲜明的差异，就很难引起公众的关注，更别谈认同与接受了。缺乏个性的品牌核心价值是没有销售力量的，不能给品牌带来增值，或者说不能创造销售奇迹。高度差异化的核心价值一面市，就能成为万花丛中一点绿，引发消费者内心的共鸣。

原则 2：引导消费理念创新。一个强大品牌的意义并非仅仅是提供一种具有品质保障的产品，而是能够引导消费理念创新，并在此基础之上，周期性地引导生活方式发生革命性的转变。譬如，2002 年"金龙鱼"第二代食用调和油面世，它所倡导的"1：1：1"膳食脂肪酸平衡的健康理念，改变了中国人的饮食习惯，使中国人对食用油的观念从"安全"向"营养均衡健康"跃升。2005 年，金龙鱼第二代调和油获得国家发明专利，并获得中国粮油学会科技进步二等奖，"金龙鱼"正式掀起了食用油行业"营养均衡"革命的新潮流。

原则 3：与企业资源能力相匹配。品牌核心价值不仅要通过传播来呈现，更要通过产品、服务不断地把价值长期一致地交付给消费者，使消费者真正地认同核心价值。否则，不能打动消费者。而企业的产品和服务需要相应的资源和能力的支持，才能确保产品和服务达到核心价值的要求。因此，核心价值在提炼过程中，必须把企业资源能力能否支持核心价值作为重要的衡量标准。

原则 4：具备广阔的包容力。由于对本企业创造的无形资产的利用不仅是免费的，而且还能进一步提高无形资产的价值，所以不少企业期望通过品牌延伸提高品牌无形资产的利用率来获得更大的利润。因此，要在提炼品牌核心价值时充分考虑前瞻性和包容力，预埋好品牌延伸的管线。

第三，赢得消费者的认同和赞誉。

对品牌核心价值提炼定位之后，品牌建设的关键问题就是如何赢得消费者的认同和赞誉。因为如果不能赢得消费者的认同和赞誉，其他都是一纸空文。要赢得消费者的认同和赞誉需要把握以下策略：

策略 1：创建品牌要有一个好的品牌名称。好的品牌名称应具备以下几个特点：一是与产品特性相符。二是朗朗上口、易懂、易记、易传。三是不犯忌讳。我国是一个多民族国家，各民族风俗习惯不同，品牌名称应该尽量避免这方面的冲突。四是品牌名称和商标图案必须能够体现特定目标用户的知识素养、审美情趣和价值观念。五是尽量少用产地品牌。因为《中华人民共和国商标法》对产地品牌的限制较多，而且产地品牌概念模糊（如"东北大米"等），容易受同地产品侵袭。

需要特别注意的是，应把品牌名称放在包装上突出的位置，产地名称、品种名称等放在一个辅助的位置。最好不要把产地模糊的品牌作为展示重点，更不能把注册的商标品牌做成一个很小的标志放在不显眼的位置。品牌标识的字体，最好不用通用字体，而改用手写体或者一些独特的艺术字，以便在字体上创造一种独特的个性，突出与其他品牌的区别。

策略 2：广泛传播品牌赢得消费者认知。任何品牌要想赢得消费者的认同和赞誉，必须首先让消费者认知品牌及其核心价值。广泛传播品牌的基本方法是有计划地做好广告宣传和各种促销活动。这方面的知识将在后面的专题讲授。

策略 3：赢得消费者信任和赞誉。借力权威：与品牌产品相关的权威，包括政府管理部门、行业从业资格认证机构、行业协会、专业标准认证机构、奖项评比委员会、有特定公信力的新闻媒体、具有广泛影响力的技术专家、行业或技术评论家等。借力渠道：将品牌产品由形象、信誉良好的商业机构销售，可以获得两种直接营销效果，一是可以使终端用户快速认同品牌价值，二是可以影响其他渠道商也来积极经销该种品牌产品。借力用户：道理很简单，你向消费者说 100 遍你的产品物超所值，不如消费者在使用你的产品后对他身边的人说一句"这个品牌真不错啊"。

策略 4：讲故事赢得消费者信任和赞誉。如海尔公司开发"地瓜洗衣机"的故事、为确保质量"砸冰箱"的故事、销售人员讲诚信"背洗衣机"给农民送货到家的故事等。品牌故事的塑造，必须遵循真实性、趣味性、独特性的原则。

策略 5：以人证物赢得消费者信任和赞誉。这里的"以人证物"，是指企业应当高度重视对终端销售人员的选拔、培训和管理。他们的亲和力、专业度和服务精神是企业品牌价值的重要组成部分。

第四，提供组织保障。

实践证明，品牌建设离不开组织的保障，需要建立品牌管理部门。一个规范的品牌管理部门应该承担规划、执行、监控、研究等职能。

需要特别注意的是，企业在进行品牌形象管理时，必须立足长远，建立长期战略并一以贯之。如果品牌形象不统一或频繁变化，顾客就会感到迷惑。顾客对品牌体验的"不一致"非常敏感。品牌是一种承诺，如果你违背了这个承诺，你就失去了信誉。只有经过长期一致性的管理之后，品牌的最大收益才能体现出来。

第二讲　粮油产品的价格策略

价格是商品价值的货币表现，是企业进行市场竞争的重要手段。随着我国粮食流通体制改革的深化，粮食购销已走上了放开价格、放开经营、实行市场调节的路子。在这样的新形势下，粮食企业经营者必须了解粮油产品销售价格的影响因素，学会制定粮油产品销售价格策略。

一、制定粮油产品价格应考虑的因素

1. 经营成本

经营成本是粮油企业制定产品销售价格应考虑的基本因素。正常情况下，它决定了粮油商品的最低价格。

粮油工业企业的经营成本主要包括生产成本和经营费用；粮油商业企业的经营成本主要包括商品采购成本和经营费用。一般来说，经营成本是构成价格的主体部分，且同商品价格水平同方向变动。收回经营成本是企业实现再生产的起码条件，因此企业在制定价格时，必须保证经营成本能够收回。

需要特别说明的是，粮油工业企业的生产成本中粮油原料占较大比重，而粮油原料的收购价格受当年粮食和油料种植面积、气候变化和国家进口粮油数量等因素影响较大。粮油商业企业的原粮采购成本同样受当年粮食和油料种植面积、气候变化和国家进口粮油数量等因素影响较大，其成品粮油的采购成本直接受制于粮油工业企业的产品销售价格。

2. 市场供求状况

供求规律是商品经济的内在规律，产品价格受供求关系的影响，围绕价值发生变动。一般来说，商品供不应求，价格可定得高些；商品供过于求，价格要定得低些。定价还应考虑商品需求的价格特性和市场竞争情况等因素。

3. 商品需求的价格特性

一般来说，名牌商品、高度流行的商品、能够显示购买者身份地位的商品、缺乏替代品的商品、没有竞争者的商品等，价格可定得高些；反之，价格要定得低些。

4. 竞争者同种商品的价格水平

市场营销理论认为，商品的最高价格取决于商品的市场需求，最低价格取决于该商品的成本费用。在最高价格和最低价格的幅度内，企业能把这种商品的价格定多高，则取决于竞争者同种商品的价格水平。因此，粮食企业除经营国家规定的实行统一价格的商品外，其他商品的定价，都应充分考虑竞争对手的价格情况，力求制定出既有利于竞争又使消费者能够接受的价格。一般来说，若本企业商品在竞争中处于优势地位，则可适当采取高价策略；反之，则应采取低价策略。

5. 目标市场的购买力水平及心理因素

衡量产品定价优劣的基本标准有两个：一是能给企业带来较多的利润；二是消费者乐于接受。大家知道，商品只有卖出去才能带来利润；要使商品能够卖出去，就必须首先使消费者买得起、乐于买。也就是说，衡量商品定价优劣的两个基本标准中，前者的实现要以后者的实现为前提；没有后者的实现，前者就成了无源之水、无本之木。

6. 企业的定价目标

制定产品销售价格，除了应考虑前面五个基本因素外，还应考虑企业的定价目标。定价目标是指企业通过制定商品价格要达到的目的。不同的定价目标决定了不同的定价策略、定价方法和价格水平。

7. 国家关于价格方面的政策法规

价格是国家进行宏观经济管理的一个重要杠杆。因此，国家在自觉运用价值规律的基础上，通过制定物价政策法规，对经济活动进行管理或干预。譬如，国家对粮食收购价格制定了最低保护价，《中华人民共和国反不正当竞争法》规定："经营者不得以排挤竞争对手为目的，以低于成本的价格销售商品。"因此，企业定价时，还必须考虑国家关于价格方面的有关政策法规。

二、制定粮油产品价格的基本策略

企业定价策略是指企业为实现定价目标，根据市场中影响产品价格的不同因素，在制定价格时灵活采取各种定价手段和定价技巧。适用于粮油产品的定价策略主要有以下几种。

1. 新产品定价策略

一种新产品初次上市，能否在市场上打开销路，并给企业带来预期的收益，价格因素起着重要的作用。常见的新产品定价策略有三种：撇油定价策略、渗透定价策略和满意定价策略。

（1）撇油定价策略。

在新产品上市初期，把价格定得高出成本很多，以便在短期内获得最大利润。这种策略如同把牛奶上面的那层奶油撇出一样，故称之为撇油定价策略。

这种定价策略的优点在于：新产品上市，需求弹性小，竞争者尚未进入市场，利用高价满足消费者求新、求异和求声望的心理，获得丰厚利润；为今后降价留有空间，为降价策略排斥竞争者或扩大销售提供可能。其缺点是，价格过高不利于开拓市场，甚至会遭受抵制，同时若高价投放形成旺销，容易导致众多竞争者涌入，从而造成价格急降。

从市场营销实践看，采用这种定价策略应具备的条件是：① 市场有足够的购买者，他们的需求缺乏弹性，即使把价格定得很高，市场需求也不会大量减少。高价使需求减少一些，因而产量减少一些，单位成本增加一些，但不至于抵消高价所带来的利益。② 在高价情况下，仍然独家经营，无竞争者，如受专利保护的产品。③ 为了树立高档产品形象。

（2）渗透定价策略。

渗透定价策略和撇油定价策略相反，它以低价为特征。把新产品的价格定得较低，使新产品在短期内最大限度地渗入市场，打开销路。就像倒入泥土中的水一样，很快地从缝隙渗透到底。这一定价策略的优点在于，能使产品凭价格优势顺利进入市场，并且能在一定程度上阻止竞争者进入该市场。其缺点是，投资回收期较长，且价格变化余地小。

新产品采用渗透定价策略应具备相应的条件：① 新产品的价格需求弹性大，目标市场对价格极其敏感，一个相对低的价格能刺激更多的市场需求；② 产品打开市场后，通过大量生产可以促使制造成本和销售成本大幅度下降，从而进一步做到薄利多销；③ 低价打开市场后，企业在产品和成本方面树立了优势，能有效排斥竞争者的介入，长期控制市场。

（3）满意定价策略。

满意定价策略是介于上面两种策略之间的一种新产品定价策略，是指将产品的价格定在一种比较合理的水平，使顾客比较满意，企业又能获得适当利润。这是一种普遍使用、简便易行的定价策略，因其兼顾生产者、中间商、消费者等多方利益而广受欢迎。但此种策略过于关注多方利益，反而缺乏开拓市场的勇气，仅适合产销较为稳定的产品，而不适合需求多变、竞争激烈的市场环境。

2. 产品线定价策略

粮油工业企业生产的产品通常是产品线，而不是单一产品。譬如面粉，通常分为精粉、上白粉、标粉、专用粉等。当企业生产的系列产品存在需求和成本的内在关联性时，为了充分发挥这种内在关联性的积极效应，企业可采取产品线定价策略。一般来说，产品线的两个终端价格比系列中的其他产品的价格更能引起消费者注意。低端价格最具竞争力，所以常被作为打开销路的产品。高端价格意味着整个产品线的产品质量高，通常用来树立形象、刺激需求。对产品线上介于终端价格之间的产品，企业首先要确立明显的品质差别，然后用价格的差异来表现品质的差别，使这些产品在相应的市场上得到消费者的认同。

3. 地理定价策略

地理定价策略是指由企业承担部分或全部运输费用的定价策略。当市场竞争激烈或企业急于打开新的市场时常采取这种做法。具体有以下五种方法：

一是产地定价策略。卖方只负责将产品运到产地某种运输工具（如卡车、火车等）上交货，买方以产地价格或出厂价格为交货价格，运杂费和运输风险全部由买方承担。这种做法适用于销路好、市场紧俏的商品，但不利于吸引路途较远的顾客。

二是统一交货价策略。卖方对不同地区的顾客实行统一的价格，即粮油工业企业按出厂价加平均运费制定统一交货价；粮油商业企业则按采购成本加上适当利润和平均运费制定统一交货价。这种方法简便易行，但实际上是由近处的顾客承担了部分远处顾客的运费，对近处的顾客不利，而受到远处顾客的欢迎。

三是分区定价策略：分区定价介于前两者之间，企业把销售市场划分为远近不同的区域，各区域因运距差异而实行不同的价格，同区域内实行统一价格。对卖方企业来讲，可以较为简便地协调不同区域用户的运费负担问题，但对处于分界线两侧的顾客而言，还会存在一定的矛盾。

四是基点定价策略。卖方在产品销售的地理范围内选择某些城市作为定价基点，然后按照出厂价加上基点城市到顾客所在地的运费来定价。运杂费是以各基点城市为界由买卖双方分担的。

五是津贴运费定价。是指由卖方企业承担部分或全部运输费用的定价策略。有些企业因为急于与某些地区做生意，因此负担全部或部分实际运费。这些卖方企业认为，如果生意做大，其平均成本就会降低，足以抵偿运费开支。此种定价方法有利于企业加深市场渗透。当市场竞争激烈，或企业急于打开新的市场时常采取这种做法。

4. 心理定价策略

心理定价策略是根据消费者购买商品的心理对产品进行定价的策略。主要有以下几种方法：

一是声望定价策略。是指根据产品在顾客心中的声望、信任度和社会地位来确定价格的一种定价策略。例如，一些名牌产品，企业往往可以利用消费者仰慕名牌的心理制定大大高于其他同类产品的价格。声望定价的目的是满足某些顾客的特殊心理需求。

二是尾数定价策略。是指企业利用消费者的求廉心理制定非整数价格。例如，将某种产品价格定价为99.9元。使用尾数定价，可以使消费者心理上产生两种特殊的效应：便宜、核算精确。一般适用于日常消费品的定价。

三是吉祥数字定价策略。由于社会风俗、民族习惯、文化传统的影响，某些数字常常会被赋予一些特殊的含义。譬如，我国大多喜欢数字8和9等，因为"8"谐音于发财和发达的"发"，"9"谐音于天长地久的"久"。粮油企业在定价时如能巧用这些数字，其产品将会赢得消费者的喜爱。

四是招徕定价策略。是指企业利用顾客的求廉心理，特意将某种或某几种商品的价格定得很低以吸引顾客，制造"人气"进而带动销售其他正常价格商品的一种价格策略。超市、粮油店等零售企业经常采用这种价格策略。

5. 折扣定价策略

长期以来，折扣一直被企业作为增加销售的主要方法之一，是企业常用的定价策略。一般有下列几种折扣方式：

一是现金折扣。这是企业采用赊销的情况下为鼓励顾客提前付清货款的一种价格策略。采用这一策略，可以促使顾客提前付款，从而加速资金周转。这种折扣的大小一般根据提前付款期间的利息和企业利用资金所能创造的效益来确定。

二是数量折扣。这种折扣是企业给那些大量购买产品顾客的一种减价，以鼓励顾客购买更多的货物。数量折扣有两种：一种是累计数量折扣，即规定在一定时间内，购买总数量累计超过一定数额时，按总量给予一定的折扣；另一种是非累计数量折扣，即规定顾客每次购买达到一定数量或金额时给予一定的价格折扣。

三是业务折扣。也称中间商折扣，是指生产者根据各类中间商在市场营销中所担负的不同业务职能和风险的大小，给予不同的价格折扣。其目的是促使他们积极销售本企业的产品。折扣的比例，主要考虑中间商在分销渠道中的地位、对生产企业产品销售的重要性、购买批量、完成的促销功能、承担的风险、服务水平、履行的商业责任以及产品在分销中所经历的层次和在市场上的最终售价等因素来确定。

6. 价格调整策略

粮油企业在产品价格确定后，由于客观环境和市场情况的变化，往往需要对现行价格进行修改和调整。无论是主动调整还是被动调整，其方式不外乎提价和降价。

主动调整价格。目的是将价格作为竞争的利器。首先，必须分析自身产品或成本是否具有优势，以免弄巧成拙，造成巨大损失。其次，要认真分析目标市场和竞争对手可能做出的反应，并制定出切实可行的应对方案。再次，一旦确定调价，要迅速果断，并且在调价之前采取保密措施，以保证发动价格竞争的突然性，使竞争对手措手不及。

被动调整价格。一般来说，在同质产品市场上，如果竞争者降价，企业要随之降价，否则企业会失去大部分顾客。但面对竞争者的提价，本企业既可跟进，也可以观望。如果大多数企业都维持原价，则最终迫使竞争者把价格降低，从而使竞争者涨价失败。在异质产品市场，由于每个企业的产品质量、品牌、服务和消费者偏好等方面有着明显的不同，因而面对竞争者的调价策略，企业有较大的选择余地：一是价格不变，任其自然；二是价格不变，加强非价格竞争，如加强广告宣传、售后服务、销售网点开发等；三是部分或完全跟随竞争者的价格变动；四是以优越于竞争者的价格跟进并结合非价格手段进行反击，如大幅度降价、小幅度提价等。

第三讲 粮油产品销售渠道建设策略

销售渠道也称分销渠道，是指商品从生产者向消费者转移的路径和方式的组合。随着我国社会经济的不断发展和粮油统购统销政策的逐步取消，粮油企业由国有垄断向多元化的销售渠道发展。因此，建立一个有效的销售渠道网络，是粮油企业在激烈的市场竞争中脱颖而出，并持续稳定发展的重要策略。粮油产品销售渠道建设的基本内容和方法策略如下。

一、明确销售渠道建设目标

粮油产品销售渠道的建设目标必须符合企业营销战略目标的要求，从而保证渠道的发展不偏离企业总体的发展轨道。例如，某粮油产品在某个区域市场的营销战略目标是迅速提高市场占有率，那么销售渠道建设目标就是提高产品的市场覆盖率，其实现方式应是短而宽的渠道模式。一般来说，粮油产品的销售渠道建设追求的目标应是消费者购买最方便、渠道费用最少、产品销量最大等。

二、设计销售渠道结构

销售渠道结构是指销售渠道的长度和宽度。渠道长度是指产品从制造商到达客户所经过的渠道层级。按照一个渠道中不同类型中间商数目的多少，销售渠道可以分为零级渠道、一级渠道、二级渠道和三级渠道等（如图5-1所示）。零级渠道也称直接销售渠道，后三种渠道也称间接销售渠道。一般来说，渠道长度越长，交易的成本越大，产品销售的价格越高。因此，设计渠道长度要兼顾制造者、中间商、消费三方的利益。

渠道宽度是指在同一个分销层级的中间商的数目，数目越多就越"宽"，反之越"窄"。渠道宽度在很大程度上取决于产品本身的特点、市场容量的大小及市场需求面的宽窄。一般来说，渠道宽度设计有以下三种策略选择：

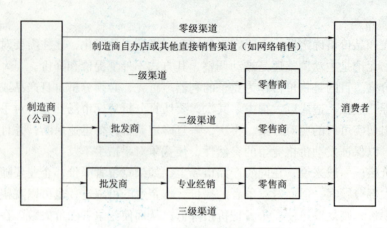

图5-1　渠道的长度结构类型

一是密集分销策略。实施这种策略的企业尽可能多地通过批发商、零售商销售其产品，使渠道尽可能加宽。密集分销策略的主要目标是扩大市场覆盖面，使消费者和用户可以随时随地买到商品。

二是独家分销策略。实施这种策略的企业在一定区域仅通过一家中间商经销或代销，通常双方协商签订独家经销合同，独家经销公司在享有该产品经销的特权下，其经营具有排他性，生产商规定经销商不得经营竞争产品。独家经销是一种最极端的形式，是最窄的分销渠道，通常适用于某些技术性强的耐用消费品、名牌商品及专利产品。独家经销对生产者的好处是有利于控制中间商，提高中间商的经营水平，提高产品形象，并可获得较高的利润率。

三是选择性分销策略。这是介于密集分销策略和独家分销策略之间的销售渠道策略，即生产厂家在某一销售区域精选几家最合适的中间商销售本企业的产品。这种策略的特点是：比独家分销策略面宽，有利于开拓市场，展开竞争；比密集分销策略面窄，有助于厂商对中间商进行控制和管理，同时还可以有效地节省营销费用。这一策略的重点在于着眼稳固企业的市场竞争地位，维护产品在该地区的良好声誉。同时，促使中间商之间相互竞争，努力提高销售水平。

三、确定渠道成员的权利和义务

粮油产品生产商在确定了渠道长度和渠道宽度之后，需要进一步规定渠道成员各自的权利和应尽的义务。通常生产商要与中间商就彼此的权利和义务协商一致后，以协议的形式加以确定。协议主要涉及价格政策、销售条件、地区权利以及每一方为对方提供的服务及应尽的责任义务。

价格政策通常要求生产商制订价目表，对不同地区、不同类型的中间商和不同的购买数量给予不同的价格折扣比率。价格政策的原则及主要内容应得到中间商的理解和认可。

销售条件是中间商的付款条件及生产者的担保。生产商除了规定中间商付款条件和必须完成的销售量外，还应向中间商提供有关产品质量保证和跌价保证，以解除中间商的后顾之忧，激励中间商大量购货。

四、规划销售网点形成合理布局

销售网点布局就是科学地规划商品销售的各种零售点，以增加市场覆盖面来扩大销售。

粮油产品销售网点布局的总体原则是尽可能地贴近顾客。销售网点布局的步骤如下：

第一步，细分市场区域，规划区域内网点数量。网点数量的多少与区域位置、经济发展水平、人口数量和消费能力等关键指标密切相关。网点布局即实现市场与渠道的区域匹配，需要对渠道数量进行总量控制。

第二步，企业要选择周密的布局模式。常见的布局模式是在市场依次建立中心点、旗舰店，并在四周建立卫星店，初步形成对区域市场的覆盖，辅之以零星网点补充盲点区域，从而最终实现对市场区域的无缝辐射和覆盖。

第三步，进行网点选址。网点位置要贴近客户，更为重要的是要贴近顾客购买心理。如果顾客注重品牌，网点的位置要选在高端商业区或商务区；如果客户注重便利，网点则要设立在顾客方便到达的位置。

第四步，检验网点实际的运营效果并调整。网点的运营效果是否达到设计预期，需要通过实践的检验来证明。对于运营效果不佳的网点，公司要对其进行二次评估或果断退出；对盲点区域要重新检索，新设网点补足。

五、选择确定中间商

粮油生产企业选择的中间商合理与否，对企业产品进入市场、占领市场、巩固市场和发展市场有着关键影响。选择中间商时，主要应考虑以下因素：

（1）中间商的市场范围。市场范围是选择中间商最关键的因素，选择中间商首先要考虑预定的中间商的经营范围与产品预定的目标市场是否一致，只有一致的中间商才能选择。

（2）中间商的地理位置。中间商的地理位置直接影响到产品能否顺利到达目标顾客手中。因此，选择中间商必须要考虑其地理位置，要求既要接近消费者，又要便于运输、储存及调度。

（3）中间商的经营范围。在选择中间商时，如果中间商经营有主要竞争对手的产品，不宜轻易选取。当然，若本企业产品在品质、价格、服务等方面优于同类产品，也可以选择。

（4）中间商的销售能力。考察中间商是否有稳定的、高水平的销售队伍，健全的销售机构，完善的销售网络和丰富的营销经验；是否有符合经销要求的设施等。

（5）中间商的财务状况。中间商财务状况的好坏，直接关系到其能否按期付款，甚至预付货款等问题。企业在选择中间商时，必须对此严加考察。

（6）中间商的信誉和诚意。如果中间商的信誉不好，或者信誉虽好但缺乏合作诚意，其再有实力也不能选择。这是选择中间商的底线。

六、评估销售渠道方案

销售渠道方案确定后，粮食生产厂家就要对各种备选方案进行评价，找出最优的渠道方案。通常对销售渠道评估的标准有三个，即经济性、可控性和适应性。

（1）经济性评估。主要是比较每个渠道方案可能达到的销售额及费用水平。一是比较企业直销方案与使用中间商销售哪种方式销售额水平更高。二是比较企业直销方案与使用中间商销售哪种方式所花费用更低。企业对上述情况进行权衡后，从中选择最佳分销方案。

（2）可控性评估。粮食企业对分销渠道的选择不仅要考虑经济效益，还应考虑分销渠道的可控性，特别是利用中间商分销。因为生产企业对建立的分销渠道如果无法控制，就难以实现渠道的稳定发展，实现预期的销售目标。

（3）适应性评估。粮食企业在选择分销渠道时必须充分考虑对市场的适应性。一是地区的适应性，即在某一特定的地区建立商品分销渠道，应与该地区的市场环境、消费水平、购买习惯等相适应。二是中间商适应性，企业应根据各个市场上中间商的不同状态采取不同的分销渠道。在某一市场若有一两个销售能力特别强的中间商，销售渠道可以窄一点；若不存在能力突出的中间商，则可采取较宽的销售渠道。

第四讲　粮油产品的促销策略

粮油产品促销的基本方式与其他消费品相同，主要包括人员推销、商业广告、公共关系和营业推广。

人员推销是企业选派推销人员直接向顾客或用户推销商品和劳务的一种促销方式。其详细内容将在专题六中进行讲解，这里不再赘述，下面着重介绍后三者。

一、商业广告促销策略

粮油产品的促销经常运用商业广告。商业广告俗称广告，是一种付费的信息传播方式，其基本特点是：传播面广、传递速度快、表现力强。它既可用来树立企业和产品形象，又可用来刺激消费、扩大销售，是一种被广泛运用的促销方式。广告促销要重点解决四个问题，即对谁说、说什么、怎么说、何时说。

（一）广告"对谁说"的策略

广告"对谁说"也就是确定广告对象。其目的是解决把"什么"向"谁"传达的问题，这是广告活动中极为重要的问题。因为没有对象，就会无的放矢。每一种产品都要面对众多的消费者，而任何一则广告都不可能打动所有的人，必须找准符合自己商品特点的消费者群。只有把最可能的目标消费者找出来，才能确定广告活动的其他步骤。

为了找准广告对象，第一，要从种类、质量、价格、营养、包装等方面分析拟广告的粮油商品特点。第二，根据市场细分化策略，把粮油产品市场划分为不同类型的消费群体，这样有助于缩小广告对象的范围。第三，对细分出的各个子市场进行分析，分析消费者的购买习惯、购买动机、消费爱好等，从而把握各类消费群体的消费态度。第四，根据拟广告的粮油商品特点，结合各个子市场需求与购买特点，选择一个或几个子市场作为广告对象。

（二）广告"说什么"的策略

广告"说什么"也就是确定广告主题。广告主题是广告的中心思想，是广告内容和目的的集中体现和概括，是广告诉求的基本点，是广告创意的基石。广告主题在广告的整个运作过程中处于统帅和主导地位。粮油产品确定广告主题常用策略如下。

1. 以商品的特点和优点作为广告主题

从这种思路出发，广告主题确定的方法就是分析本企业商品与其他同类商品或替代品之间的差异，确定商品的优点和特点，并以其中最主要、最能吸引消费者的方面作为广告主题，即为消费者确定一个购买"我的商品"的理由，也就是通常所说的"卖点"。这种策略通常是在产品处于投入期或成长期时重点采用的广告策略。

粮油企业一般从产品原料、产品配方、产品营养价值、产品口感、产品生产工艺技术等方面，分析本企业商品与竞争商品的差异性以确定广告主题。例如，金龙鱼牌食用油以"1∶1∶1"的独特产品配方作为广告主题，强调其产品的营养平衡；鲁花牌食用油则以"5S一级压榨"的生产工艺技术特点作为广告主题，强调其产品的"纯天然"和口感的"滴滴香浓"。

2. 以企业形象和品牌形象作为广告主题

随着市场经济的发展，一个必然趋势是：同类商品的差异在不断缩小。这是因为任何一个能形成卖点的特点和优点会很快被模仿，产品差异会在很短的时间内消失。当商品自身的差异消失后，在商品以外寻求差异就成为必然的选择。以企业形象和品牌形象确定广告主题就是在这样的背景下提出来的。这种策略通常是在产品处于成熟期时重点采用的广告策略。

以企业形象和品牌形象作为广告主题应把握的要点是：

（1）以企业规模大、实力强、拥有先进技术或专利等显示与竞争者的差异。

（2）以企业和品牌产品获得的多项荣誉显示与竞争者的差异。

（3）宣传企业积极参与社会公益事业，如扶困、济贫、救灾等，树立企业良好社会形象。

（4）宣传企业重视质量和诚信的故事，以赢得消费者的赞誉。

（5）设计统一的 VI（视觉识别系统）和 BI（行为识别系统）并坚持一致性传播。

需要强调的是，以上两种确定广告主题的方法策略不是互相排斥的，在实际工作中往往结合运用。

（三）广告"怎么说"的策略

广告"怎么说"即确定广告的表达方式，也称广告的诉求方式。广告的诉求方式可分为理性诉求方式和感性诉求方式两大类。

1. 理性诉求方式

通常采用摆事实、讲道理的方式，通过向广告受众提供信息，展示或介绍有关的广告物，有理有据地论证接受该广告信息能带给他们的好处，使受众理性思考、权衡利弊后购买商品。处于投入期和成长期的粮油商品广告较多采用这种方式。

2. 感性诉求方式

通常以人们的亲情、友情、爱情以及道德感、群体感等情感为基础，对受众动之以情，激发人们对美好生活方式和真善美的向往并使之移情于商品，使受众对商品产生好感，购买商品。处于成熟期的粮油商品广告较多采用这种方式。

（四）广告"何时说"的策略

广告"何时说"也就是广告时间策略。广告时间策略就是对广告发布的时间和频度做出统一的、科学的安排。广告时间策略的制定，要视广告产品的生命周期阶段、广告的竞争状况、企业的营销策略、市场竞争等多种因素的变化而灵活运用。一般而言，即效性广告要求发布时间集中、时限性强、频度起伏大，迟效性广告则要求广告时间发布均衡、时限从容、频度波动小。广告时间策略是否运用得当，对广告的效果有很大影响。

广告时间策略在时限运用上主要有集中时间策略、均衡时间策略、季节时间策略、节假日时间策略四种；在频度上有固定频度和变动频度两种基本形式。

集中时间策略主要是集中力量在短时期内对目标市场发动突击性的广告攻势。其目的在于集中优势，在短时间内迅速造成广告声势，扩大广告的影响，迅速地提高产品或企业的声誉。这种策略适用于新产品投入市场、新企业开张、流行性商品上市前后，或在广告竞争激烈以及商品销售量急剧下降的时刻运用。运用此策略时，一般运用媒介组合方式掀起广告高潮。

均衡时间策略是有计划地反复对目标市场进行广告的策略。其目的是持续地加深消费者对商品或企业的印象，保持显在消费者的记忆，挖掘市场潜力，扩大商品的知名度。在运用均衡广告策略时一定要注意广告表现的变化，不断给人以新鲜感，而不要长期地重复同一广告内容，广告的频度也要疏密有致，不要给人以单调感。广告的频度是指在一定的广告时期内发布广告的次数，在策略上可根据实际情况需要，交替运用固定频度和变化频度的方法。

季节时间策略主要用于季节性强的商品，如端午节的粽子、中秋节的月饼等。一般在销售旺季到来之前就要开展广告活动，为销售旺季的到来做好信息准备和心理准备。在销售旺季，广告活动达到高峰，而旺季一过，广告便可停止。这类广告策略要求掌握好季节性商品的变化规律。过早开展广告活动，会造成广告费的浪费，而过迟则会延误时机，直接影响商品销售。

节假日时间策略是零售企业和服务行业常用的广告时间策略。一般在节假日之前便开展广告活动，而节假日一到，广告即停止。这类广告要求有特色，把品种、价格、服务时间以及异乎寻常的信息突出地、迅速地、及时地告诉消费者。

固定频度方法是均衡广告时间常用的时间频度策略，其目的在于实现有计划的持续广告效果。固定频度法有两种时间序列：均匀时间序列和延长时间序列。均匀时间序列的广告时间按时限周期平均运用，如时间周期为 5 天，则每 5 天广告一次；若为 10 天，则每 10 天广告一次，依此类推。延长时间序列是根据人的遗忘规律来设计的，广告的频度固定，但时间间隔越来越长。

变化频度策略是在广告周期用各天广告次数不等的办法来发布广告。变化广告的频度可以使广告声势适应销售情况的变化。常用于集中时间广告策略、季节与节假日广告时间策略，以便借助于广告次数的增加，推动销售高潮的到来。

变化频度策略有波浪序列型、递升序列型和递降序列型三种方式。波浪序列型是广告频度从递增到递减、又由递减到递增的变化过程，这一过程使广告周期内的频度由少到多、又由多到少，适用于季节性和流行性商品的广告宣传。递升序列型则是频度由少到多、至高峰时戛然而止的过程，适用于节日性广告。递降序列型是广告频度由多到少、由广告高峰跌到低谷、在最低潮时停止的过程，适用于文娱广告、企业新开张或优惠酬宾广告等。

上述各种广告时间策略可视需要组合运用。如集中时间策略与均衡时间策略交替使用，固定频度与变化频度组合运用等。广告时间策略运用得法，既可以节省广告费，又能实现理想的广告效果。

二、公共关系促销策略

公共关系是企业促销组合中的一个重要组成部分。美国营销大师菲利普·科特勒对公共关系作了如下定义：作为促销手段的公共关系是指这样一些活动，争取对企业有利的宣传报道，协助企业与有关的各界公众建立和保持良好关系，树立良好的企业形象，以及消除和处理对企业不利的谣言、传说和事件等。企业公共关系的好坏直接影响着企业在公众心目中的形象，影响着企业营销目标的实现。但企业必须清醒地认识到，公共关系属于一种迟效促销方式，不可能立竿见影。粮油企业运用公共关系促销要把握以下策略。

1. 与相关社会公众建立良好的相互关系

这些社会公众主要包括供应商、中间商、消费者、竞争者、金融保险机构、政府部门、科技界、新闻界等。企业营销活动中存在着广泛的社会关系，不能仅限于与顾客的关系，更不能局限于只有买卖关系。良好的社会公众关系是企业成功的重要保障。

2. 在社会公众中树立和保持良好的企业形象

公共关系首要的任务是，争取广大消费者和社会公众的信任和支持。一个企业除了生产优质产品和搞好经营管理之外，还必须采取一切措施树立企业的良好形象，赢得社会公众的赞誉。在现代社会经济生活中，企业拥有良好的形象和声誉，就等于拥有了宝贵的资源，就能获得社会广泛的支持与合作。否则，就会产生相反的不良后果，使企业面临困境。

3. 充分利用新闻媒介进行宣传报道

由新闻媒介进行的宣传报道对企业来说是一种免费广告，它能给企业带来许多好处。首先，它能创造比广告更大的新闻价值，有时甚至是一种轰动效应，而且能鼓舞企业内部职工的士气。一个企业或者产品能作为新闻报道而受到赞扬，无疑是一种有力的激励。其次，宣传报道比广告更具有可信性，使消费者在心理上感到客观和真实。

4. 积极参与社会活动、公益活动

企业在从事生产经营活动的同时，还应积极参与社会活动、公益活动，如扶困、济贫、助学、救灾等。在参与社会活动、公益活动中体现自己的社会责任，赢得社会公众的理解、信任和赞誉。

5. 有计划地组织开展对企业的宣传展览

在公共关系活动中，粮食企业可以印发各种宣传材料，如介绍企业的小册子、图片画册、音像资料等，还可以举办形式多样的展览会、报告会、纪念会及有奖竞猜等，通过这些活动使社会公众了解企业的历史、业绩、名优产品、优秀人物、发展的前景，从而达到树立企业形象的目的。

6. 诚恳征求公众意见，及时处理顾客投诉

向社会公众诚恳征求意见和建议，以彰显企业为社会提供满意产品和服务的诚意。企业对顾客投诉如果处理得及时妥当，不仅可以化解顾客的不满情绪，降低负面效应，有时甚至可以将负面因素转化为正面效应。

三、营业推广促销策略

营业推广又称销售促进（SP），是指在短期内为刺激消费者或中间商迅速或大量购买某一特定产品而进行的各种促销活动。

（一）针对消费者的营业推广策略

1. 特价促销

特价促销需在陈列终端使用海报或者卖场的特价标签注明，特别突出价格的让利，吸引消费者的关注，增加购买概率。特价促销执行注意事项：

（1）低价是一把双刃剑，特价需让消费者觉得是有时间限制的优惠，特价期结束，必

须将价格恢复到正常价格。

（2）特价力度大，则特价时间应短；特价力度小，则时间可适当延长。不宜过于频繁地做特价，务必要稳定产品的价格体系。

（3）特价产品可选择非主流差异化规格的产品，如4升、4.5升等规格油类产品更适合做特价，促进销量，打击竞品。

（4）特价活动最好借助于卖场和终端的店庆、大型促销活动的平台，借势销售，抑制竞品的发展势头。

（5）可利用卖场DM、POP、店内广播等发布特价促销信息。

2. 捆绑促销

可以直接在产品上捆绑赠品，也可捆绑同品牌的新品。因此，捆绑促销适合推广新品，增加尝试率。捆绑促销执行注意事项：

（1）所捆绑的赠品品牌要与捆绑主体的品牌地位相符，如金龙鱼牌捆绑的物品一般为该行业的第一品牌。

（2）捆绑赠品要有一致性、规范性、统一性，特别是捆绑两个以上赠品的促销，否则不仅会给消费者杂乱无章的感觉，还会有处理滞销品之嫌，有损品牌形象。

（3）捆绑的赠品要具有一定的价值，不宜过多捆绑低价值的赠品，最好是时下热销的季节性产品。

（4）捆绑的小瓶油与捆绑主体的规格要匀称相符；5升装规格的食用油捆绑小瓶油不得小于400毫升，1.8~2.5升规格装的食用油所捆绑的小瓶油为200~400毫升。

（5）避免捆绑洗化用品，要符合消费者对食品购买的心理习惯。

（6）可选择高档调味品或者高品质的厨房用品等，也可选择与产品特性相关的食品。

（7）在超市做店庆、大型促销活动时，可派多名促销员做捆绑销售（并将品牌宣传册子等宣传资料夹捆），借势销售，抑制竞品的发展势头。

（8）根据竞品的促销力度，并确定所捆绑的物品后，最好由工厂直接发捆绑产品，避免业务员跑店里做捆绑工作，工作效率降低。

3. 加量装促销

加量装促销是一种增加容量的变相降价促销活动形式。虽然增加了容量，但还是缺乏加量直观感，与捆绑小瓶油相比稍逊色。加量装促销执行注意事项：

（1）加量装活动需配合卖场的周年庆或者节庆日推广。

（2）加量装推出前，需争取卖场的支持，获得卖场终端的最大生动化展示，如地堆、异形货架。

（3）加量装相对于捆绑装而言缺乏直观感，需超市提供货架POP、DM或店内广播等资源，配合宣传"加量不加价"等信息来突出加量装活动。

4. 形象专架促销

形象专架的最佳效果在于形象展示，要尽可能进行产品陈列，投放在超市的收银区以及人流集中的主通道处，既可以展示粮油品种的品牌形象又可以增加购买概率。形象专架更适合高端粮油和品牌的陈列。形象专架促销执行注意事项：

（1）业务人员需有规律地摆放和维护终端，保证形象专架专项陈列企业品牌的粮油，严禁竞品出现。

（2）可定期更换终端形象，保证视觉统一。

5. 空瓶换购促销

消费者凭空油瓶到指定超市购买食用油即可抵扣一定价格，是一种变相特价。空瓶换购促销执行注意事项：空瓶换购促销活动要有一定的场地搁置空瓶，并要保持空瓶框的整洁，适合中小超市操作，不适合在大卖场操作。

6. 优惠券促销

将优惠券贴在产品的包装上，到收银台付款时凭优惠券可以折价。优惠券是比较直观地让利给消费者的一种促销手段，效果比捆绑等促销形式好。活动期间以特价的形式供给超市，结算方式为账扣（折扣折让）。优惠券促销执行注意事项：

（1）优惠券的印刷不能过于简单，且字体不得给人凌乱之感，最好是印成彩色的优惠券，有助于维护品牌的形象。

（2）优惠券的金额要适中，以5升装的高端油为例，优惠券金额要控制在8元以内，否则消费者会怀疑该产品的真实价值。

（3）优惠券根据不同地区消费者的消费心理倾向，可以称为购物券、折价券等。

7. 买赠促销

买赠与捆绑的不同在于消费者在购买产品后，凭购物小票或凭证到超市服务台处或指定促销地点领取赠品，服务人员需剪下小票或留下凭证，作为与业务员核对报销的凭证。买赠促销执行注意事项：

（1）买赠往往在特殊节日或周末进行，由相关服务人员直接送赠品给消费者，而捆绑是直接捆绑产品放置在货架或地堆上，根据竞品状况，日常销售均可进行。

（2）买赠在特殊节庆或周末外场促销活动时进行，需配合商场内常规的特价等促销活动，可在商场入口处摆放促销台，通过促销员向顾客赠送赠品。

（3）赠品要具有一定的价值感（根据内场促销形式和力度来调整），可以是印有自己品牌商标的厨房用品，如调味盒、围裙等。

8. 返现金促销

在购买产品后，消费者凭购物电脑小票或凭证到服务台处或指定地点领取返给消费者的现金。返现金效果相对于其他的促销形式来说是最理想的。返现金促销执行注意事项：

（1）返现金不能过于频繁或力度过大，否则消费者会对产品的真正价值产生怀疑，有损品牌形象。

（2）每次返现金活动时间要短，不宜超过3天。

9. 抽奖促销

在购买产品后，消费者凭购物小票或凭证到服务台处或超市出入口指定活动地点的促销台抽奖，抽奖形式有刮刮卡、抓阄等。抽奖促销执行注意事项：

（1）抽奖促销适合配合小力度的特价、捆绑等促销活动，起推波助澜的作用，单独操作效果甚微。

（2）抽奖促销与消费者能深入相互交流，最具有参与性和娱乐性。

（3）奖品最好是小规格的同类产品或印有品牌名称的生活（厨房）用品，如雨伞、围裙等。

10. 联合促销

与其他品牌的产品做联合促销活动，依靠对方的优势（品牌价值、产品实用性等）来促进销量，提升品牌。联合促销执行注意事项：

（1）联合促销的品牌须是该行业的第一品牌，可借其品牌影响力提升品牌、促进销量。

（2）联合促销的信息传递要准确到位，超市内的地堆围板、堆头牌、POP 广告等都要配合，吸引消费者的关注。

11. 组合促销

各种促销手段如何有效地搭配是组合促销的核心问题，各种促销形式配合得好事半功倍，反之事倍功半。主要形式有特价+捆绑、特价+抽奖、捆绑+折价券+抽奖等。组合促销执行注意事项：

（1）促销活动前要分析竞争对手的促销方案，及时有效地调整促销活动的组合形式与力度。

（2）分析过去的促销形式与效果，交替组合，尽量在消费者心目中展示促销活动的多样性，不要局限于同样的促销形式。

（3）利用店内 DM 海报传递组合促销的信息点，通过组合促销来促进销量，提升品牌。

12. 现场示范促销

企业派人将自己的产品在销售现场进行烹饪示范表演并让顾客品尝。现场示范可使消费者直观地看到产品的烹饪效果，从而能有效地打消顾客的某些疑虑，使他们接受企业的产品。现场示范促销执行注意事项：

（1）事前准备好食材和烹饪工具。

（2）事前做好分工，由专人负责烹饪及招徕顾客品尝。

（3）现场示范促销特别适宜推广一些粮油新产品。

案例

一个大学毕业生粮油店促销的经验

罗小河大学毕业后，利用"大学生创业贷款"开了一家粮油店。按说，罗小河代理的兼具食用和药用价值的山茶籽油，在这个崇尚绿色健康生活的时代，应该很有市场潜力，但该品牌山茶籽油的销售形势却不容乐观。于是罗小河挖空心思，实行了一系列营销手段，在短时间内打造了一个山茶籽油的销售传奇。

为了提高产品的终端购买力，罗小河不断与终端门店沟通，以最经济的价格争取到了最佳的陈列位置，并根据卖场的不同，安排了堆头和陈列架促销营造强烈的视觉冲击效果，吸引消费者的注意力并给他们留下深刻的印象。同时，罗小河还在几个大卖场配合公关和广告宣传，对目标消费者实行全方位、多角度渗透，使其能够在短时间内对山茶籽油认知、关注，并在现场引发购买行为。

在对终端进行一系列的优化后，罗小河又把重点放在了概念宣传和品牌推广上，通过现场讲解并用山茶籽油烹饪菜肴让顾客免费品尝的形式进行促销。与此同时，为使现场演示效果更好，他聘请了专业厨师，还提前对促销小姐进行了为期 3 天的产品知识培训。活动期间，罗小河在菜市口及销售门店前安排了展架，身着洁白厨师装的厨师用山茶籽油烹制各种菜肴，让市民免费品尝，引来很多人围观。促销小姐借机在一旁详细讲解山茶籽油产品的特点和保健功能，引起了很多人的兴趣，纷纷驻足询问。在粮油店活动现场购买者十分踊跃，以致活动期间山茶籽油的日销量增长了几十倍。很快，罗小河利用"体验式营销"打响了山茶籽油旺销的第一炮。

为了进一步扩大影响，罗小河在第二阶段的促销活动中，把促销的重点放在"提升销量，树立品牌"上。他充分利用中秋、国庆等消费旺季，将店头促销与广告、公关活动结合起来，进行了免费赠送活动——国庆期间，每天早晨有200名市民可凭宣传单，免费领取一瓶250毫升的山茶籽油。罗小河将目标顾客锁定为中老年人和年轻的白领阶层。他印制了几千份宣传单到老年人聚集的公园、老年活动中心、写字楼等地方发放。一时间，目标群体反应热烈。虽然活动每天早晨开始，前来参加活动的消费者仍络绎不绝，大家在陈列架前纷纷挥舞着宣传单，争相领取山茶籽油赠品，更有市民甚至凌晨5时就赶来排队领取赠品。

免费品尝和赠送产品让消费者对山茶籽油有了认识并逐渐信任后，市场被全面打开。罗小河为了巩固促销效果，特意制作了一批精美别致的山茶籽油菜谱摆放在粮油店的陈列架上，菜谱以精美逼真的图片引人注目、诱人食欲，很多消费者主动索取和阅读，了解山茶籽油的保健作用和食用方法。同时，罗小河还在现场开设了促销员讲解和厨师现场演示的专区，由于营销方式的灵活互动，消费者对山茶籽油产生了浓厚的兴趣，有力地拉动了产品销售。

（资料来源：http://www.cyone.com.cn/Article/Article_15166.html）

（二）针对中间商的营业推广策略

1. 批发回扣

粮油企业为争取批发商或零售商多购进自己的产品，在某一时期内可按批发商购买企业产品的数量给予一定的回扣。回扣的形式可以是折价，也可以是附赠商品。批发回扣可吸引中间商增加对本企业产品的进货量，促使他们购进原先不愿经营的新产品。

2. 推广津贴

粮油企业为促使中间商购进本企业产品，并帮助企业推销产品，还可支付给中间商一定的推广津贴，以鼓励和酬谢中间商在推销本企业产品方面所做的努力。推广津贴对于激励中间商的推销热情是很有效的。

3. 销售竞赛

粮油企业如果在同一个市场上通过多家中间商来销售本企业的产品，就可以发起由这些中间商参加的销售竞赛活动。根据各个中间商销售本企业产品的实绩，分别给优胜者以不同的奖励。如现金奖、实物奖或是给予较大的批发回扣。这种竞赛活动可鼓励中间商超额完成其推销任务，从而使企业产品的销量大增。

4. 交易会或博览会

粮油企业也可以举办或参加各种商品交易会或博览会的方式来向中间商推销自己的产品。由于这类交易会或博览会能集中大量优质产品，并能形成对促销有利的现场环境效应，对中间商有很大的吸引力，所以也是一种对中间商进行营业推广的较好形式。

　　需要特别说明的是，粮油企业对于各种营业推广策略的选择应当根据其营销目标、产品特性、目标市场的顾客类型以及当时当地的有利时机灵活地加以选用。但任何营业推广的前提是产品必须能够达到规定的质量标准或具有明显的优势，而决不能利用营业推广来推销损害消费者利益的假冒伪劣产品。

▶▶▶ 做练习

1. 简述粮油新产品开发的必要性。
2. 简述粮油新产品开发的思路和常用策略。
3. 简述粮油产品品牌建设的基本内容及要求。
4. 简述制定粮油产品销售价格应考虑的因素。
5. 简述企业定价策略的含义及新产品定价策略。
6. 什么是心理定价策略？简述粮油企业常用的心理定价策略。
7. 简要说明粮油产品销售渠道建设的基本步骤。
8. 简述粮油生产企业选择中间商应考虑的主要因素。
9. 怎样评估选择销售渠道方案？
10. 什么是营业推广？简述粮油企业针对消费者的营业推广策略。

▶▶▶ 看资料

嘉里粮油公司的新产品开发与品牌建设

　　嘉里粮油（中国）有限公司是马来西亚郭氏兄弟集团在中国的独资公司。创始人郭鹤年是马来西亚华裔，以"亚洲糖王"和"酒店业巨子"享誉世界。

　　1991 年，国内第一桶金龙鱼小包装食用油面世，将国人从散装油带到小包装精炼油的食用油时代，使国人逐渐抛弃了散装油。没想到这小小的一桶油，却推动了中国人食用油观念发生翻天覆地的转变。通过几年的努力，自 1996 年开始，金龙鱼的销量开始逐年稳步增长，成为我国食用油行业的标志性品牌之一。同时，这条"鱼"的"鲇鱼效应"开始显现：刺激了我国食用油市场上众多小包装产品的诞生，促进了全行业整体水平的提升。随之将行业从散装油带到小包装食用油时代，开创了食用油行业的小包装先河，被誉为国内食用油历史上的第一次创新革命。

　　嘉里粮油公司是怎样发现商机并开发新产品的呢？

　　针对我国当时近 10 亿人口的吃饭问题，嘉里粮油公司经过分析，敏锐地捕捉到了令人兴奋的巨大商机：一是 20 世纪 80 年代末，社会经济飞速发展，人民生活水平大幅度提高，对生活消费品的质量要求相应提高。其中，食用油市场规模庞大，年销售额估计有数百亿元。二是本土产品缺乏品牌，信誉较低，且处于小作坊手工制作的落后状态。市面上充斥的是杂质多、油烟多、卫生安全无保障的散装食用油，而符合国际卫生标准的小包装食用油市场一片空白。三是竞争对手在产品、品牌、资金等方面战斗力不强。面对这种有利态势，嘉里粮油董事局果断决定，以中国第一家小包装食用油的方式迅速占领市场，争取先入为主。1990 年，嘉里粮油组建了南海油脂工业（赤湾）有限公司，开始了第一批小包装食用油的生产，推出的第一个品牌就是金龙鱼。

多品牌策略是金龙鱼成功的一个重要举措。在品牌建设上，金龙鱼仿效宝洁公司，建立了一个金字塔式的品牌王国，进行品牌经营。在金龙鱼的品牌金字塔中，金龙鱼是一个多品种的产品，有花生油、色拉油、豆油、菜籽油等品种。这样的市场推广，虽然有自己不同的品质区别，但却容易在专业性上给竞争品牌机会。于是，在每一个市场细分中，金龙鱼都推出了一个代表性品牌，如"元宝"是豆油品牌，"鲤鱼"是菜籽油品牌，"胡姬花"则是花生油品牌，还有海皇牌24度精炼食用棕榈油、花鼓牌33度精炼棕榈油、卫星牌44度精炼棕榈油。市场细分涉及花生油、色拉油、豆油、菜籽油、调和油等多个品种，还推出了粟米油和葵花籽油等有抗衰老、降低胆固醇的高档的健康食用油。最大化地细分市场，最大化地满足不同的消费需求，追求最大化的市场利润。截止到2002年年底，金龙鱼系列共推出了16个品牌，除金龙鱼是我国食用油的领导品牌外，还有鲤鱼、元宝、胡姬花、香满园、花旗、手标、巧厨、嘉龙、万黛兰、海皇、花鼓、卫星等15个品牌。

（资料来源：根据百度文库吴军磊《解析嘉里粮油品牌策略》改写）

专题六　粮油产品的销售技巧

 学习目标

　　了解粮食商品的定义、种类及特性；掌握中国及世界粮食生产的基本情况；认识粮食安全的重要性。

 学知识

第一讲　粮油产品客户开发技巧

一、开发客户

（一）确定客户范围

　　寻找客户是销售活动的开端。专业的市场调研公司提供的数据显示：在第一年从事销售的人员中，80%的失败者源于对潜在客户的搜索工作不到位。在寻找客户时，不能大海捞针般地盲目寻找，必须先确定客户的范围。在此基础上还应掌握寻找客户的方法，为日后的销售工作奠定基础。

　　客户在这里是一个广义的概念，是指购买产品以及可能购买产品的组织或个人。客户既可以是一个组织，也可以是单个的人。作为组织的客户与作为个人的客户有着明显的区别，他们的购买动机、目的及数量各不相同。作为组织的客户购买专业性较强，购买量大。他们购买的产品或用作生产资料，或自己使用，或转手再卖出。作为个人的客户，一般购买量小，购买的产品也是为自己所用。

　　销售人员不能奢望所访问的每一个人都能购买其所销售的商品，因而，需要销售人员结合具体情况，发现既能从所销售的商品中获益，又有能力购买这种商品的个人或组织，即"准客户"。寻找准客户的行为也称为开发客户。在开发客户的过程中，应该结合各方面因素来确定准客户的范围，并进行全面的分析，才能保证销售工作有的放矢地进行。

补充阅读

> **销售终端**
>
> 　　销售终端是指产品销售渠道的最末端，是产品到达消费者完成交易的最终端口，是商品与消费者面对面地展示和交易的场所。通过这一端口，厂家、商家将产品卖给消费者，完成最终的交易，进入实质性消费；通过这一端口，消费者买到自己需要并喜欢的产品。

终端是竞争最激烈的具有决定性的环节，在终端柜台货架上，各种品牌在这里"短兵相接"，如何吸引消费者的眼光和影响消费者的购买心理是终端工作关键所在。

下面让我们分三步来研究粮油产品的客户范围（见图6-1）：

图6-1　粮油产品的客户范围

举例说明："九天水有机大米"如何确定客户的范围及销售渠道：

第一步：顾客买什么？

分析销售市场消费者购买大米的消费行为，购买最注重哪些方面、购买频率、购买习惯等。

顾客购买大米最关注的是什么？

价格——是否价格适宜。

口感——是否有嚼头，成饭是否清香。

品牌——是否有品牌知名度、品牌美誉度等。

包装——是否显得高档、有品位。

营养——是否具有丰富的营养价值等。

安全——是否绿色，是否环保。

送礼，送的是什么？

健康——希望对方健康。

祝福——以礼品来寄托对朋友、长辈的祝福。

关爱——在节日来临之际，给家人、朋友送去一份礼品，表示关爱。

亲情——送健康礼品，表示对家人的一种呵护。

孝心——礼品是否能体现晚辈送给长辈的一片孝心。

面子——礼品是否贵重。

第二步：竞品怎么样？

对竞争产品的分析包括：在本公司粮油产品要进入的市场中，竞争产品的品牌、质量、价位、包装、渠道、促销策略等情况。

竞品一：北大荒大米。依托北大荒品牌效应，借力北大荒品牌，提出"北大荒　米鲜天下"的品牌价值理念，打"鲜"的卖点。

竞品二：响水大米。深挖历史文化，宣传长在石头上的大米、千年贡米、国宴用米的卖点。

竞品三：堰塞湖大米。深挖堰塞湖历史文化，提出国宴贡米、石板大米的卖点。

竞品四：五常大米。打五常城市品牌。很多五常地方企业以五常大米冠名，没有明确的品牌价值理念。

小结：竞品企业大都在产地历史、品牌历史及特殊种植工艺上挖掘产品的文化和卖点。

第三步：公司卖什么？

九天水有机大米产地涝洲既没有历史文化可挖掘，也没有厚重的品牌历史文化可依托，只能从消费者的消费心理上挖掘。

健康是福，关爱是福，亲情的呵护是福，晚辈孝顺是福。福是中国传统文化，也是贴近百姓生活的文化。

小结：建议九天水有机大米打出"福米"的品牌，深度挖掘"福"文化，在市场上旗帜鲜明地确立独特的卖点——营养福米。

销售卖点：营养、安全、新鲜、可口、清香。

推出各种包装产品：

（1）礼品装分类。

① 九天水营养福米　喜：适合孕产妇专用，针对孕妇/产妇群体。

② 九天水营养福米　寿：适合老人过寿群体。

③ 九天水营养福米　福：适合新年过节送礼群体。

④ 九天水营养福米　禄：适合祝贺朋友、亲戚、同事、领导升迁时送礼。

⑤ 九天水营养福米　财：适合祝贺新店或新公司开张大吉时送礼。

（2）家用装分类。

① 九天水营养福米　全家福。

② 九天水营养福米　家宴。

③ 九天水营养福米　宾宴。

（3）产品包装材质分类。

① 高档桶装大米（礼品装）：1 kg 装、1.5 kg 装、2 kg 装。

② 高档盒装大米（礼品装）：2.5 kg 装、3 kg 装、5 kg 装。

③ 高档袋装大米（正常装）：7.5 kg 装、10 kg 装、15 kg 装、25 kg 装。

确定客户的范围及销售渠道：

a. 自营专卖店。

b. 大客户群体：军供、大中小学校、工业用粮企业、单位、餐厅；大型的集团、餐饮连锁企业。

c. 大型超市：此渠道费用比较高，可以慎重考虑，在沃尔玛等比较有名的店，客流量大，可凸显品牌知名度。

d. 社区超市、高端社区商店。

e. 加盟商。

（二）寻找客户的途径

"愚公移山"的精神对于销售人员固然可贵，但"实干"与"巧干"要紧密结合才能少走弯路。寻找客户是销售工作的第一道关口，要充分挖掘潜在客户，除了依靠销售人员自身的努力以外，还必须掌握并正确运用基本的途径和方法。下面讲一讲寻找潜在客户的方法。寻找客户的方法主要有以下八种：

1. 地毯式访问法

这是目前许多一线粮油销售人员普遍采用的方法之一。是指销售人员通过普遍地、逐一地访问某特定地区内的住户和单位，然后从中确定自己客户的方法。粮油销售人员可以通过逐一地访问某区域内对粮油有需求的所有企事业单位、酒店、饮食店、粮油批发市场，以此来寻找潜在客户。地毯式访问法相对其他方法费时、费力，在许多情况下，销售员是陌生造访，客户很难在短时间内对"不速之客"产生信任。但这种方法接触面广，信息量大，可以收集到客户的各种意见、需求，也可以向更多人传递企业或产品的信息，让更多的人了解自己的企业。

2. "中心开花"寻找法

其是指销售人员在某一特定范围内，先寻找有较大影响力的中心人物成为客户或得到他的支持，然后通过中心人物来影响该范围内的其他人成为客户的方法。例如，我们可以先开发当地最有威望的一所学校或单位成为客户，再与其他客户洽谈时就可以利用它们的影响力促成交易。"中心开花"寻找法依据的是社会学中的"顺从"原理，人们对于在自己心目中有一定威望的人物是信服并愿意顺从的，所以，销售人员可以通过争取这些具有影响力的特殊客户来产生连锁效应。

3. "耳目"寻找法

其是指销售人员通过委托有关人士来寻找准客户的方法。如果销售人员的销售区域比较大，利用"耳目"来挖掘准客户、拓展市场，是一种行之有效的方法。销售人员的"耳目"可以通过多方寻找，还可以聘请兼职信息员。

4. 电脑网络寻找法

其是指销售人员在网络上发布信息广告，以此来寻找客户的方法。

5. 连锁介绍法

其是指销售人员请求现有客户介绍潜在客户的方法。这是直销产品经常采用的方法。

6. 电话寻找法

其是指销售人员在掌握了客户的姓名和电话号码后，用打电话或发短信的方式与客户联系而寻找目标购买者的方法。

7. 会议寻找法

其是指销售人员利用参加各种会议的机会来寻找客户的方法。例如，粮油产品销售人员可以参加"全国粮油产销企业订货会"或"中国国际粮油产品及设备技术展览会""中国优质大米及精品杂粮博览会""中国国际优质大米及品牌杂粮展览会"，通过参加会议来寻找客户，了解竞争产品的情况。

8. 直邮广告寻找法

直接邮寄广告的英文是 Direct Mail Advertising。在中国香港、台湾等地将直邮广告简称为 DMA。直接邮寄广告就是通过搜集、整理、筛选潜在客户名单，确定符合条件的客户群，然后利用产品目录、传单、直邮广告等媒体，主动将信息传递给客户，以激起他们的购买欲望，或借助于推广资料上的各种优惠促销吸引客户的一种方法。

补充阅读

中国国际粮油产品及设备技术展览会

"中国国际粮油产品及设备技术展览会"前身是"中国粮油精品展示交易会",是由国家粮食局主办的政府主导、市场化运作的专业展会,自1999年创办后,每年举办一届,是我国粮食行业目前规模最大、档次最高的展览盛会。该展会意在为企业搭建一个交流、沟通、贸易的平台,充当政府和企业联系的桥梁和纽带。自第八届展会起,为加快展会的国际化转型步伐,正式更名为现有名称。

(三)客户资格审查

销售就像是中医看病时的号脉,需要搭准脉搏,把握好时机,判断谁最有可能购买产品或需要服务。销售人员只有去拜访那些有较大可能性成为买主的准客户,才能提高工作效率。因此,在销售约见或洽谈前,应进行客户资格的审查工作。具体审查内容如表6-1所示。

表6-1 客户资格审查工作的具体审查内容

审查要素	审查内容	审查目的
客户需求审查	审查客户是否需要、需要什么、何时需要、需要多少等信息	有针对性地开展销售活动,准备好客户需要的产品
客户支付能力审查	审查客户支付能力及信用度等信息	提高销售工作的实际效益,可以打击商业诈骗活动,防止欠账、呆账和烂账的现象
客户购买权力审查	审查客户是否有购买决策权等信息	提高销售速度

现代销售学的基本观念认为,作为客户的人(Man)是由金钱(Money)、权力(Authority)和需要(Need)这三个基本要素构成的。只有这三个基本要素均具备,才是合格的客户。现代销售中把对某特定对象应具备上述三要素的研究称为客户资格审查,也有些人戏称这一方法为"男人法则"。

在粮油产品销售过程中信用管理的目的是有效地将风险控制在可接受的范围内,同时最大限度地扩大销售。在粮油产品销售过程中欠款的现象还是比较多的,销售人员要做好过程控制。实施事前控制,可以防止70%的拖欠风险;实施事中控制,可以避免35%的拖欠;实施事后控制,可以挽回41%的拖欠损失;实施全面控制,可以减少80%的呆账、坏账损失。具体如图6-2所示。

二、约见客户

(一)客户拜访前的准备工作

约见客户前的准备简称接近准备,是指推销员在接近某一特定客户之前所进行的工作,是进一步了解、掌握、分析客户情况而进行的预先准备的过程。它是客户资格审查

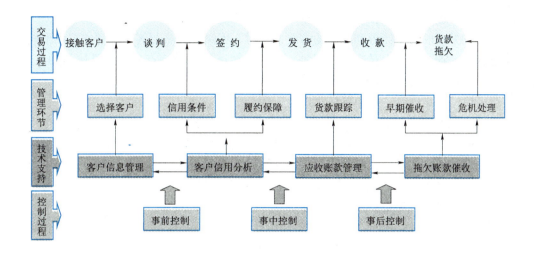

图6-2　粮油产品销售过程控制内容

的继续。

　　调查表明，销售人员在拜访客户时，利用销售工具可以降低50%的劳动成本，提高10%的成功率，提高100%的销售质量。因此，销售人员在初次拜访客户之前务必全力以赴，根据所提供的产品或服务的不同做好充分的准备。这些准备工作主要包括以下四个方面（见表6-2）。

表6-2　约见客户前的准备工作及内容

序号	准备板块	准备的具体内容
1	客户信息调查	调查要拜见客户的姓名、性别、年龄、籍贯、学历、经历、家庭背景、性格、爱好等。如果拜见的是单位组织，需要调查该单位的经营状况、采购惯例等信息
2	销售知识储备	最主要的知识储备是对销售品的生产、保养、使用等相关知识的储备，同时还需要熟知社交礼仪及储备各类生活常识
3	销售工具准备	介绍资料：产品目录、样品、U盘、手提电脑等 宣传工具：广告宣传页、说明书、价格表、检验报告、鉴定证书、有关剪报等 交易工具：各种票据、印章、订货单、合同文本等，以便一旦达成交易，随时办理有关手续，不至于贻误时机 其他物品：小礼品、名片（或身份证）、笔、记事本、计算器、纸巾、小梳子等
4	销售心理准备	做好被拒绝的心理准备，克服拜访客户前的恐惧、自卑等心理

（二）约见客户

　　销售人员在完成必要的接近准备工作之后，就可以约见客户了。约见是整个销售过程中的一个重要环节，它既是接近准备工作的延续，又是接近过程的开始。约见客户既有助于销售人员成功地接近客户，顺利地进行面谈，又有助于销售人员客观地进行销售预测，合理地利用时间，开展重点销售，提高销售效率。

约见内容主要取决于接近和面谈的需要，同时，因销售人员与客户之间的关系不同，约见内容也有所区别。销售人员应该依据每一次推销拜访活动的特点来确定具体的约见内容，充分考虑有关客户的各方面情况。

一般来说，约见内容主要包括以下四个方面。

（1）确定约见对象。约见对象是指对达成交易具有决策权威、对销售活动具有较大影响的人。一般来说，推销员在开始约见前就已经选定了拜访对象，或因无法直接约见拜访对象，而需要先和他们的下属或接待人员接触。在确定约见对象时尽量设法约见主管人员，以提高办事效率；尊重相关接待人员，特别是主管领导的秘书或司机；如果推销员的心情不好，不要约见客户，以免留下不好的印象。

（2）确定约见事由。约见客户要有充分的拜访理由，使对方感到有必要会见或必须接受会见。销售粮油产品时约见客户的理由有：销售产品、提供企业或产品资料讯息、市场调查、售后服务、赠送样品、优惠活动等。

（3）确定约见时间。约见时间的安排直接关系到接近客户甚至整个推销工作的成败。约见时间确定的基本规则是尽量为客户着想，根据有效选择法确定最佳的约见时间。

一般而言，不要在星期一和星期五下午去拜访新的潜在客户。星期一通常是单位领导的例会时间，而星期五是周末，许多人工作时会心不在焉。

（4）确定约见地点。约见地点的选择要视具体情况而定，应与约见对象、约见目的、约见时间和接近方式相适应。选择约见地点的基本原则是方便客户，有利于推销。从现代推销实践看，家庭推销和办公室推销仍然是主要的推销方式。一般来说，下述场所可供选择约见地点时参考。

① 工作地点。如果推销对象为组织客户，工作场所一般是最佳地点。

② 居住地点。如果推销对象为个体客户，约见地点一般是客户的住所。

③ 社交场所。利用各种社交活动，借机约见客户。

④ 公共场所。这显得比较随意，主要适合老客户。

做好约见的准备工作后，就应该具体实施与客户的约见过程。承担与客户约见信息载体的就是约见方式。目前常用的约见方式主要有电话约见、信函约见、当面约见、委托约见、广告约见等，最常用的是电话约见。

电话约见客户时要注意以下几点（见表6-3）：

表6-3　电话约见客户的技巧及注意事项

电话约见技巧	电话约见注意事项
让自己处于微笑状态。微笑地说话，声音能传递出愉悦的感觉，并有亲和力	注意自己的语言习惯，在电话里要口齿清晰，避免口头禅及一些语气词的频繁出现，尽量使用一些形象生动、简洁明了的语言，让客户一听即懂

续表

电话约见技巧	电话约见注意事项
表明不会占用太多时间,简单说明。为了让对方愿意继续通话,最常用的方法就是请对方给自己两分钟,而一般人听到两分钟时,通常都会出现"反正才两分钟,就听听好了"的想法。实际上,你真的只讲两分钟吗?这得看个人的功力了	别在电话中进行产品说明。在电话中,千万不要谈产品的细节与费率,如此会拉长谈话时间,反而影响约访的目的,不过,简单介绍产品的功能倒是吸引客户与你见面的桥梁
善用发问技巧。在电话约见时一定要善于运用发问技巧,多让客户说话,以不变应万变,从而揣测出客户的心态	注意让自己和客户的语调、语速合拍
"二选一"约定时间。"二选一"的方法让客户选择时间而不是让其确定时间。这样销售员就把握了主动权从而可以有效地避免以"没空"等借口推托	不要边抽烟、饮食或嚼口香糖边打电话
善于倾听。客户的话语里往往会透露出很多针对性很强的信息,销售人员须善于把握。此外,如果不给客户发表意见的机会,很容易引起客户的反感	要比对方晚挂电话

三、接近客户

(一) 接近客户的步骤

1. 微笑

微笑是人际关系中最佳的润滑剂,它表示了友善、亲切、礼貌以及关怀。美国最大的连锁企业沃尔玛公司的创始人沃尔顿生前用一句话概括了他成为亿万富翁的秘诀:低买低卖,微笑攻势。销售人员要用真诚、友好的微笑缩短与客户的距离,使客户有一种亲切感,减少抗拒心理。

2. 注视

销售人员要用眼睛正视客户,用眼神传递正直、诚恳、自信、热情等情感,绝不能眼睛朝下或左顾右盼,使客户感到销售人员心不在焉,或不诚实、不热情。但要注意,注视并不是凝视,否则无法正常交谈。

3. 问候

简单的一句问候语是打开话题的最好方式。销售人员应该根据不同的人、不同的时间、不同的环境来选择问候的方式。下面几句问候语供大家参考。

"阙总,很高兴见到您!"

"大妈,您好!您看起来精神不错,有时间传授点秘诀给我。"

"刘老师,恢复得还不错吧?小宝宝肯定长得特可爱。"

"陈老板,好久不见您了,生意肯定做得红红火火。"

4. 握手

握手是社会交往中常见的礼节,在见面、告别等很多场合都需要使用。握手时的位置、用力的轻重、时间的长短以及是否用目光注视等,都可以反映出一个人的修养和态度。有时从与对方握手的一瞬间就可以感到,对方是热情还是冷淡,是谦恭还是傲慢,是自信还是自卑,是真心实意还是敷衍了事。所以,握手时的一些礼仪应引起我们的重视。在商务活动中销售人员应注意以下事项。

总的原则：让尊者先伸手。上级与下级，上级先伸手；职位高者与职位低者，职位高者先伸手；长辈与晚辈，长辈先伸手；男女见面，女士先伸手；主宾见面，主人先伸手；主客分别，客人先伸手；已婚妇女与未婚小姐，已婚女性先伸手。

注意事项：不要用湿手或脏手与人握手；正常情况下，不要坐着与人握手；不要几个人交叉握手，或者跨门槛握手；握手时切不可东张西望，漫不经心，这是对受礼者最大的不敬；握手要掌握时间和力度，一般情况下，握一下即可，不要太用力；与数人相见，握手时间应大体相等，不要给人以厚此薄彼的感觉；男士与女士握手，用力要轻一些，一般应握女士的手指，时间要短一些，切忌握住不放；女士假若不打算与向自己首先问候的人握手，可欠身致意，或点头微笑，不要置之不理或扭身而去；握手前要脱帽和摘手套，如实在来不及脱手套，或正在工作来不及洗手，要向对方表示歉意。

5. 准确地称呼

当销售人员见到客户时，要准确地称呼对方，进行自我介绍并表示感谢，给客户留下客气、礼貌的印象，这样更能赢得客户的好感。在与客户第一次见面时，尽量根据对方的职位、职称、职业等来称呼对方，以表示尊重。如果是老客户，就可根据熟悉和交往程度来称呼。有研究表明，称呼对方的字数越少与对方的距离越近，关系越密切。所以，当你作为消费者购买商品时，经常会被称呼为"姐""兄弟"，等等。

6. 自我介绍

在握手时很自然地互道姓名，自我介绍，说明来意。同时也可以递上自己的名片，让对方记住自己的姓名。自我介绍的第一句话不能太长。例如，

我是××公司××分公司的销售人员×××。

这句话太长，客户不一定记得住。通常的介绍是：

您好！我是××公司的。

客户看你了，再说：

我是×××，是××分公司销售人员。

此外，在说明来意时，要学会假借一些指令或赞美来引起客户的注意。例如，

经过××客户介绍，我专程过来拜访您。

是××厂家业务员说您生意做得好，我今天到此专门拜访您，取取经！

这样客户不容易回绝，同时又明白销售人员对他或者对市场已有所了解，就会积极配合。

7. 赞美

俗话说："良言一句三冬暖，恶语伤人六月寒。"一句简单的赞美语可以很快地拉近销售人员与客户的距离。在实践中，我们经常听到："您今天穿的衣服很漂亮，非常适合您这样的高雅女性。""您如此忙碌，真是年轻有为（或老当益壮），应多向您学习。""您在地方上是人人称赞的企业家，无私奉献，服务大众，令人敬佩。"销售人员应该练就在几秒钟内发现对方的闪光点并充分表达出来的功力。慷慨地赞扬他人，会产生意想不到的效果，拉近人与人之间的距离，但赞美的语言要合理恰当、符合实际、有理有据、发自内心，否则就有奉承之嫌。

8. 话题

销售人员要迅速找出寒暄的话题，营造比较融洽、轻松的会谈氛围。寒暄的内容五花八

门，此时寒暄的重点是迎合客户的兴趣和爱好，让客户进入角色，使对方对你产生好感。寒暄的目的是让客户接受你，只要目的达到了，下一步工作也就好开展了。话题可以是对方的爱好、对方的工作、时事，也可以是电影、体育运动、对方的家乡及所读的学校、健康、理财以及街谈巷议等。

（1）通过寒暄来活络气氛。

（2）通过赞美来拉近关系。

（3）通过同步来消除戒心。

（4）通过提问来控制面谈。

（5）通过倾听来了解实情。

（6）通过观察来发现需求。

（7）通过引导来激发兴趣。

（8）通过肢体来表达意图。

（二）接近客户的基本方法

1. 产品接近法

产品接近法是销售人员利用销售产品引起准客户的注意和兴趣，进而转入面谈的一种接近方法。它的最大特点是用过硬的产品本身作无声的介绍，来达到接近客户的目的。产品接近法一般适用于一些有形的、轻巧的、便于携带的产品，而且这些产品应具备一定的特色，质地优良，否则难以吸引客户。粮油产品销售人员去拜访客户时可以带上小包装的粮油产品，让精致的包装和产品本身良好的色泽去引起客户的兴趣。

2. 利益接近法

利益接近法是指迅速地告诉客户购买产品会给他带来哪些重大利益，是引起客户注意、达到接近目的的一个好方法。例如："大妈，这是我们公司新推出的产品，糖尿病、高血糖人专用大米，您血糖高，非常适合您。"使用这种方法必须实事求是，不要夸大，更不可无中生有，欺骗客户。

3. 介绍接近法

介绍接近法是指销售人员通过自我介绍或他人介绍来接近拜访对象的方法。自我介绍是指销售人员自我口头表述，然后用名片、身份证、工作证来辅助达到与客户相识的目的。但自我介绍接近法最好经过事先约见，否则较难引起客户的注意和兴趣，也不容易转入正式洽谈，在实际工作中应配合其他方法同时使用，才能取得较好的效果。他人介绍是借助于第三者或合作伙伴的介绍来达到让客户了解自己的目的。其形式可以是打电话、写信函或当面介绍等，这样可以迅速缩短销售人员与客户之间的心理距离，效果要好于自我介绍。例如："罗经理您好，终于有机会见到您了。李老师经常跟我们提起您以前的辉煌业绩，让我们有机会多向您学习。"

4. 问题接近法

问题接近法是销售人员利用直接提问来引起客户的注意和兴趣，引导客户去思考，从而顺利转入销售面谈的方法。运用问题接近法要注意：提问应抓住客户最关心的问题，或是客户感兴趣的问题，要明确、具体，切忌漫无边际，使客户摸不着头脑，也不要提出容易引起分歧的话题。例如："王大爷，您看了昨天电视关于食用油的报道没有？真是太可怕了。"

5. 好奇接近法

一般人们都有好奇心，销售人员可以利用动作、语言或其他一些方式引起客户的好奇心，以便吸引客户的兴趣。例如："温女士你好，你计算过人的一生中大约消费多少食用油吗？营养学家提供了一个计算油脂摄入量的参数：每天油脂摄入量每公斤体重维持 1～2 克即可。如一个 60 公斤体重的人，按人们习惯说法，每天需要油脂 1.2～2.4 两①。按照人的平均寿命 75 岁计算，从 5 岁开始吃油，那么人的一生要吃掉约 1.18 吨食用油，相当于 3 855 个可乐罐的容量，重量相当于 2 万个鸡蛋。"在这个对话中同时运用了问题接近法和好奇接近法。

6. 表演接近法

表演接近法是利用各种戏剧性表演技法来展示产品的特点，或者利用各种机会把自己的兴趣、爱好与客户的爱好形成共同点，如以棋会友等，引起客户的注意和兴趣，进而转入面谈的方法。这是一种比较传统的销售接近方法，销售人员用夸张的手法来展示产品的特点，从而达到接近客户的目的。例如：粮油销售人员可以表演如何正确煮饭。

7. 求教接近法

求教接近法是利用向准客户请教问题的机会来接近对方的方法。一般的人都有向别人显示自己才学的愿望，销售人员正是通过给客户提供这样的机会来接近客户，在向对方讨教某一方面的问题，引起对方的话题和兴趣之后，提出销售要求，进行销售宣传，往往会收到较好的效果。例如："刘先生，听说您是做烙饼的高手，改天向您学习！"

8. 赞美接近法

赞美接近法是销售人员利用赞美之词博得客户好感以达到接近目的的方法。人的天性都是喜欢别人赞美的，赞美是处理心情的最佳方式。在现实生活中每个人都有值得赞美之处，销售人员应善于发现对方的"闪光点"，恭维一番，缓和气氛，使对方打开心扉。运用赞美接近法不是随便夸奖两句就能奏效，应该了解客户的情况，选择时机，找出对方引以为豪之处加以赞美。

9. 送礼接近法

销售人员接近客户的时间十分短暂，利用赠送小礼品的方法来接近对方，以引起客户的注意和兴趣，效果也非常明显。粮油销售人员在接近客户送礼时，最好送本公司销售的产品，这既有利于接近客户，也有利于公司产品的宣传。

以上是几种常见的接近客户的方法，除此以外，还有幽默接近法、陈述接近法等，销售人员应根据实际情况，或者单独使用，或者互相配合使用，还可以自创独特的方法接近客户。

第二讲　粮油产品销售洽谈技巧

销售洽谈是指销售人员运用各种方式、方法和手段向客户传递销售信息，说服客户购买销售产品的过程。销售洽谈是整个销售过程中的一个关键性环节，是一个复杂的、具有丰富内容的活动过程。销售洽谈的目的在于向客户传递信息，进行沟通，诱发客户的购买动机和欲望，说服客户采取购买行动。在销售人员接近客户之后，就应迅速转入洽谈阶段。在这个

---

① 1 两 = 50 克。

环节，销售人员要弄清楚客户关注的利益点，然后围绕客户的利益点来介绍和展示产品，引发客户更大的兴趣和购买欲望，刺激客户做出购买的决定。然而，能否最终达成交易，除了依靠产品自身的优势外，更取决于销售人员在洽谈过程中的表现。

一、产品推介

FABE 模式是由美国俄克拉荷马大学企业管理博士、我国台湾中兴大学商学院院长郭昆漠总结出来的（见图 6-3）。FABE 销售法是非常典型的利益销售法，而且是非常具体、具有高度、可操作性很强的利益销售法。它通过四个关键环节，巧妙地处理了顾客关心的问题，从而顺利地实现产品销售。具体如图 6-4 所示。

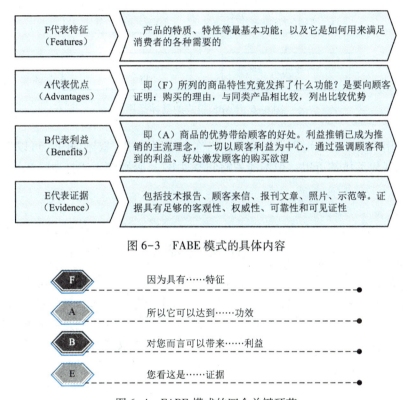

图 6-3 FABE 模式的具体内容

图 6-4 FABE 模式的四个关键环节

只有充分地掌握产品知识，才能将销售的工作做好。在彻底理解并熟悉 FABE 模式的基础上，再将这些单独的句子连在一起，你就会发现用 FABE 描述产品很容易。其标准句式见图 6-5。

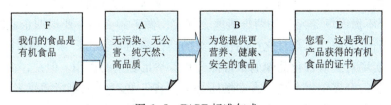

图 6-5 FABE 标准句式

　　粮油销售人员在引导顾客消费时，首先要说明产品的"特点"，再解释"优点"，然后阐述"利益点"并展示"证据"。这是一个循序渐进地引导顾客的过程。按照这样的顺序来介绍产品，就是说服性销售过程，它达到的效果就是让客户知道你的产品是最好的最适合他的，并对此深信不疑。下面我们以粮油产品来举例说明 FABE 模式的运用（见图6-6）。

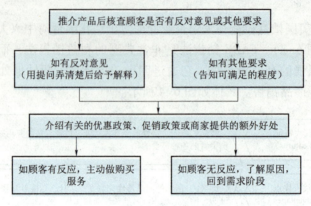

图 6-6　FABE 模式的具体运用

　　例如，运用 FABE 模式销售有机食品，当你在使用 FABE 叙述词时，可以省掉特征或功效以及证据，任何编排都可以，但不能省略利益"B"，否则将无法打动顾客的心。

补充阅读

有 机 食 品

　　有机食品（Organic Food），也叫生态或生物食品等。有机食品是国标上对无污染天然食品比较统一的提法。有机食品通常来自有机农业生产体系，根据国际有机农业生产要求和相应的标准生产加工的。除有机食品外，国际上还把一些派生的产品如有机化妆品、纺织品、林产品或有机食品生产所需的生产资料，包括生物农药、有机肥料等，经认证后统称有机产品。

二、大卖场谈判

　　目前，消费者对日用品的消费日益向大卖场集中，大卖场已成为大众日化产品销售的主要渠道。然而，面对大卖场索要的进场费、条码费、促销管理费、特殊陈列费、店庆费、开户费和合同续签费等名目繁多的费用，不少中小企业越来越感到大卖场操作的艰难，陷入了"做卖场找死，不做卖场等死"的两难境地。其实，做不做卖场，要根据企业的具体情况做出决策。相关研究表明，大众日化产品在大卖场销售额通常会占厂家总销售额的70%以上，由此可见，大卖场对大众日化品牌的销售提升有着举足轻重的作用。但是，由于大卖场在谈判中的强势地位，众多销售人员对大卖场还是谈"虎"色变，畏难情绪越来越严重。其实，与大卖场的谈判并不像有些销售人员想象的那么难。下面我们来了解一下工作内容和掌握一些与大卖场洽谈的技巧。

（一）谈判前重点准备工作

1. 收集信息

尽可能多地收集相关信息，比如市场行情、市场供需情况、竞争者的正常及促销售价等，还有大卖场的状况，对方的经营能力、管理能力、发展计划、资金情况等。

2. 确认共同的利益

在谈判前要考虑：卖场对自己的期望是什么？双方有哪些短、中、长期利益？并进行目标设定。目标设定是为了营造最可行的谈判空间，扩展预期目标与最终底线的距离空间，增加谈判弹性空间。

3. 盈亏测算

根据对某家大卖场同类产品的销售状况及卖场经营费用的了解，做一次较为精心的盈亏测算。对照自己产品的毛利率，测算出最低需要销售多少才能保持盈亏平衡。然后再对照自己的产品，看自己是否有可能达到这个销售量。通过分析，可以降低经营风险，最终确定与这家大卖场是否合作。

4. 评估大卖场的可能行为和应对策略

评估大卖场的可能行为和应对策略是为了预测大卖场的谈判策略及理由，预测大卖场的谈判模式及可能运用的武器，以此来确定让步的策略和反驳的理由，并确定自己的策略。策略准备包括整理所在公司具备的优、劣势资讯，制定紧急替代解决方案，记录在准备过程中发现的所有问题，以备谈判时查看。

（二）与大卖场谈判技巧

与大卖场的谈判工作牵一发而动全身。在谈判过程中，一旦某个环节出现失误，那么对这家大卖场的操作就会告吹。与大卖场谈判时，至少应重点确定以下事宜。

1. 确定费用

通过谈判，力争从一开始就把各项费用压到最低。如果在商谈时没有控制好合作费用，以后在经营过程中发现某些费用不合理，再去找大卖场要求调整，是很难得到满足的。例如：几年前，某日化厂家在与 A 卖场谈进场事宜时，为了尽早进场，在几个回合的谈判后，答应了 A 卖场年返利的条件，结果在操作过程中发现，这样的返点，再加上其他各项费用，给厂家的正常经营带来了很大压力。为了改变这一现状，厂家的销售人员在以后几年续签合同时，很想让 A 卖场降低年返利的点数，却遭到拒绝。到目前为止，这家日化厂家在 A 卖场的年返利政策仍然如故。

2. 确定报价

报价是谈判过程中非常重要的环节，因为报价关系到产品进场后的毛利空间。

3. 确定品项

大卖场更多的是考虑产品的互补，所以通常不会完全答应厂方要求进场的品项。所以，谈判人员一定要做好公关工作，确保自己选定的品项能够顺利进场。

4. 确定导购

开始就要与大卖场谈好进场导购员的数量，同时确定导购员上班的班次。从某种程度上看，大卖场导购员上班的班次决定着产品在这家卖场销量的好坏。经验表明，白班相对来讲没有晚班好。

5. 确定活动

大卖场提供给厂家促销活动档期多少和活动的促销力度，直接决定着产品的销量。因此，进场谈判时就应该与大卖场敲定促销活动的数量、时间和促销活动的形式等内容。同时，在谈判促销活动时要注意确保单品项的价格不能降下来，一定要据理力争，维护好产品的市场价格体系。因为大卖场经常会拿厂家热销的品项开展低价促销活动。

总而言之，在与大卖场谈判时要特别注重心态，不要未谈先怯，要知道合则双赢，也只有双方互惠互利，才能实现长期合作。即使谈不成，也没有什么直接损失，对于双方来说只是一种遗憾。

三、处理异议

客户异议是指客户对销售产品、销售人员及销售方式和交易条件等发出怀疑、抱怨，提出的否定或反对意见。客户异议贯穿于整个销售过程中，销售过程就是一个充满阻力并不断克服、排除这些阻力的过程。

提出异议是消费者本能的自我防卫。从心理学角度看，每个人内心都存在着自我防卫机制。面对销售，客户的条件反射多数表现为轻微的异议，寻找借口力求避免做出购买承诺。这种异议只是为了抵御销售人员进攻的本能反应，一旦他们认识到你是诚心诚意的，你的产品和服务值得购买，戒备心就会消除。因此，专业销售人员不要被这些异议吓倒，而是要用更谦和的态度拉近与顾客的距离。

提出异议是要求得到更多信息的委婉表达。客户做出购买决定时，看似平静的外表下却蕴藏着内心激烈的"斗争"，在买与不买之间徘徊且难以做出选择。此时，他会提出各种质疑或刁难的问题，而这些异议恰恰说明了客户对产品有渴望和需求，只是销售人员还没有完全说服他。因此，客户需要更多信息来确认自己做出的购买决定是否正确。

（一）客户异议的分类

客户异议按异议的内容可分为以下几种（见表6-4）。

表6-4　客户异议内容的分类

异议类型	主要内容	典型问题
产品异议	指客户对产品本身的质量、品种、包装、生产厂家等要素提出意见和看法	"我担心这个产品的质量有问题。"
价格异议	是客户从自身的购买习惯、购买经验、认识水平以及外界因素影响而产生的一种自认为销售产品价格过高的异议	"这个米的价格也太高了吧!"
服务异议	是客户对企业或销售人员提供的服务不满意	"我不放心你们公司的售后服务。"
时间异议	指客户认为现在不是最佳的购买时间或对销售人员提出的交货时间提出反对意见	"交货时间太晚了，我们等不及。"
销售人员异议	是指客户对销售人员的行为不满意	"你们公司销售人员的职业道德太差。"

续表

异议类型	主要内容	典型问题
企业异议	是指客户对销售人员所代表的企业有异议	"没听说过这个企业和这个品牌。"
需求异议	这是客户从自身的需求出发，自称不需要某种销售产品的一种异议	"我对这个产品没有需求。"
财力异议	是客户认为缺乏货币支付能力而提出的一种异议	"这个米是不错，但太贵，我吃不起！"
权力异议	是客户以缺乏购买决策权为由而提出的一种异议	"这事我做不了主，等工会主席回来再说吧！"

客户异议多种多样，粮食销售人员必须根据销售产品的特点，在销售计划实施之前，对各种可能出现的客户异议做出分析和预测，做好化解各种客户异议的准备，这样就能大大提高销售洽谈中的应变能力，有利于妥善处理客户异议。

客户异议具有两重性，它既是销售的障碍，也是成交的信号。在销售活动中，客户异议的产生也是必然的，销售人员对此应有正确的态度和清醒的认识。

1. 要鼓励客户提出异议

有异议表明客户对产品感兴趣，有异议意味着有成交的希望。粮食销售人员通过对客户异议的分析可以了解对方的心理，知道他为何不买，从而对症下药。一位销售专家说得好："从事销售活动的人可以说是与拒绝打交道的人，战胜拒绝的人才是销售成功的人。"所以，销售人员不能只顾自己说，而不许客户讲话。

2. 认真倾听客户异议

倾听客户异议，一方面表明销售人员对客户的重视和尊重；另一方面，可以促使客户发表意见。当客户谈话时，应注视客户，神情专注，不要中途插话、试图辩解。销售人员倾听客户异议，关键是要从语言、表情、动作等方面分析其真实异议。

3. 正确对待客户的提问

客户在谈话中，可能会提出一系列问题，要求销售人员回答。对此，销售人员一般不应回避，而应该准确回答，否则会引起客户更大的异议。但是，准确回答不等于正确回答，在洽谈中正确的答复不一定是最好的，销售人员应该知道哪些该说、哪些不该说，所以销售人员要掌握回答客户提问的技巧，同时还要具备较强的应变能力。

4. 不要与客户争辩

不要与客户争辩，这是处理销售障碍的人际关系原则。不管在什么情况下，销售人员都不应与客户发生争辩，更不能争吵。当然，永不争辩并不是要求销售人员接受客户异议，或放弃销售，或对客户的不合理要求不断让步。如果这样，反而会导致客户提出更多的异议，甚至使客户失去购买兴趣。永不争辩是要求销售人员应该通过间接的、迂回的方式而不是针锋相对的方式，采用客户能够接受的态度和方法来处理客户异议。

5. 维护客户的自尊

即使异议被证实是一种偏见，也要注意给客户留面子，保持友好的气氛。因为人是感情甚于理智的动物，如果你让对方感觉"不给面子""看不起他"，甚至羞辱他，那么，无论你在建立产品的价值与功能方面做了多大的努力，无论你所销售的产品如何价廉物美，也难以成交。请记住，没有人愿意接受别人的训斥，没有人愿意让别人觉得他是愚蠢的，尤其是不愿意在偶尔相遇的销售人员面前承认自己低能。说服客户的最好办法是让客户在不知不觉中接受，甚至让其觉得这是他自己的主意。

（二）常见客户异议处理技巧

1. 如何处理价格异议

在销售过程中，客户对于价格是比较敏感的。顾客购买商品的动机在于商品所能带来的利益，并将这种利益与付出的价钱进行对比。"划算不划算"就是价格和价值的比较。因此，价格是一个相对的概念。我们多强调产品价值，就会让顾客产生价格相对便宜的感觉。在处理价格异议时最好"先谈价值，后谈价格；多谈价值，少谈价格"。下面介绍几种比较实用的处理价格异议的方法。

（1）加法处理法。

加法处理法就是告诉客户，购买你的产品不仅能享受到一般产品的基本功能，还能得到更多的附加值。重点谈购买产品能给对方带来的增值。

例如："大姐，您一次性购买我们的产品 500 元以上，不仅可获赠一瓶公司新推出的调和油，还可参加抽奖活动，每抽必中，最大的奖是价值 500 元的'厨房必备'大礼包。"

（2）减法处理法。

如果客户欲购买却又总在与你讨价还价，你不妨试试"减法处理法"。

例如："张先生，粮油的市场行情您是非常清楚的，如果按您所说的价，我们就亏本做生意了。如果您非要以这个价格成交，我们的条件是不负责运送，您考虑考虑。"

（3）除法处理法。

如果你一次给客户报产品的总价格，客户会感觉价格太高难以马上接受，那你可以用除法处理法将时间分解，也可将数量分解，缩小标价的单位。例如："尹先生，这不是一般的大米，长期食用具有降血压、血脂的功能。你算算，您一家三口，每天只煮晚餐，平均每天只需要多花 5 元就可买到安全健康，多划算。"

（4）对比处理法。

如果你的产品有自己的优势，那么你就可以自信地利用对比方法把你的产品推荐给客户。例如："覃哥，我这里是平价粮油店，价格绝对实在，你可去大商场看看进行对比。"

一位法律专家对此评论说："从反不正当竞争法的法律条款来看，没有界定'对比销售'就一定是不正当竞争，关键是要掌握好一个'度'。如果'对比销售'确实有其明确的倾向性，那对竞争对手而言是极其不公平的，就像一架发生倾斜、失去平衡的天平成为误导消费的工具。"所以，销售人员在销售过程中，运用对比处理法时一定要掌握好度的问题。

2. 如何处理产品异议

（1）现场示范。

在粮油销售卖场可以通过现煮或现炒的方式，让消费者视觉、味觉、嗅觉、触觉都得到享受和刺激。

（2）现身说法。

要做好粮油产品销售，就要先做到"成为 100% 产品的使用客户"。因为只有亲身体验，才能更好地现身说法。

（3）邀请考察。

如果条件允许，企业可尝试邀请客户参观公司或产品生产线，让他亲眼看到公司生产的产品是放心产品，用"身临其境"的办法让客户"流连忘返"。

（4）鼓励试用。

如果粮油产品质量好，效果比较明显，试用的成本也不高，企业可考虑鼓励客户试用产品，这比现场示范和现身说法来得更直观。也可以采用买产品送新产品的方法让客户体验。

3. 如何处理需求异议

（1）传播产品相关知识。

作为销售人员应该充分认识到人的需求是相对的，是可以创造的，是可以被引导的。所以，如果对方说不需要某产品时，你第一件要做的事不是去判断这异议是否真实，而是设法多传播一些商品知识给客户。当然如果太直接或者是太急迫，效果会不佳，那你可以很自然地把一些相关资料留给客户，让他们从文字或图片中寻找自己想要的东西，特别是针对一些文化层次比较高的知识分子，这种沟通的方式会更委婉。因为这些人不喜欢别人对自己说教。

（2）举例说明。

销售人员还可举例说明，最好的例子是客户身边认识的人，这样他们可以更方便求证产品的真实使用效果。例如："李老师，你们学校的老校长是一个非常懂得养生的人，他就很认可我们的产品，他家所食用的米和油都是在我们这儿购买的。"

4. 如何处理财力异议

针对客户的具体情况，推荐合适价位的产品。如果客户认为你现在所推荐产品的价格太高，难以接受，在经过尽力洽谈后仍不能达成交易，那你不必再坚持，可试着推荐其他低价位的产品给客户，并把前后推荐的产品进行对比。然后再让客户自己去权衡、去拿主意。

5. 如何处理权力异议

（1）激将法。

提醒客户其实他是独立的个体，买这样的商品他完全可以自己做主。例如："我平时瞧见您家主要是您在买菜，那厨房的事也主要是您在做主哟。您那么贤惠能干，这事自己做主就行了！丈夫都喜欢独立自主的妻子！"

（2）退让法。

如果对方确实很为难，那销售人员也不能空手而归，要想办法从客户口中了解到这个单位采购这类商品的负责人是谁。例如："打扰您了，那您单位具体分管采购的是哪位领导呢？"

四、促成交易

美国军事将领麦克阿瑟说"战争的目的在于赢得胜利"，而销售的目的就在于使交易成功。只有成功地达成交易，才是真正成功的销售。那么，如何才能达成交易呢？

（一）捕捉购买信号

所谓购买信号，是指客户在销售洽谈过程中所表现出来的各种成交意向。简单地说，购买信号就是客户用身体与声音表现满意的形式。

购买信号的表现形式是复杂多样的，购买信号一旦出现，就要及时抓住机会，促进成交。

（1）表情信号是客户的心理在面部表情上的反映。如客户目光对商品的关注或分散、面带微笑、表情严肃等均是判断成交时机的重要依据。

（2）语言信号是客户在言语中所流露出来的意向，如赞赏商品的性能、质量，故意压价，挑剔产品的款式，具体询问有关交货的时间、地点及售后服务等，都是成交的信号。

（3）行为信号是指客户在举止行为上所表露出来的购买意向。如不断用手触摸商品并不住点头，拍拍销售人员的手臂或肩膀，做出身体自然放松的姿势等，均是有意成交的表现。身体语言可以传递很多信息，一名好的销售人员可以从客户的身体语言中获得各种各样的信息。

（二）保留成交余地

保留一定的成交余地，有两个方面的含义。

一是即使某次销售活动双方不能达成交易，销售人员也要为客户留有一定的购买余地，以便在数日后还有成交的机会。客户的需求是不断变化的，今天不能接受销售，并不意味着永远不接受。在一次不成功的销售之后，如果销售人员能给客户留下一张名片或产品目录，并真诚地对客户说："如果有一天您需要什么的话，请随时与我联系，我很愿意为您服务。在价格和服务上，还可以考虑给您更优惠的条件。"那么，你就会经常得到一些回心转意的客户。

二是在销售洽谈中，销售人员应该及时提出销售重点，开展重点销售，去说服和吸引客户，但销售人员不要从一开始就把交易条件和盘托出。因为，客户从对销售产生兴趣到做出购买决定，总是需要一定的过程。到了成交阶段，销售人员如能再提示某个销售要点和优惠条件，就能促使客户下最后的购买决心。有些销售人员不了解客户心理，一开始就口若悬河，既不利于客户逐步接受销售信息，又不利于最后的成交。销售应该讲究策略，注意提示的时机和效果，留有一定的成交余地。

（三）促成方法

1. 请求成交法

请求成交法又称为直接成交法或是"快刀斩乱麻法"，是销售人员向客户主动提出成交要求，直接要求客户购买销售产品的一种方法。

（1）使用请求成交法的时机。

① 客户是老客户。销售人员了解老客户的需要，而老客户也曾接受过销售人员的产品，因此，老客户一般不会反感销售人员的直接请求。例如，面对老客户，你可以很轻松地说："瞧，我必须得说实话，我需要您的生意。"

② 客户对销售的产品有好感，也流露出购买的意向，可又一时拿不定主意或不愿主动提出成交的要求，销售人员这时就可以用请求成交法来促成交易："既然没有什么问题，我看现在就把合同订下来吧。"

③ 有时候客户对销售的产品表示有兴趣，但思想上还没有意识到成交的问题，这时销售人员在回答了他们的提问，或详细地介绍产品之后，就可以提出请求，让客户意识到该考虑购买的问题了。如："该说的我都说了，您应该同意购买了吧？"

（2）请求成交法的优点。

请求成交法充分地利用了各种成交机会，可以快速地促成交易；可以节省销售时间，提高工作效率；可以体现一个销售人员灵活机动、主动进取的销售精神。

（3）请求成交法的局限性。

请求成交法如果应用的时机不当，可能会给客户造成压力，破坏成交的气氛，反而使客户产生一种抵触成交的情绪，还有可能使销售人员失去成交的主动权。

需注意的是：请求成交不是强求成交，也不是乞求成交，使用时要做到神态自然坦诚，语言从容，语速不快不慢，充满自信。但不能自以为是，要见机行事。

2. 假定成交法

假定成交法也可以称为假设成交法，是指销售人员在假定客户已经接受销售建议、同意购买的基础上，通过提出一些具体的成交问题，直接要求客户购买销售产品的一种方法。

（1）假定成交法的优点。

假定成交法可以节省时间，提高销售效率。因为它是暗示成交，可以适当地减轻客户的成交压力。

（2）假定成交法的局限性。

假定成交法如果使用不当，会给客户造成心理压力，破坏成交气氛；不利于客户自由选择；不利于成交。

需注意的是：假定成交法主要适用于决策能力低、依赖心理强和被动求购的一类顾客，不适合自我意识强或没有明显购买意向的顾客。因此，应用时要看准顾客类型和成交信号，表情自然大方，语言温和、委婉、亲切。切忌自作主张、咄咄逼人，避免产生强加于人的高压气氛。

3. 选择成交法

选择成交法就是直接向客户提出若干购买的方案，并要求客户选择一种购买的方法。选择成交法的特点，就是不直接向客户提出易遭拒绝的问题，而是让客户在买多与买少、买这与买那之间选择，不论客户如何选择，结果都是成交。如："先生，您想买花生油还是调和油呢？""我们周二见面还是周三见面？"此种"二选其一"的问话技巧，只要准客户选中一个，就是你帮他拿主意、下决心购买了。

（1）选择成交法的优点。

选择成交法既调动了客户的积极性，又控制了客户决策的范围。它可以减轻客户的心理压力，制造良好的成交气氛。从表面上看，选择成交法似乎把成交的主动权交给了客户，而事实上只是让客户在一定的范围内进行选择，这种方法可以有效地促成交易。

（2）选择成交法的局限性。

如果不经过仔细分析和观察而滥用这一方法，则会给客户造成成交高压，甚至使客户失去购买信心，增加新的成交心理障碍，同时还会浪费时间，降低销售效率。

（3）使用选择成交法的注意事项。

销售人员所提供的选择应让客户从中做出一种肯定的回答，而不要给客户一种能拒绝的机会。使用选择成交法，首先，要看准成交信号，针对顾客的购买动机和意向找准销售要点；其次，要限定选择范围，一般以两三种选择为宜，多了会使顾客举棋不定，拖延时间，降低成交概率；再次，销售人员要当好参谋，协助决策。

4. 优惠成交法

优惠成交法又称为让步成交法，是指销售人员通过提供优惠的条件促使客户立即购买的一种方法。优惠成交法是对客户的一种让步，主要满足客户的求利心理动机。成交优惠条件主要是指价格优惠。提供价格优惠的方式有多种形式，如：提供成交时间的优惠，提供成交批量价格优惠等。成交优惠条件除价格优惠外，还包括试用、赠品、回扣、设备安装、人员培训，或以旧换新以及满足对方的某种特殊需要等优惠条件。

5. 保证成交法

保证成交法是指销售人员直接向客户提出成交保证，使客户立即成交的一种方法。所谓成交保证就是指销售人员对客户所允诺的担负交易后的某种行为。

6. 从众成交法

销售人员可以利用客户的从众心理，用一部分客户去影响另一部分客户。

从众成交法也叫排队成交法，是指销售人员利用客户的从众心理，促使客户立刻购买商品的方法。由于人的消费行为既是一种个人行为，又是一种社会行为，既受个人购买动机的支配，又受社会购买环境的制约，个人认识水平的有限性和社会环境的压力是从众心理产生的根本原因。因此，顾客会把大多数人的行为作为自己行为的参照。从众成交法就是利用了人们的这一社会心理创造出一种众人争相购买的社会风气，以减轻客户的购买风险心理，促使其迅速做出购买决策。社会心理学研究表明，从众行为是一种普遍的社会心理现象。客户之间的相互影响和相互说服力，可能要大于销售人员的影响和说服力。利用客户的从众心理促成交易，是一种最简单的方法。

7. 最后机会成交法

最后机会成交法是指销售人员直接向客户提示最后成交机会，从而促使客户立即购买销售产品的一种方法。这种方法的实质在于销售人员通过提示最后成交机会，利用最后机会所产生的心理效应，增强成交的说服力。越是得不到、买不到的东西，人们就越想得到它、买到它。销售人员可利用这种"怕买不到"的心理，来促成订单。例如，销售人员可对准客户说："这种产品只剩最后一个了，短期内不再进货，您不买就没有了。"或者："今天是优惠价的截止日，请把握良机，明天您就享受不到这种折扣价了。"

在最后成交机会面前，人们往往由犹豫变得果断。最后机会成交法可以在客户心理上产生一种"机会效应"，把客户的心理压力变成一种成交动力，促使客户主动提出成交。但是，滥用最后机会成交法，有可能失去客户对销售人员的信任和影响企业的信誉。

销售人员运用最后机会成交法要选择有利的时机，实事求是地向客户提示机会，针对客户的购买动机，有重点地进行销售劝说。切记不能愚弄客户，要珍惜企业信誉和客户对自己的信任。

8. 先使用、后付款方法

此法基于心理学这样一个原理：一般人们对未拥有过的东西不会觉得是一种损失，但当其拥有之后，尽管认为产品不是那么十全十美，然而一旦失去总会有一种失落感，甚至产生缺了就不行的感觉，所以人总是希望拥有而不愿失去。有统计表明，如果准客户能够在实际承诺购买之前，先拥有该产品，交易的成功率将会大为增加，而且先使用、后付款的交易方式欠款率并不比其他方式高。

9. 无可奈何法

在你费尽口舌、使出浑身解数都无效，眼看生意做不成时，不妨试试无可奈何法。例如：

"黄主任，虽然我知道我们的产品绝对适合您，可我的能力太差，嘴太笨，无法说服您，我认输了！不过，在我告辞之前，耽误您几分钟时间，请您指出我的不足，让我有机会改正，好吗？"

像这种谦卑请教的话语，不但很容易满足对方的虚荣心，而且会消除彼此之间的对抗情绪。这时，你们仿佛已不是销售员与客户的关系，他会一边指点你，一边鼓励你，为了给你打气，有时甚至会给你一张意料之外的订单。

以上是一些常用的成交方法与技巧。在实际销售工作中，销售人员要抓住有利的成交时机，看准成交信号，针对不同的销售对象，灵活运用各种成交方法，及时、有效地达成交易，以实现销售目标。

五、售后服务

成交后跟踪所包括的内容很多，这里介绍几个主要方面。

（一）收回货款

在现代销售活动中，赊销预付作为一种商业信用，它的存在是正常现象。关键在于如何及时、全额地收回货款。怎样才能更快、更好地收回货款呢？这需要我们注意以下问题。

1. 信用调查

你了解客户的信用情况吗？如果不清楚，就赶快行动，查一查他的信用度吧。信用调查既是选择客户的技术，也是保证交易完成的安全措施。销售的前提就是把商品销售给确实能收回货款的客户。所以，作为销售人员，必须精通信用调查技术，掌握客户的信用情况，以保证能收回货款。

2. 保持合适的收款态度

一般说来，收款态度的强弱与货款的回收情况是成正比的。收款态度过于软弱，就无法收回货款；但收款态度过于强硬，容易形成高压气氛，会影响双方今后的合作。所以，保持适度的收款态度是非常重要的。销售人员在收款过程中态度要积极，收款的技术是次要的，态度是最重要的。销售人员在收款过程中应该表现得既严肃又不失热情；礼节要周到，收款时的态度必须坚决，语气却要温和；收款的过程中要表现出不拿到货款，誓不罢休的态度和气势。即使是朋友也要坚决做到理智摆中间，交情放两边。如果你收款时的表现很积极并一直坚持到底，客户为了避免麻烦，也不会再坚持。如果你的表现很软弱，客户自然就会使用各种手段来延期付款。所以，是否能收回货款与收款过程中的表现有很大关系。

3. 正确掌握和运用收款技术

在收款时，销售人员可采取下列收款技术：

以价格优惠鼓励现金付款。

成交签约时要有明确的付款日期，不要给对方留有余地。

按约定的时间上门收款。销售人员自己拖延上门收款的时间，会给对方再次拖欠的借口。

注意收款的时机，了解客户的资金状况，在客户账面上有款时上门收款。

争取客户的理解和同情，让客户知道马上收回这笔货款对销售人员的重要性。

收款时要携带事先开好的各种票据，以免错失收款机会。

如果确实无法按约收款，则必须将下次收款的日期和金额，在客户面前清楚地做书面记录，让客户明确认识到这件事情的严肃性和重要性。

如果按约收到货款，也不能掉以轻心。如果收到的是现金，须仔细清点；如果收到的是支票，更要看清楚各项内容，不能有误，否则，依然不能及时收到款项。

这里讲的只是一些常用的收款技术，在实际工作中，还需要销售人员针对不同的客户，灵活机动，临场发挥。无论采用哪一种技术，目的是明确的，即及时、全额地收回货款。

另外，在催收欠款时还要注意以下问题：

对那些平时信誉比较好，回款比较及时，偶尔出现欠款问题的客户，不能急着催款，要给他们机会，使之自觉回款。如果时间长了还没有回款，就要了解原因，看是不是近期资金紧张。如果是，就应该给他们一定的宽限期，让他们在资金紧张状况缓解后再还款。对于这类客户，要以理解、支持为主，不可贸然催款，否则得不偿失。

对信誉一般、不是恶意欠款的客户，要在购销前，与其签订严格的购销协议，明确回款的数量及期限，规定双方的权利和义务，定期进行催款。这类客户比较多，也是欠款的大户，他们的信誉一般，不会积极回款，也不会恶意欠款。在处理这类欠款时，要以合同和协议为依据，告诉欠款方应该信守协议，理解供应商的困难，通过友好协商进行催款。在催款时，要做到少量多次，保证每次催款都有一定的效果。对于这类客户，主要是动之以情，晓之以理，经常提醒，经常催促，让客户能够意识到回款问题，不能轻易地得罪这类客户。

对于信誉比较差、经常恶意欠款的客户，要敢于与之针锋相对，寻找他们的破绽，伺机找到回款的突破口。这类客户虽然是少数，但往往以无钱为借口进行搪塞，是催款的难点和重点，应该加大催款力度。对于这类客户，要有锲而不舍的精神，经常进行催款。另外，对于这类客户，也可以适时地以产品供应相要挟，比如，他们要某一品种时，故意不按照他们的计划供应，而是比他们的计划少，让他们有危机感。同时对于一些运作成熟、相对紧张的品种或独家代理的品种，以断货或回款不及时不能供应产品为借口，向客户施加压力。必要时可以用多种关系进行催收，甚至不惜撕破脸皮，让恶意欠款者无计可施，最终达到回款的目的。

在实际工作中，催收货款的方法可能千差万别，需要销售人员根据自己的实际情况运用。需要注意：对客户的员工，如财务、出纳、业务员等，要保持良好的私人关系，因为通过他们，你往往可以得到收款的重要线索。

（二）加强售后服务

售后服务是指企业及其销售人员在商品到达客户手里后继续向客户提供的各项服务工作。不论销售什么产品，如果不能提供良好的售后服务，就会使努力得来的生意被竞争对手抢走。赢得订单，固然是销售工作的一个圆满"结束"。但从长远看，这只是一个阶段性的结束，不是永久的、真正的结束，反而是拓展销售事业的"开始"。从现阶段来看，售后服务主要包括送货服务、安装服务、包装服务、"三包"服务等。

（三）与客户建立和保持良好的关系

有人说：销售是不息的循环，转动这个循环的轮子的就是售后服务，忽视售后服务无异于拆毁循环的轮子。就现代销售活动而言，成交后跟踪不仅有着丰富的内容，更有着广泛的未被认识的领域，越来越多的企业及销售人员，都在努力研究开发成交后跟踪的新内容。

第三讲　粮油产品客户管理技巧

一、客户管理的内容

客户管理的对象无疑就是你的客户。这里我们要搞清楚的是客户到底包括哪些，以及如何分类。

对客户可以按不同的方法来分类，主要有以下几种分类方式。

（1）按客户的性质来分，可分为政府机构（以国家采购为主）、特殊公司（如与本公司有特殊业务往来的公司）、普通公司、个体客户等。

（2）按交易过程来分，包括曾经有过交易业务的客户、正在进行交易的客户和即将进行交易的客户。

（3）按时间序列来分，可分为老客户、新客户和潜在客户。

（4）按交易数量和市场地位来分，可分为大客户、一般客户和零散客户。

按照不同的方式划分出的不同类型的客户，其需求特点、需求方式、需求量等方面均不同，对其管理也要采取"因人而异"的办法。只有服务好你的"上帝"，你才能取得好的业绩。

以上四个方面就是客户管理的主要内容，客户管理基本上就是围绕着这四个方面来开展的。

针对以上内容所得到的资料是琐碎而繁多的，还需要粮油销售人员进一步地整理和归纳，否则就像一团乱麻。因为我们收集资料的目的就是希望这些资料有助于我们的产品销售，所以在整理和归纳这些资料时应该遵循动态管理、灵活运用、突出重点的原则。

补充阅读

> **客户关系管理**
>
> 客户关系管理简称为 CRM（Customer Relationship Management），顾名思义，是企业用来管理客户关系的工具。客户关系管理是一个不断加强与客户交流，不断了解客户需求，并不断对产品及服务进行改进和提高以满足客户的需求的连续的过程。其内涵是企业利用信息技术和互联网技术实现对客户的整合营销，是以客户为核心的企业营销的技术实现和管理实现。

二、搜集客户信息

销售人员对于自己的客户要留心观察，随时记录客户的个人资料。搜集客户详细信息的主要方法有以下几种。

1. 细心记录客户购买时留下的信息

要对客户有意识地仔细观察，包括客户挑选商品时的表情，购买时间、次数等。客户走后，要对这些信息进行分析，找出客户的购买喜好及消费等方面带有规律性的情况。

2. 主动询问客户

对于比较热情、开朗的客户，销售人员可以采取主动询问的方式，询问他们最近有什么打算，有什么需求，对自己的产品有什么意见等。在询问时要表现出对客户的关心和尊重。主动询问时一定要注意对象，态度要真诚，不能引起客户的不安甚至反感。

3. 与客户聊天交流

在客户购买产品的时候，针对客户的年龄和性别等抛出一个话题，引起客户的兴趣，然后顺势和客户聊家常，让客户感到自然、亲切、友好，在不经意间透露自己的各方面情况。

4. 让客户填写信息

设计一些有关客户个人资料的卡片，在客户愿意的前提下，让客户自己填写。一定要对客户说清楚，填写卡片的目的是为了更好地为他开展个性化的服务，争取客户的理解和支持。

一个积极进取的销售人员在搜集客户信息时，还必须通过各种方法和途径了解以下问题：

客户的需求和期待是什么？这些需求和期待对客户来说最重要的是什么？

对这些需求和期待本公司能满足多少？竞争对手能满足多少？

自己如何才能做到不只是单纯地满足客户需要，而是真正地满足客户所追求的价值？

三、获得客户忠诚

客户忠诚度是指客户因为接受了产品或服务，满足了自己的需求而对品牌或供应（服务）商产生的心理上的依赖及行为上的追捧。一般可以运用以下指标来衡量客户的忠诚度。

1. 顾客重复购买的次数

在一定时期内，顾客对某一品牌产品重复购买的次数越多，说明对这一品牌的忠诚度越高。

2. 顾客挑选时间的长短

顾客挑选产品的时间越短，说明顾客对这一品牌的忠诚度越高。

3. 顾客对价格的敏感程度

对于喜爱和信赖的产品，顾客对其价格变动的承受能力强，即敏感度低。

4. 顾客对其他竞争产品的态度

如果顾客对竞争产品没有好感，兴趣不大，则说明其对某一品牌的忠诚度高，购买比较稳定。

5. 顾客对产品质量事故的承受能力

顾客对某一品牌的忠诚度高，对其出现的质量事故会以宽容和同情的态度对待，不会因此而拒绝这一产品。

统计数据显示，对于许多行业来说，公司的最大成本之一就是吸引新顾客的成本，公司吸引一个新顾客的成本往往比留住一个老顾客的成本高出 4~6 倍，顾客流失率每减少 2% 就相当于降低 10% 的成本。所以，使客户对企业保持忠诚，将使企业在竞争中占据优势地位。但是，企业怎样才能获得客户忠诚并且将其保持住？企业又该如何衡量和提升客户忠诚度呢？

1. 树立以客户为中心的观念

经济学家在调查了世界 500 强企业后发现，忠诚顾客不但主动重复购买企业产品和服务，为企业节约了大量的广告宣传费用，而且将企业推荐给亲友，成为企业的兼职营销人员，是企业利润的主要来源。美国运通公司负责信息管理的一位副总裁指出：最好的顾客与其余顾客消费额的比例，在零售业约为 16∶1，在餐饮业是 13∶1，在航空业是 12∶1，在旅店业是 5∶1。销售人员如果想真正做到"尊重客户，以客户为中心"，就必须首先从思想上认识到客户的重要性，这是赢得客户忠诚的基础和前提。

2. 与客户建立真诚合作的伙伴关系

对于那些能够赢得客户持久忠诚的销售人员来说，客户与他们的关系就是亲密的合作伙伴关系。伙伴关系基于相互信赖和相互满意，其中一方得到了满意的服务，另一方则得到了利润，双方从中都可以受益。我们与客户合作一定要追求双赢。

3. 建立员工忠诚

如果一个企业的员工流动率非常高，该企业要想获得一个较高的顾客忠诚度，那简直不可能；因为客户要获得产品和服务都是通过与员工接触来实现的。所以，客户忠诚的核心原则是：首先服务好你的员工，然后才有可能服务好你的客户。

4. 让客户认同"物有所值"

当商家把"打折""促销"作为追求客源的唯一手段时，"降价"只会使企业和品牌失去它们最忠实的"客户群"。促销、降价的手段，不可能提高客户的忠诚度，"价格战"只能为品牌带来越来越多的"毫无忠诚可言"的客户；而当商家、企业要寻求自身发展和高利润增长时，这部分客户必将流失。培养忠诚的客户群，不能仅做到"价廉物美"，更要让客户明白这个商品是"物有所值"的。企业只有细分产品定位、寻求差异化经营、找准目标客户的价值取向和消费能力，才能真正培养出属于自己的"忠诚客户群"。

5. 重视客户的意见，妥善处理好客户的抱怨

在倾听了客户的意见，并对他们的满意度进行调查之后，就应该及时处理好客户的抱怨，这也是赢得客户信任和忠诚的极有效的方法。在互联网时代，只要轻敲几下键盘，一个不高兴的客户可以迅速影响上千个你的潜在客户。所以，销售人员必须要在事态变坏之前采取行动，要给客户提供抱怨的渠道，并认真对待客户的抱怨。客户的抱怨并不麻烦，销售人员绝不能因此感到不安，应该把它作为自身发展的新机会，这也是赢得客户的重要机遇。

有句话讲得好："商道即人道。"这句话就告诉了我们该如何对待客户。

6. 积极帮助客户解决问题

客户在其自身的业务经营中，可能会遇到很多问题，如果不涉及企业的商业秘密，销售人员应尽可能地帮助客户。如果不能直接帮助他们，也可以向他们推荐别人或其他公司。这样容易得到客户的好感。

我们甚至还可以为客户多做些销售之外的事情。比如，你有客户要找某部门领导，却找不到好的机会。如果你认识又有机会，你一定要为他引荐。比如，他需要某些资料又得不到，你就要想办法帮他弄到。甚至客户生活中碰到的一些困难，只要你知道又能做到，就一定要帮助他。这样，你与客户就不仅仅是合作关系了，而更多的是朋友关系。一旦有机会，他们一定会先想到你。

7. 关心客户需求并及时做出有效反应

销售人员要学会从各种途径了解客户的需求，比如，事先调查、真诚询问、后期回访等

途径。一旦发现客户的需求，就要想办法在最短时间内进行有效反应。所谓的"有效反应"，就是针对客户需求采取行动使客户感到满意。这里所说的客户需求不仅包括客户在购买过程当中表现出来的需求，还包括交易完成后客户遇到的某些问题。通常，及时解决交易完成后客户遇到的问题，更有助于客户忠诚度的提高。

8. 不断挖掘新的客户服务方式

在产品同质化趋势越来越明显、市场竞争越来越严峻的形势下，如果仅仅依靠产品的功能和质量或者低廉的产品价格，根本无法获得更多客户的青睐，更无法实现客户忠诚。在严峻的市场环境中，销售人员应该随时关注客户可能产生的服务需求，然后寻找出超出客户期待的服务方式。如果你全心全意地为客户提供更体贴的超越期待的服务，而竞争对手们却做不到这些，那客户对你的忠诚度自然会提高。

四、大客户管理

大客户也称为核心客户、重点客户、关键客户、KA（Key Account）。大客户管理（KAM，Key Account Management），是企业以客户为中心的思想和关系营销发展的必然结果。大客户管理是卖方采用的一种方法，目的是通过持续地为客户量身定做产品和服务，满足顾客的特定需要，从而培养出忠诚的大客户。对于企业来说，KA卖场就是营业面积、客流量和发展潜力等三方面的大终端、大卖场。很多大的生产企业，在自己的销售体系中，设置了独立的KA部门，负责大卖场、大客户的管理和服务。针对这群金字塔顶端的客户，企业不仅要花心思经营，而且还要制定针对大客户的方法和策略。在粮食产品销售过程中，对大客户的管理可提炼为：为大客户提供"优质、优先、优惠、超值"的服务。

优质：指派业务水平较高的粮食销售人员为客户提供"门对门"服务，及时处理大客户的业务咨询、投诉等；为客户提供质量优良的粮食产品。

优先：大客户享有优先权，实行优先办理、优先查询、优先解决问题和优先理赔；随时了解大客户的销售与库存情况，优先满足大客户对产品的数量及对系列化的货源需求，避免因货源断档导致客户不满的情况。

优惠：为大客户提供优惠产品或优惠活动。

超值：尽可能为客户提供多样化的超值服务。如提供粮食知识讲座、养生知识培训、烹饪技能学习，建立俱乐部，开展文体联谊活动，让大客户切切实实地感受粮食企业为其提供的超值服务。

▶▶ 做练习

1. 如何确定客户范围？
2. 客户资格审查主要包括哪几个方面？
3. 拜访客户前要做哪些主要的准备工作？
4. 约见内容主要包括哪四个方面？
5. 接近客户包含哪几个步骤？
6. 什么是"FABE模式"？
7. 如何获得客户的忠诚？

▶▶▶ **看资料**

李嘉诚谈销售

　　李嘉诚曾经说过："我一生最好的经商锻炼是做推销员，这是我用 10 亿元也买不来的。"以下是李嘉诚谈销售的感受。

　　很多人一谈到销售，就简单地认为是"卖东西"，这只是对销售很片面的理解，其实人生无处不在销售，因为销售实际上是一个分析需求、判断需求、解决需求、满足需求的过程。

　　第一招：做好销售准备。销售准备是十分重要的，也是达成交易的基础。销售准备是不受时间和空间限制的。

　　第二招：调动销售情绪。良好的情绪管理，是达到销售成功的关键。营销人员用低沉的情绪去见客户，那是浪费时间，甚至是失败的开始。无论你遇到什么挫折，只要见到客户就应该立即调整过来，否则宁可在家休息，也不要去见你的客户。因而在我们准备拜访客户时，一定要将情绪调整到巅峰状态。

　　第三招：与客户建立信赖感。人和人之间很愿意寻找同频率，方法很简单，就是找更多的共同点，产生更多共鸣。如果掌握得好，跟客户的信赖感很快就可以建立起来，此时要尽可能从与产品无关的事入手，为什么呢？因为说产品那是你的专长，消费者对此有一定防备状态，你说得越多，他的防备心就越重，信赖感就越不容易建立。这时候，要从他熟知的事情入手，从鼓励赞美开始。作为优秀的营销人员，跟消费者动作节奏和语速越接近，信赖感就越好建立。

　　第四招：找到客户的问题所在。当你和客户的信赖感建立起来后，双方都会感觉很舒服。这个时候，要找到客户的问题所在，也就是他要解决什么问题。我们怎样才能找到客户的问题所在呢？只有通过大量提问，才能了解客户到底想通过这次购买解决什么问题。一个优秀的营销人员会用 80% 的时间提问，只用 20% 的时间讲解产品和回答问题。

　　第五招：提出解决方案并塑造产品价值。当你找到客户的问题所在后，就可以决定给客户推销哪一类商品了。你的解决方案针对性越强，客户对你的防备心理越弱，客户会认为你的方案是为他量身定做的，他会和你一起评价方案的可行性。在这个过程中要不失时机地塑造你的产品价值，把你的品牌背景、企业文化、所获奖项毫不吝惜地告诉给你的客户，这个时候你说的话他很容易听得进去。

　　第六招：做竞品分析。在信赖感没有建立的时候，你去做竞品分析，客户会很反感你；当双方建立了信赖感，你又为他提出了解决方案时，他会非常期望你做竞品分析。这时候，不但要分析竞品，而且一定要跟他讲清楚，我们好在哪儿，对方不好在哪儿（但一定是客观的，不能是恶意的攻击）。这时的分析有两个作用：一方面为他的最终购买提供足够的依据；另一方面他购买商品之后肯定要四处炫耀，我们要给他提供充足的论据，去跟别人辩论，证明他的选择是最明智的。

　　第七招：解除疑虑，帮助客户下决心。做完竞品分析，客户是下不了决心马上掏钱的，这个时候千万不能去成交，否则消费者购买后会反悔的。顾客不愿意下购买决心，他肯定是有抗拒点。例如，他说"回去跟我爱人商量"，"我觉得这价格还是有点高"，"现在我身上正好没带钱……"看到对方这个样子，我们要不断地一步一步地追问，一直问到真正的抗拒点为止。例如，你问："还有什么需要考虑的吗？"他说："我回去跟我爱人商量商量。"你就继续问："那您爱人会关心哪些问题？"一步一步地追问下去，抗拒点找准了，解除的方法自然就有了。

第八招：成交踢好临门一脚。很多营销人员，前面都做得很好，就是成交不了，其实这是营销人员的一种心理自我设限。成交阶段，一定要用催促性、限制性的提问，这是铁定的规律，否则的话，你的流程就要从头来一遍。成交的阶段是你帮助消费者下决心的时候，但往往这个时候，很多人是不敢催促客户成交的。其实只要你判断进入了这个阶段，马上就要用催促性、封闭式的提问，促使他的成交，要不然他还会把钱多捂几天，这几天什么变化都可能出现。

第九招：做好售后服务。人们往往认为，售后服务就是打打电话，上门维修，其实这些只是售后服务中很小很被动的一部分。真正的售后服务是人们购买了商品或服务之后，我们对他的延续服务。也就是我们在客户的使用过程中，为客户提供的咨询服务，成为客户的顾问，解决客户在使用中的问题。这样才能建立一个真正的稳定的客户群体。

第十招：要求客户转介绍。人的分享是本能的，一旦客户确实认可了产品和服务，客户是很愿意分享的。客户是通过转介绍而满足。这时候，他能积极地帮助你转介绍，而且不图回报，因为这是他心理极大的需求。你可以直截了当对他说："我们还有很多任务，你赶紧帮我介绍几个吧？"没有关系，别不好意思，为什么呢？因为转介绍才是他最终需求的满足。当我买了一件衣服的时候，第二天又有俩同事买了同样的，证明我的眼光很好，他们在追随我的品位。转介绍的力量非常大，就看营销人员怎么利用了，当一个客户转介绍成功的时候，你的销售行为才算完成了，因为你满足了客户终极的需求。

（资料来源：www.xiaobao789.com）

专题七 粮油连锁经营

 学习目标

　　了解连锁经营的定义、特征及基本模式；掌握中国及世界粮油连锁经营的基本情况；认识粮油营销策略的重要性。

 **学知识**

第一讲 连锁经营的概述

一、连锁经营的概念

（一）连锁经营的含义和本质

　　连锁经营（Chain Operation），一种现代企业的组织形式和经营方式，是指在商品流通领域中，若干同业商店以统一的店名、统一的标志、统一的经营方式、统一的管理手段等联结起来，共同进货、分散销售、共享规模效益的一种现代组织形式和经营方式。

　　连锁经营的实质是把现代化大生产的原理应用于商品流通领域，达到提高协调运作能力和规模效益的目的。这种组织形式把原来垂直链条型的组织结构转变为扁平网络型的组织结构，通过一定的连锁形式，实现了流通组织结构的网络化和低成本扩张企业规模，加速了资本和资源的集中过程，大大提高了流通企业的组织化和集约化程度，实现了规模化经营、科学化管理和标准化服务。

　　美国是连锁经营的鼻祖，也是世界上连锁业最发达的国家。从全球范围看，美国连锁经营的发展始终充当着世界连锁经营的"领头羊"角色。迄今为止，美国仍是世界上最发达的连锁业大国。

　　在中国内地，连锁经营的起步应该是从1984年皮尔·卡丹专卖店落户北京开始。随后，连锁作为一种企业组织形式在中国发展迅猛，尤其以食品、零售、餐饮等行业最具代表性，如上海的"荣华鸡""华联"；北京的"福兰德""家家福"；济南的"百亩园""统一银座""馋面"等。2001—2005年，是中国连锁业发展最快的几年。其中前四年，中国连锁百强企业的平均年店铺增长率达51%，年销售增长率达38%。连锁业快速发展的几年，也是政府管理部门探索连锁行业管理、连锁企业深入思考和实践发展模式的几年。随着国际大企业进入中国市场，这种经营方式猛烈地冲击着传统的流通体系。连锁经营在中国火爆起来，连锁经营遍布整个第三产业的几乎所有行业，特别是被广泛地应用于服务业领域，中国成为世界上最大、最富有潜力的连锁经营市场。

补充阅读

沃尔玛连锁案例

　　沃尔玛在全球拥有的各种连锁店铺超过 4 800 家，2014 财政年度（2013 年 2 月 1 日至 2014 年 1 月 31 日）营业额就已达到 4 731 亿美元，全球员工总数约 220 万名。每周，超过 2.45 亿名顾客和会员光顾沃尔玛在 27 个国家拥有的 71 个品牌下的约 11 000 家分店，以及遍布 11 个国家的电子商务网站。目前，沃尔玛在中国经营多种业态和品牌，包括购物广场、山姆会员商店等。

　　截至 2015 年 3 月 31 日，沃尔玛已经在全国 19 个省、2 个自治区的 161 个城市和 4 个直辖市开设了 412 家商场、9 家干仓配送中心和 11 家鲜食配送中心。沃尔玛在中国的经营始终坚持本地采购，目前，沃尔玛中国与超过 7 000 家供应商建立了合作关系，销售的产品中本地产品超过 95%。此外，沃尔玛在中国始终坚持"尊重个人、服务顾客、追求卓越、始终诚信"的四大信仰，专注于开好每一家店，服务好每一位顾客，履行公司的核心使命——帮助顾客省钱，让他们生活得更美好，以不断地为顾客、会员和员工创造非凡。

（二）粮油连锁经营的含义和本质

　　粮油连锁经营是以独特的粮油品牌实体店为基点，不断复制其经营模式并采取统一标识的商标和同等质量的产品进行推广的经营活动。

　　粮油连锁经营的本质是把放心粮油作为一种品牌和营销策略，努力让消费者感到其购买的不仅仅是放心产品，更是一种童叟无欺的商业信誉，从而使消费者对其品牌产生信赖，实现企业规模效益的发展。

二、连锁经营的基本特征

（一）经营一致化

　　连锁经营一致化包括经营理念的一致，即各个连锁分支的市场定位、企业文化、信息传播、营销策划的一致；视觉识别系统的一致（见图 7-1），即店名、标识、商标、店貌、陈列、经营商品内容的大体一致；经营行为的一致，即经营方式、服务规范、行为规范、管理标准、操作模式、企业文化等基本一致。

（二）组织规模化

　　尽管各个连锁店的组织规模、经营面积、销售额有限，但由于众多的分店存在

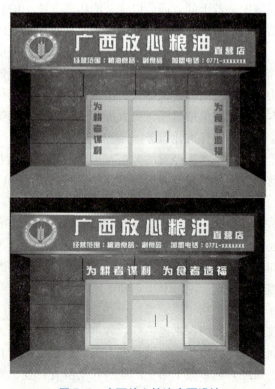

图 7-1　广西放心粮油店面设计

和新店的数量扩张，从经营总量上可以达到组织的规模化运营，，从而使总体经营、交易费用下降，取得更好的经济效益。

（三）作业的专门化

连锁店各经营机构的作业安排不再是传统的混合职能制，而是实现了科学的专业分工。各门店负责商品的销售，承担商品的陈列、店铺管理、促销执行、销售的前台操作、客户的开发与维护等具体任务；公司总部的各管理部门负责经营规划、政策的制定、商店选址、装潢设计、促销、广告管理、库存保管、财务管理、人员选拔、培训、考核等。在总部的统一规划下，通过专业分工，各职能部门负责具体业务的操作和运营，有助于提高工作效率。

（四）管理的规范化

连锁店规范化的管理体系和调控体系，保证了庞大、分散的连锁机构内部协调、有效地运转，现代信息技术的发展使管理规范化得以实现。

（五）扩张的快速化

当连锁店的经营模式经过初期的规范化运作获得成功之后，连锁店的经营重心应该及时转向规模、数量的快速扩张上，从而形成规模、经验上的竞争优势。但应该注意的是，连锁数量的扩张不应是盲目的，尤其是初期运营的企业，在整体管理不成熟的情况下，大力扩大门店数量，往往是导致连锁经营失败的重要原因之一。

连锁经营成功案例

> 沃尔玛的采购基本形式是：直接进货+全球采购。为了给消费者提供低价的商品，沃尔玛始终以最低的价格进货，"直接进货"加上"世界采购"是它降低进货价格的两大法宝。在沃尔玛，全球采购是指某个国家的沃尔玛店铺通过全球采购网络从其他国家的供应商那里进口商品，而从该国供应商处进货则由该国沃尔玛公司的采购部门负责采购。举个例子，沃尔玛在中国的店铺从中国供应商处进货，是沃尔玛中国公司的采购部门的工作，这是本地采购；沃尔玛在其他国家的店铺从中国供应商处采购货品，就要通过全球采购网络进行，这才是全球采购。这样的全球采购要求在组织形式上做出与之相适应的安排。
>
> 直接从工厂进货，缩短供应链，降低采购成本是美国沃尔玛采购的原则。即绕开中间商，缩短供应链，节约供应链开支，直接从工厂进货。统一订购的商品送到配送中心后，配送中心根据每个分店的需求对商品就地筛选、重新打包，这种类似网络零售商"零库存"的做法使沃尔玛每年可节省数百万美元的仓储费用。

三、连锁经营的基本模式

北美有3 000多家连锁企业，但绝大部分企业的生命都像流星一样短暂。每年有成千上万的公司杀入连锁经营这个领域，但绝大部分都黯然陨落，只有极少数公司可以茁壮成长，最后跻身全国或者全球的业内巨头之列。

起初，企业连锁经营方式主要是以单一所有权形式的直营连锁为主。随着企业实践的不断推进，相应地出现了特许连锁和自由连锁的经营方式。目前，直营连锁、特许连锁和自由连锁这三种经营管理模式已成为全球绝大多数连锁业的主流。

(一) 直营连锁

直营连锁，又称正规连锁（Regular Chain，RC），是指连锁公司的店铺均由公司总部全资或控股开设，在总部的直接领导下统一经营。总部对各店铺实施人、财、物及商流、物流、信息流等方面的统一经营。典型代表企业包括美国的沃尔玛、法国的家乐福、德国的麦德龙等大型连锁超市。

1. 直营连锁的特点

（1）直营连锁由同一资本开设门店，即直营连锁门店之间以资本为主要纽带，资本又必须属于同一所有者，归一个企业、一个联合组织或单一个人，由同一个投资主体投资开办门店，各分店之间不具备独立的法人资格。

（2）直营连锁经营管理高度集中统一，即连锁总部对各门店拥有全部所有权、经营权、监督权，门店的业务必须按总部的指令行事。

（3）直营连锁实行统一核算，即所有门店的店长由总部委派，店长无权决定门店的利润分配，各个门店的工资奖金由总部来决定。

2. 直营连锁的优势与劣势

直营连锁的主要优势在于：

（1）通过大量采购，大幅度降低经营成本和价格，可以统一调配资金、设备、商品及人员，有利于充分利用企业资源，提高经营效率。

（2）由于实行销售的分权管理，各连锁店可以将主要精力用在商品管理和改善服务上。由于各连锁店不是独立主体，其关闭、调整和新店的开设基本上属于公司内部的事务，受外界制约相对较少，因此，总公司对分店布局和新店开发具有较大的灵活性和方便性。

直营连锁的主要劣势在于：采用直营连锁的总公司一般必须有较强的经济实力，而且要能够处理好集中管理和分散经营的关系。

3. 直营连锁适用行业分析

直营连锁主要适用于零售业，特别是大型百货商店和超级市场。其主要原因是这类商业企业都需要巨额的投资和复杂的管理，如果采用特许连锁的方式来发展，管理难度就较大。

(二) 特许连锁

特许连锁，又叫加盟连锁、合同连锁、契约连锁（Franchise Chain，FC），即以经营权的转让为核心的连锁经营。特许连锁要求连锁店同总部签订合同，同时取得使用总部的商标、商号、经营技术及销售总部开发商品的特许权，控制权集中于总部。回顾历史，不论是麦当劳的创始人 Ray Kroc、肯德基的创始人 Colonel Sanders、连锁餐饮与酒店公司 Howard Johnson 的同名创始人、甜甜圈品牌唐恩都乐的创始人 Bill Rosenberg，还是连锁快餐店 Wendy's 的创始人 Dave Thomas，或者万豪酒店的创立者 J·Willard Marriott，都将连锁店特许经营者放在第一位。

1. 特许连锁的特点

（1）特许连锁经营的核心是特许权的转让，即总部将具有自己的产权、服务、经营技术或有名的商标、商号等独有的物质技术或知识产权进行转让，授予加盟者店名、商标、商号、服务标记等在一定地区的垄断使用权，并给予一定的经营指导，加盟店为此支付一定的加盟费用。

（2）特许连锁经营实行所有权的分散和经营权的集中，即各加盟者对其各自的门店拥有所有权，而经营权却高度集中于总部。

（3）特许连锁实行独立核算，即由于特许连锁店与总部之间的资产是相互独立的，彼此在财务上实行的是独立核算。

（4）特许连锁总部与加盟店之间是通过签订特许合约而形成的纵向关系，即特许加盟店与加盟总部以特许合约为纽带，通过一对一的特许合同，形成加盟店与总部的纵向关系，而各个加盟店之间不存在横向联系。

2. 特许连锁的优势与劣势

采用特许连锁经营方式，对连锁企业总部、加盟店以及整个社会都具有明显的优势。对特许连锁总部来说，能以较少的资本达到迅速发展公司业务的目的，实际上具有一种融资的功能。同时，通过经营权的转让也能为总公司积累大量的资本，使公司的无形资产变为有形的资产，从而增加公司的实力和发展能力。对加盟者来说，尤其是那些具有一定资本、希望从事商业活动但又苦于没有经营技术和经验的企业和个人，通过特许加盟就是一个很好的发展机会。一旦加盟，既可以利用总部的技术、品牌和商誉开展经营，又享有总部全方位的服务，所以经营风险较小，利润比较稳定；对社会而言，通过特许连锁来发展商业网点，不仅能提高商业的组织化程度，而且有利于中小企业的稳定发展。

特许经营的主要劣势在于：在总部与加盟店组织关系上，特许连锁不如直接连锁明确和清晰，一旦出现商品和服务的质量事故，总部与加盟店在承担营业责任上可能相互推诿，导致消费者上诉对象模糊化。同时如果总部片面追求品牌授权金，大量发展加盟店而缺乏有效的管理和强有力的服务能力，不仅会使连锁企业形象受到严重损害，而且也会使加盟者的权益受到侵犯，最终很有可能导致整个特许连锁系统的崩溃。

3. 特许连锁适用行业分析

特许连锁适用于制造业、服务业、餐饮业以及便利店之类的小型零售业等领域。如美国的施耐普昂，它是美国著名的一家五金工具生产企业，它运用特许经营方式在全球发展了5 000家特许连锁店。特许连锁一般来说，比较适合名气大、经营管理上有独到经验的企业，通常以商品或服务等作为联结的纽带。如一些具备相当实力的大型零售店，可以通过与厂家联合研制、开发新品，用零售点的名称命名或注册同零售店相关的商标，利用零售店的自由连锁网络销售，创出名牌店，再发展特许连锁门店。一些位于繁华闹市、交通要道等黄金地段的中小零售店，可利用自己的地理优势，改造成专卖店，同大店、名店结成特许连锁关系，销售名牌产品。

（三）自由连锁

自由连锁，又叫自愿连锁或合作连锁（Voluntary Chain，VC），即保留单个资本所有权的连锁经营。自由连锁的店铺均为独立法人，各自的资产所有权不变，在公司总部的指导下共同经营。各成员店使用共同的店名，与总部订立有关购、销、宣传等方面的合同，并按合同开展经营活动。在合同规定的范围之外，各成员店可以自由活动。根据自愿原则，各成员店可自由加入连锁体系，也可自由退出。

1. 自由连锁的特点

（1）自由连锁的核心是共同进货，即自由连锁店通过总部共同进货获得低廉的商品进货价格。

（2）自由连锁的各成员店所有权、经营权和财务核算都是独立的。

（3）自由连锁是以合同为纽带，即通过协商制订的合同来维系总部与各成员店之间的关系。

2. 自由连锁的优势与劣势

自由连锁既具有连锁经营的规模优势，同时又能保持独立小商店的某些经营特色。因此，对于中小企业众多的地区来说，发展自由连锁是比较合适的。自由连锁具有较好的灵活性、转换性和发展潜力，可以逐渐发展成为独资连锁或特许连锁。自由连锁的劣势在于其统一性较差，决策迟缓，组织不稳定，受地域限制较大。

3. 自由连锁适用行业分析

自由连锁的发展与商业经营的传统风格有密切关系。因此，自由连锁比较适合零售业，特别是对中小型零售商店具有吸引力。如美国，自 20 世纪 50 年代以后，批发企业逐渐认识到了与零售企业建立稳定关系的重要性，因此，通过多种方式来吸引零售企业，最终形成了以批发企业为主导的自由连锁系统。在日本，中小企业之间历来具有很强的合作意识，在市场竞争的外部压力下，日本的许多中小企业逐渐走上了以互助合作为特征的自由连锁之路。日本的自由连锁是以零售主导型为主。而我国港台地区的一些传统式"夫妻店型"杂货店，也大多是加入这种自由连锁组织的成员店。

连锁经营成功案例

解读肯德基的连锁经营成功

肯德基，隶属于全球最大的餐饮集团之一——百胜餐饮集团。自 1987 年在北京前门大街开出在中国大陆的第一家餐厅后，截至 2014 年 5 月底，肯德基已在中国超过 950 个城市和乡镇开设了超过 4 600 家连锁餐厅，遍及大陆除西藏以外的所有省、自治区和直辖市，是中国目前规模最大、发展最快的快餐连锁企业。未来，肯德基将超越前两年每年 400 家的开店速度，而是以每年不少于 500 家的数量扩张，在深入一、二、三线城市的同时，向四、五线城市和乡镇更广阔的空间发展。这意味着，今后乡镇市场将成为肯德基的拓展重点之一。

商界和媒体曾经一度长时间地讨论为什么洋快餐打败了中式快餐的话题。在一个以饮食文化发达而自豪的国度里，品种少、制作简单的洋快餐大行其道，的确让广大餐饮工作者不服气。最终，大家更多的是把麦当劳和肯德基在中国的成功解读为标准化的成功，认为中餐制作的复杂性决定了其不容易标准化。的确，标准化提供是连锁加盟方式成功的基础，但麦当劳成功的真正秘笈是其在合作机制设计上的成功和标准执行的成功。

麦当劳公司的收入主要来源于房地产营运收入、从加盟店收取的服务费和直营店的盈余 3 部分。麦当劳公司负责运用其丰富的开店经验代加盟商寻找合适的开店地址，并长期承租或购进土地和房屋，然后将店面出租给各加盟店，获取其中的差额。这种方式可以用土地和房屋抵押获得贷款，既解决了加盟者开店的资金困难，又增加了麦当劳公司的收入。同时，因为控制了店面的所有权或租赁权，有利于对加盟商的管理。

　　在形成对加盟商的有力制约之后，麦当劳对加盟商的扶持非常周到，收取的首期特许费和年金都很低，减轻了分店的负担，同时绝不在设备采购和原料提供上获取暴利。制约共赢的机制保证了麦当劳从产品到服务标准化的贯彻。

　　完备的员工培训体系是麦当劳成功的另一大法宝。麦当劳成立第二年就建立了汉堡包大学。脱产培训主要在这所建立在芝加哥的汉堡包大学完成，汉堡包大学是对分店经理和重要职员进行培训的基地。汉堡包大学不但提供基本操作讲座课程，同时对高层管理人员进行公司理念、提高利润的方式、房地产、法律、财务分析和人际关系等各方面的培训。

　　过去半个多世纪麦当劳在全球的成功反复证明，所谓生意本质上是用来满足人的需求的。一家经营有方的餐饮企业的价值并不输于高科技公司。比起波音飞机、苹果公司、谷歌，由麦当劳、肯德基、沃尔玛、宝洁传统行业构成的跨国公司同样影响着我们的生活，传统行业将永远是经济发展的基础。而这些最简单的生意，从本质上更能判定一个企业的商业模式和管理水平。

第二讲　粮油连锁经营现状

一、粮油连锁经营的背景情况

　　随着粮食经营多元化格局的逐步形成，食品安全问题日益突出。目前国内外对于食品安全的定义也各有不同。最早提出"食品安全"这一概念的是联合国粮食与农业组织（FAO）在 1974 年召开的世界粮食大会上通过的《世界粮食安全国际约定》。这时提出的食品安全仅仅是食品数量安全，即解决人们温饱问题所需的最低的食品供应。世界卫生组织（WHO）在《加强国家级食品安全性计划指南》中，将食品安全定义为：对食品按其原定用途进行制作和食用时不会使消费者受害的一种担保。《中华人民共和国食品安全法》将食品安全定义为："食品无毒、无害，符合应有的营养要求，不会对人体健康造成任何急性、亚急性或者慢性危害。"

　　现今，食品安全问题已然成为人们生活中不得不关注的一个大问题。近年来，各个领域、各个类型的食品安全问题频频被曝出，如毒大米、毒韭菜、地沟油、三聚氰胺等。这些问题贯穿于生产、加工、储存、运输、销售和消费等各个环节，涉及面越来越广，引起了人们的高度重视，同时也引起了人们对产品质量的质疑。这些食品安全问题的一个共同点即都是由道德缺失引起的，其表现为以下几个方面：

　　1. 源头污染——过量使用农药、化肥的问题

　　造成食品安全问题，首先要找到其源头，农药与化肥的过量使用是诱发食品安全问题的一个重要源头。从实际国情来看，中国历来是一个农业大国，农药的使用量也居世界较高的水平。虽然国家为了加强对农药的监管力度，相继出台了一系列关于农药的生产和使用的规定，但由于农民的知识水平普遍较低，传统的农业种植观念根深蒂固，这些规定往往无济于事。农民为了提高产量仍然大量使用农药与化肥，这无疑给人们的生命健康及生态环境带来了极大的威胁。"据不完全统计，我国每年农药使用量超过 130 万吨，单位面积使用量是世

界平均水平的两倍。其中，低毒性、不污染环境以及病虫害不易产生抗性的生物农药使用率不足10%，而属剧毒和高毒农药的有机氯农药、有机磷农药和有机氮农药占到我国农药使用量的70%左右"。农药影响食品安全的途径为：一是药剂的过量使用直接附着在植物性的食品中，消费者把食品买回家即使对其用水清洗，食品表面仍附着一定的农药残留，长期食用将给人们的身体健康带来严重的安全隐患。二是农作物通过空气、水、土壤等周边环境吸收药剂。三是动物性食品中的动物可以直接从水中摄取药剂或者是通过食物链获取残留的农药，从而造成对整个生态链的严重破坏。

除此之外，过量使用化肥的现象对我国农产品的质量安全和产量安全也产生了严重的影响。农民使用化肥的初衷是为了提高农产品的产量，但过量使用化肥的结果却背道而驰，不仅没有达到高产量的目的，反而破坏了农产品的质量。化肥的结构是各种盐类，过多地对农产品施肥容易使化肥中的盐分聚集在土壤中，同时提高土壤溶液的黏稠度，使得土壤的状态发生变化，从而间接影响农产品的产量。化肥影响食品安全的途径是：一是出现庄稼倒伏现象，致使粮食减产，影响粮食在市场上的供应量。二是间接威胁人类的生命和健康。过量使用化肥会使农作物的抗病虫害能力减弱，继而农民会使用防虫害的农药来保障农作物的产量，而农药会残留在农作物中，人类食用后会间接伤害到自己的生命和健康。三是过量使用化肥会加剧生态环境的污染。化肥被土壤吸收后会随着空气、水分等介质迁移到周围的水分和土壤中，从而间接造成食品安全隐患。

2. 滥用添加剂

《中华人民共和国食品安全法》对食品添加剂的定义："指为改善食品品质和色、香、味以及防腐和加工工艺需要而加入食品中的化学合成或天然物质"。随着社会经济的不断发展，人们对生活水平的要求也越来越高，对于食品的要求也不例外，在新鲜程度以及色、香、味上都提出了更高的要求。一些不遵守商业道德的企业为了获取高额的利润，改善食品的色、香、味，从而过多地添加添加剂或者是添加食品禁用的添加剂。例如，在加工食品的过程中添加过量的化学合成剂及防腐剂、违法添加禁用的人工合成色素或者是其他工业添加剂、商家违背良心利用劣质的地沟油生产有毒有害的食品，等等。这些滥用添加剂的食品如果被消费者长期食用后，会严重危害人体的各个器官，严重的会引发癌症甚至是死亡。

3. 假冒伪劣食品泛滥

假冒伪劣产品在国际上被视为世界第二大公害，仅次于贩毒。假冒伪劣食品是假冒伪劣产品的一部分，是不法分子为了获取暴利或者达到某种目的而故意使用劣质的原料生产的有毒有害食品。这些假冒伪劣食品大部分被销往较偏远的农村以及汽车站、火车站等人员流动较大的商店。一些消费者的防范意识薄弱，特别是一些低收入者贪图便宜，更愿意购买价格低廉的商品，这在一定程度上推动了假冒伪劣食品的传播，也助长了企业生产者生产假冒伪劣食品的犯罪动机。

二、粮油连锁经营的意义

为了满足消费者对食品质量安全的要求，为了普通大众的生命安全，在政府政策有力地支持下，以健康优质并实惠的绿色粮油充实老百姓的米缸，同时与时俱进自愿成为家家户户放心的"第一米缸"，这就是具有各地特色的"放心粮油"连锁经营模式。它的创建给未来的粮食市场开拓了一种全新的营销平台，也使越来越多的消费者意识到食品安全的重要性和购买"放心食品"的刚性需求得到满足。

归纳起来，粮油连锁经营具有以下重要意义：

1. 满足粮油产品健康安全的需要

随着城镇居民生活水平的提高，粮油产品占家庭的支出越来越少，即城镇居民家庭的恩格尔系数逐年降低，对粮油产品的健康和安全的要求却越来越高。在大多数城镇、农贸市场，个体粮油店是粮油产品的主要销售渠道，但是，个体粮油产品经营者的短期逐利行为使得粮油产品的安全问题非常突出。相对于以上粮油产品的经营渠道，粮油产品连锁经营者有远期经营规划，在采购渠道上，能够从正规渠道进货并能保障粮油产品的品质；在商品储藏上，专业人员会考虑粮油产品的特殊性，从仓储到连锁店的商品摆放都能更加合理，粮油产品质量能够得以保证，消费者消费会更加安全放心。

2. 交易费用降低，消费者得到价格实惠

粮油产品的连锁经营给消费者带来实惠。粮油产品交易费用降低的原因主要在于流通资源的优化高效配置：其一，在采购方面，总部统一采购数量巨大，议价能力较强，采购价格较低；其二，在配送方面，粮油连锁企业有强大的物流能力，统一配送，合理安排配送路线，对单店而言，运输费用很小；其三，促销费用较低，单位商品价格分摊促销费用会很少；其四，由于是便利店，所以消费者时间成本、交通费用较少。

3. 有利于满足消费者对粮油产品的多样性需求

这主要表现在：

（1）满足服务多元化需求。粮油产品往往重量大、金额少，一些超市和个体粮店不提供送货服务，而专业粮油连锁店的免费送货服务能满足顾客的这一需求；专业的导购人员为消费者提供专业饮食知识咨询，能提高消费者的购买质量和提升饮食的品位。

（2）满足产品多元化需求。个体粮油店和超市往往提供的是大众性粮油商品，而对顾客个性化的商品需求，如绿色食品、有机食品、不同区域的粮油食品等，则往往受制于采购能力、销售能力等因素而达不到消费者要求。粮油产品连锁店的经营范围主要是粮油产品，由于具有强大的专业采购力量，往往能够提供比超市更加全面和更富个性的粮油产品，从而能更加准确地满足消费者的差异化需求。

4. 有利于粮油生产企业加快品牌的培育

专业粮油产品的连锁经营者建立了强大的销售体系，为粮油产品的生产者提供了专业的销售渠道，形成了产、销的分离，社会分工更加明确，使得粮油生产企业专注于提高生产能力、产品质量、品牌建设和维护，从而改变中国粮油生产企业散、乱、小、弱的现状。绿色粮油已经逐步被消费者所重视，具有广阔的发展前景，建立绿色粮油连锁系统能够更好地拓展消费者市场，扩大品牌的知名度，让消费者能够放心地购买、食用安全的产品，从而使企业在市场竞争中立于不败之地。

5. 有利于提高社会经济效益

（1）增加就业。

粮油产品连锁经营属于劳动密集型行业，粮油产品的导购员不需要高学历，粮油产品连锁经营店的扩展，为低学历者提供了较好的就业机会。

（2）有利于农业产业化经营，促进种植业结构优化。

粮油产品销售渠道的散、乱、差，造成众多的农产品生产者都能进入市场，但是，由于市场开发能力弱，进入市场的成本较高。而粮油产品连锁经营的大批量采购，将促进农业生产的产业化经营。同时，粮油连锁经营对农产品的多样化销售需求，也将推动种植业结构的优化。

（3）有利于国家的市场监控。

粮油产品连锁企业的出现、发展和增加，将改变原有的粮油产品的经营渠道，使得国家相关职能部门能更好地对粮油产品经营进行监控，从而保障消费者的自身利益。

三、粮油连锁经营的主要形式

（一）国内粮油连锁经营的主要形式

粮油连锁经营有自己的特点和运作要求。按照连锁经营的范围与形式来分，大致可分为连锁超市粮油专区、综合性专业连锁、单一专业品牌连锁等连锁经营形式；从经营规模来区分，可分为大型、中型、小型三类粮油连锁经营机构。

1. 连锁超市粮油专区

这种类型是指在一般连锁经营场地内设有专门的粮油产品经营区。例如，在沃尔玛超市有食品专区，设有专门的粮油连锁专柜，消费者可以根据不同的需求来选购各种品牌的粮食商品。由于连锁超市内经营的品种多，经营场地较大，市场影响力大，市场辐射的范围广，因此客流量多，经营的规模大，真正体现了规模效益的优势，深受市场的欢迎，是粮油连锁经营的主要形式。

2. 综合性专业连锁机构

这种类型是指专门从事粮油经营且经营的粮油品种较多的连锁机构。例如，专门从事大宗粮油贸易的公司，其主要业务是负责进行粮油对口渠道经营。这类经营机构最大的特点是整个连锁门店都是经营粮油产品的，而且经营的粮油品种较多，以其良好的社会信誉和专业化经营吸引消费者。近年来，越来越多的消费者喜欢选择去专门的粮油门店消费。

3. 单一品牌连锁

这种类型是指专门经营某类粮油或某一种粮油的连锁经营机构，其宗旨是向广大消费者提供安全的、品质优良的粮油商品。近年来，随着市场细分的深入，出现了一些专门从事某类粮油或者某种粮油产品经营的连锁经营机构。如放心粮油公司、绿色大豆油，等等。这类连锁经营机构由于经营的品种单一，专业化程度很高，对经营管理的要求更高，也更加受到消费者的青睐。

（二）粮油连锁经营的一般特征

与工业品连锁经营相比，在采购、装卸、运输、储存、销售等各环节上，粮油连锁经营都有其自身的特殊要求。粮油连锁经营既具有连锁经营的一般特征，又因其自身的特殊性，具有与一般工业品连锁经营不同的特征。主要表现为需求的刚性强、价格的弹性小、保鲜技术要求高、销售的时效性明显、季节性影响大等。

1. 粮食市场的刚性需求特性

粮食是人们生活的必需品。这种产品需求的特性决定了它是一种具有刚性需求的产品，市场需求不会因为价格上涨而增加它的需要量，也不会因为它的价格下跌而减少它的需要量。因此，它的需求价格弹性小。正是由于粮食市场的价格弹性小，需要市场供应具有均衡性。

2. 粮食价格的长期波动性

虽然粮食市场的需求呈现为刚性，但由于市场信息的不对称和利益驱使下的生产盲目性以及近年来不法中间商的操纵，粮食市场时常出现价格的波动。假如政府没有进行宏观调控，粮食市场的价格有可能出现长期波动趋势。当粮食市场供应不足时，由于需求的刚性，就会迫使市场价格大幅上涨，由于价格的上涨，诱导农民扩大粮食生产，市场供应量大幅增加。同样因需求的刚性，其结果又可能出现粮食供应过剩，迫使粮食市场价格下跌；价格下跌促使粮食生产减少，供应市场的粮食量也会减少，而需求量未变，粮食供不应求，其价格又会暴涨。由此可以看出，粮食市场的价格在无外部干预的情况下，总是在涨—跌—涨的循环往复中，粮食的市场价格处于长期波动中。这种市场价格的波动性，给粮油连锁经营企业的市场预测和经营决策提供了参考。

3. 生产和流通的周期性

由于粮食生产是一种季节性的生产，粮食生产的季节性、生产循环性构成了粮食生产的周期性。粮食生产的周期性决定了粮食的上市供应有"淡季"和"旺季"之分。在粮食的丰收季节，粮食刚收割，供应量充足，品种多，质量高，呈现为"旺季"繁荣景象，这时粮食的市场价格有可能呈现降低趋势；在粮食生产的反季，由于粮食还处于生长期，粮食市场供应依靠的是储存粮，这时市场价格有可能上涨。因此，粮食生产的周期性决定了流通周期性的特点。粮食生产和流通的周期性，要求粮油连锁经营企业的经营要适应周期性的特征，及时做好市场供应的储备准备工作，以确保粮食市场的供应。

（三）粮油连锁经营的要求

1. 遵循连锁经营的基本原则

粮油连锁经营要符合现代连锁经营的要求，具有连锁经营的特质。主要是利用总部与众多分散的商店网络，及时掌握消费者的各种需求，克服粮食零售业传统的小规模分散性特点，采取批量生产、批量定购、批量配送、定点销售，实现规模化经营。这样，由总部大量集中进货，克服了过去零售机构小规模经营的分散性弱点，降低了生产成本，确立综合采购的集权管理与销售的分权管理的体制。零售企业有权自行决定粮食商品的设计、品质、价格以及数量，并按计划组织广大农户以及中小生产加工企业进行计划生产和加工。粮油连锁经营所形成的统一的流通体制和营销机制，都体现了现代大市场营销和连锁经营的基本规则要求。

2. 要具备规模化生产基地和快速配送系统

粮食市场可以由农户小型生产、自营摆摊设点完成粮食商品的市场供应与销售，而粮油商品的连锁经营不同于传统的粮食市场，经营的点多，覆盖的市场广，需要的粮油品种多、数量多，因此，需要有大型批量生产的基地才能满足大批量采购粮油的需要。同时，由于粮油具有易耗、易腐、易霉的特殊性，要求拥有快速配送的物流系统，以确保产品质量，满足粮油连锁经营的需要。

3. 满足规范化的经营管理要求

粮油连锁经营要求有明确的现代经营政策、现代企业思想、经营管理战略规划、商品政策、建店规划等经营管理的宏观要求。同时，具体业务也需要有详细的管理要求，明确每一承担业务部分不同作业管理上的手续、方法等。例如，采购人员专业管理的要求，商店经营、管理方面的实际业务要求，以及具体的营销规范要求等。作为适应现代化流通发展的粮油连锁经营，在管理制度、经营战略、经营措施与人才队伍建设上，都提出了新的标准和要求。

4. 高效的信息管理系统

由于粮油连锁经营是整合分散的店面营销力量而形成大批量销售，因此，在连锁经营总部集中采购进货时，为了准确地掌握商品和交易动向，必须进行准确的销售预测和制订进货计划。对此，必须要有能准确地掌握有关商品动向的商品管理系统，做到和做好销售时点上单品的系统管理，对每一种粮油产品的种植情况、培育情况、产地采购、生长时长、物流配送过程、储存过程、上柜过程、销售过程等都有信息跟踪记录，这一方面可以严格控制各个环节，确保连锁经营的粮油产品质量安全、放心，另一方面也便于及时发现解决问题。此外，还可以利用电脑信息化系统或电话系统来自动订货和发货，建立粮油营销的网络化管理系统、高效的信息管理系统，以提高经营管理效率。

5. 实现标准化，确保粮油的绿色安全

粮油连锁经营批量大、配送的点多，对标准化的要求高。因此，首先，应具备粮油标准化包装的要求，以减少耗损，降低成本，提高运营效率。其次，要求粮食的含水量、农药残留量等符合绿色安全的标准。

四、粮食连锁经营所面临的主要问题

按照市场经济的基本规律，任何一种经营模式的优势与风险都是并存的，粮食连锁经营也不例外。为了最大限度降低风险，发挥最大的优势作用，粮食连锁经营应遵循市场经济规律，认真分析我国农业和粮食市场发展的实际情况，以便寻找一种适合我国区域粮食连锁经营的最佳发展模式、实施策略，为粮食连锁经营的可持续发展奠定基础。

（一）粮食连锁经营的优势

1. 规模经营优势

首先，粮食连锁经营具有扩大企业规模、提高企业的核心竞争力的优势。粮食连锁经营把连锁经营管理模式应用到粮食销售管理过程中，提高了企业的管理水平。同时，把相关生产经营主体整合起来，形成利益链联合，增加了销售额，扩大了经营规模，增强了粮食企业在市场竞争中的生存和发展能力。粮食连锁经营的几种模式都能有效地扩大企业规模，例如，直营连锁模式，借助于大资本，以吞并、兼并或控股等途径，发展、壮大实力，使企业像滚雪球般做大做强。其优势最明显的是可以有效地统一调动财力、物力和人力资源，统一经营战略，统一开发运作整体性事业。同时，由于企业资金雄厚，可以和其他部门合作，如与金融界、生产部门联合，等等。而且，直营连锁还能系统地培养人才，推广新技术新产品，在信息、物流和营销管理的现代化等方面，易于发挥整体优势。尤其重要的是，直营连锁凭借其较大的规模，能占有较大的市场份额，成为连接大生产、大消费的新型流通体制。此外，直营连锁凭借自身的功能集中化的特点，可以为联合企业的连锁经营提供经济优势，提高销售效率。例如，利用总部或者分店统一、集中地大批量地进货，保证了稳定的供货渠道，获得较为合适的折扣利益，达到减少费用、降低成本的目的。这样的优势是单个营销企业所无法比拟的。

2. 增强了抗市场风险能力

粮食连锁经营从根本上改变了粮食销售方式，使经营活力与抗风险的能力更强。传统的粮食经营模式，主要是以粮油店和粮油批发市场为主，规模小、交易环节多、交易手段落后，流通销售的成本很高；而且粮食的来源渠道复杂，质量优劣不齐，也无法有效地监控粮食质量及其卫生、环保质量指标。此外，粮食的市场仓储、保鲜设备也不完善，容易出现无人管理的现象，这种经营模式难以保证粮食稳定的高质量。而通过粮食连锁经营，各环节职责分明，制度健全。粮食连锁店面的米、面、油等都能凭借规模优势，形成固定的进货渠道；建立严格的产品质量控制体系，销售的粮食是经过卫生质量检测的无公害绿色食品，避免了假冒伪劣商品流入市场；粮食连锁企业和超市门店可以通过对粮食的深加工，为消费者提供舒心、放心、满意、高效的绿色粮食市场，满足消费者对经营卫生、粮食质量安全、食品健康的需求，使消费者得到放心的、舒心的、卫生的、安全的食品，免去了广大消费者的后顾之忧，确保了居民的生活质量。特别是通过粮食的连锁经营，也有助于规范流通秩序，提高流通效率。同时也实现了大规模、快周转、低成本等，充分发挥了规模经济的优势，有效地降低了流通成本。这是个体经营无法企及的。发展粮食连锁经营，还有助于形成统一、稳定的粮食销售网络，保证消费者的需求及时得到满足。

3. 稳定市场，促进粮食现代化生产

粮食连锁经营可以稳定市场供应，促进订单式大农业的发展。粮食连锁经营的企业中，包括超市、店面等，都有明确的进货渠道，有稳定的货源。而且，为了提高效益，降低成本，更多地吸引消费者，都注意粮食价格、产品质量维持在一定的稳定幅度。连锁经营企业在销售粮食产品时，为了保证货源充足和粮食产品的多样性，在建立自己的生产和加工基地的同时，还可以同时与其他粮食种植生产者签订供货合同，这样既增强了粮食种植生产者的信心，增加了农民的收入，又使农民意识到粮食种植业的可持续发展前景，懂得绿色农业和生态平衡意识，采用科学技术，使用生态有机肥料，降低农药化肥的使用依赖性，这样既保证了产品的高质量，也从宏观上促进了新农村建设和现代农业经济的有序发展。

此外，粮食连锁经营还能在维护流通秩序、吸纳就业等方面起到积极作用。粮食的连锁经营模式，可以有效地提高有关企业的组织性，有利于规范市场秩序，避免无序竞争。另一方面，粮食连锁经营企业需要大量的经营管理人员，而且也需要不断地培养这类员工，因而在解决就业、提高人力资源的素质上发挥着积极作用。

总之，粮食连锁经营相对于传统粮食市场或个体经营者来说，在规模、质量、效益、管理等方面，都有着极为显著的优势。

（二）粮食连锁经营的风险

按照经济学家 Jensen 和 Meckling（1976）的观点，由于业务双方各自拥有的信息不对称和利益追求出发点的差异，经营风险是必然存在的。粮食连锁经营在拥有非常显著的经营管理优势的同时，也存在着一定的经营风险。

1. 资金投入的风险

粮食连锁经营需要的运营资金量越大，其资金风险程度就越高。特别是直营连锁，都是由总部直接投入和控制，因此需要总部有较强的资金实力。由于粮食市场的产品品种多，又是消费者日常必需品，而且又很讲究时间性和季节性等，故需要较大的流动资金。在时间紧、天气恶劣的情况下，粮食又容易发霉、变质，不小心就会导致产品霉变、过期等，这就存在着投入后易遭受损失而无法回收资金的风险。

2. 粮食连锁经营存在物流风险

粮食特别是米、面、油在储藏、运输上难度较大，在防腐、防变质和时间上要求高，因此，需要配套完整的仓储体系、运输体系等。而目前我国普遍存在的矛盾是粮食物流市场大，缺少完善独立的物流体系。目前，我国粮食物流配送体系主要有三种形式：一种是以零售超市等大型采购集团为依托，以组织货源为主的物流配送中心；一种是以对本地粮食促销为主的物流配送中心；一种是以本地大宗团体消费者为主的物流配送中心。一般来说，粮食物流配送环节，如进货、整理分拣、加工、储存保管、配送、信息处理等，只要某个环节不到位，就会影响到整个过程。现实中运输设备不足或利用率不高、配送率低、来回空载率高、运力浪费等都是粮食物流所面临的主要问题。这些都制约了粮食连锁经营物流的发展，因此存在着较大的风险。

3. 信息不畅、决策困难的风险

粮食市场变化很快，大宗商品的保管困难，预测稍有不慎，就可能导致不堪设想的后果。有时企业没有掌握市场的真实情况，造成了对市场需求的预测不准确。例如，根据目前订单和销售信息来预测未来粮食商品的销售量，就可能对未来市场走向做出错误的判断而导致预测不准。

补充阅读

牛鞭效应

牛鞭效应是供应链管理的基本原理之一，指的是供应链上的一种需求变异放大现象，是信息流从最终客户端向原始供应商端传递时，无法有效地实现信息的共享，使得信息扭曲并逐级放大，导致了需求信息出现越来越大的波动。此信息扭曲的放大作用在图形上很像一根甩起的牛鞭，因此被形象地称为牛鞭效应。可以将处于上游的供应方比作梢部，下游的用户比作根部，一旦根部抖动，传递到末梢端就会出现很大的波动。

（三）连锁经营风险评估与规避

对连锁经营中存在的风险进行风险规避的主要方法包括：自我评估、行业评估、连锁集团评估、消费者评估等。

1. 自我评估

主要是评估以下两个方面的问题：

其一，企业是否有整体能力开展连锁经营。要确定这一点，必须评估：品牌实力如何，是否有独特的商业技术、专利技术或管理技术，是否有开展连锁经营的人才储备，是否有足够的资金运作实力。其二，对于特许连锁经营，加盟者要参加一个加盟体系，需检验自己是否适合成为加盟者，一定要明确地认识自我的需求及发展方向，确认自己能否融入某个连锁体系。因为加盟是一种事业而非找一份工作，加盟给予的经营传承而非事业成功的保证。

2. 行业评估

必须认真研究所选行业的发展前景是否属于当前或未来流行性的行业，是有发展后劲的潜力行业，还是如餐饮业和日常生活用品的零售业一样的平稳性行业。

3. 连锁集团评估

这里的连锁集团评估只能是针对特许连锁中的盟主，因为直营连锁决策完全由总部决定，分店只能去执行，只有特许加盟店才会考察集团总部。考察的内容包括：盟主的经验、开店时间、店铺数量、专业程度、企业文化、人才实力、资金实力、服务状况、社会口碑、经济效益、产品生命周期、投入费用情况、店铺成活率等。

4. 消费者评估

做好消费者评估就等于做好市场评估，这里需要有两种评估：一是对当地消费者能力的评估。评估内容主要包括人数、年龄职业、收入水平、消费欲望、生活方式、家庭结构、文化层次、社会地位、消费结构、消费倾向等。二是进行消费者的比较评估。目的是考察清楚样板店的繁荣是不是自己开店的繁荣，就像是营销学里讲的市场有机会，但不一定是自己的营销机会一样，进行比较确定后，发现不同市场的差异，或扬长避短，或对症下药，采取相对应的目标策略，才能把握消费者的消费行为。连锁经营企业由于地域广、分布散的特点，做好对消费者的科学评估显得尤为重要，它是连锁经营事业发展的基础。

第三讲　粮油连锁门店经营与管理

一、粮油连锁门店的选址

"商圈"即以店铺坐落点为圆心，向外延伸某一距离，以此距离为半径构成的一个圆形消费圈。交通条件、顾客各层的活动特点和顾客的收入状况都是决定商圈好坏的因素。在确定店址时，根据店铺的定位，要选择人流密集、商业活动频繁的商圈，避免偏僻的环境。

商圈一般分为三类：成熟的中央商务圈、成型的商圈和社区型商圈。第一类是城市的核心商业区域，无论是本市人还是外地人都会去；成型的商圈一般是区域性的商务办公楼或开发区，来购物的一般是生活节奏较快、追逐时尚潮流的年轻人；社区型商圈的主要消费人群则是在社区周边居住的消费者。

从理论上说，商圈结构的三个层次可以用三个大小不等的同心圆来表示。其关键在于确定各层次的半径距离。以位于居民小区的店铺为例，一般以半径 500 米为主商圈，半径 1 000 米为次商圈，半径 1 500 米为第三商圈，步行所需时间分别为 8、15、20 分钟左右。此外，也有来自商圈之外的购买力，如流动购买力、特殊关系购买力等，但所占比重很小。

当然，上述数字是经验数字，具体落实到每一间店铺，则需要第一手的居民调查数据作为修正依据。

粮油连锁店的店址选择要坚持"方便顾客"的原则，以节省顾客的购买时间，并最大限度满足顾客的需要。选址应遵循以下原则：

1. 人口密度高的地区

居民聚居、人口集中的地方是适宜设置粮油连锁门店的地方。在人口集中的地方，人们有着各种各样的对于商品的大量需求。如果粮油连锁门店能够设在这样的地方，致力于满足人们的需要，那肯定会生意兴隆，收益自然也会比较稳定。肯德基成功开店的原则是："努力争取在最聚客的地方和其附近开店。"所以，附近的聚客点每增加一点就为你的正确选址增加一分，当然，相应的租金费用也会随之增加。

2. 客流量多的街道

设在客流量多的街道上，可使多数人购物较为方便，商品被顾客选中的机会也大。

3. 交通便利的地区

比如，在顾客上车、下车最多的车站，或者在几个主要车站的附近，在顾客步行距离很近的街道等。

4. 接近人群聚集的场所

人群聚集的场所有剧院、公园、游乐场、学校等，或者大企业、机关单位等附近。

选择经营场所时，除了自己有经营场所外，大部分开粮油店铺者要租赁经营场所，在租赁经营场所时，一是租赁独立的经营场所，二是租赁大型商场、超市的场地或柜台。在租赁独立的经营场所时，除了考察周边消费环境外，还应查看出租人是否持有该场所的房产证，然后与其签订房屋租赁合同，确保在租赁期间不出现经济纠纷。在租赁商场、超市的场地、柜台时，该商场、超市起码有六至七成的出租率方可考虑租赁。如果该商场、超市的场地、柜台出租率不高，即使租金再便宜，也应慎重考虑。

二、粮油连锁门店的客户投诉管理

据专家统计：客户对公司或产品不满意时，只有4%的客户会投诉，96%的客户会离开，其中91%的客户会永远离开。平均每一位不满意的客户会把他的不愉快经历告诉8~10个身边的亲人或朋友。因为大多数人不想去这样"折腾"自己，不想与人争吵，不想为了一些可说可不说的事去浪费时间。当客户向你投诉时，不要把它看成是问题，而应把它当作是天赐良机。当那些客户抽出宝贵的时间，带着他们的抱怨与你接触的同时，也是免费向你提供了应当如何改进业务的信息。他们会确切地告诉你如何来满足他们现在和将来的需求。倾听他们的抱怨，询问更多的信息，必要时甚至祈求他们的宝贵意见，直到你确信真正找到了客户想要的东西，然后再把他们真正想要的东西提供给他们。

（一）客户投诉的原因分析

客户抱怨是对粮油连锁门店经营不良的直接反应，同时又是改善粮油连锁门店销售服务十分重要的信息来源之一。通常，客户的投诉意见主要包括商品、服务、安全与环境等方面。

1. 对商品的投诉

（1）价格过高。

（2）商品质量差：商品损坏、过保质期、品质差、商品数量不足、包装破损等。

（3）标识不符：商品上的价格标签模糊不清、商品上同时出现几个不同的价格标签、商品的价格与促销广告上所列示的价格不一致、商品外包装上的说明不清楚。

（4）商品缺货。

2. 对服务的投诉

（1）门店工作人员态度不佳。

（2）现有服务作业不当。

（3）服务项目不足。

（4）原有服务项目取消。

3. 对安全和环境的投诉

（1）意外事件的发生。在购物卖场，因为门店在安全管理上的不当，造成顾客受到意外伤害而引起顾客投诉。

（2）环境的影响。对门店环境卫生等方面的投诉。

（三）处理客户投诉的原则

1. 有章可循

要有专门的制度和人员来管理客户投诉问题。另外要做好各种预防工作，对客户投诉防患于未然。为此，需要经常不断地提高全体员工的素质和业务能力，树立全心全意为客户服务的思想，加强企业内外部的信息交流。

2．及时处理

对于客户投诉，各部门应通力合作，迅速做出反应，力争在最短时间内全面解决问题，给客户一个圆满的结果。否则，拖延或推卸责任，会进一步激怒投诉者，使事情复杂化。

3. 分清责任

不仅要分清造成客户投诉的责任部门和责任人，而且需要明确处理投诉的各部门、各类人员的具体责任与权限，以及客户投诉得不到及时解决的责任。

4. 留档分析

对每一起客户投诉及其处理要做出详细的记录，包括投诉内容、处理过程、处理结果、客户满意程度等。通过记录，吸取教训，总结经验，为以后更好地处理客户投诉提供参考。

（二）客户投诉的处理技巧

美国一位总统曾说过："危机、危机，是危也是机。"顾客投诉也是一样的，若处理得特别好，顾客非但不会流失，这次投诉反而成了搭建彼此友谊的桥梁，大大提高了顾客的忠诚度；若处理不好，将直接影响销售人员的销售业绩和企业利润。所以，我们要加强与客户的联系，倾听他们的不满，挽回给客户带来的损失，维护企业声誉，提高企业形象，不断巩固老客户，吸引新客户。

有效处理客户投诉的要点：

1. 聆听和道歉

让你的客户知道，你因为给客户带来不便而感到抱歉。即便这并不是你的过错，也不管这是谁的过错，你所要做的第一件事就是向客户道歉。请记住：客户之所以动气是因为遇上问题，你漠不关心或据理力争，找借口或拒绝，只会给对方火上浇油，适时地表示歉意会起到意想不到的效果。另外，还得认真聆听。聆听是一门艺术，从中你可以发现客户的真正需求，从而获得处理投诉的重要信息。

2. 复述和理解

用自己的话把客户的抱怨复述一遍，确信你已经理解了客户抱怨之所在，而且对此已与客户达成一致。如果可能，请告诉客户你愿意想尽一切办法来解决他们提出的问题。

3. 欣赏和感谢

当与客户的交流达到一定程度时，你会自然而然地理解他们提出的问题，并且会欣赏他们的处理方式。你应当强调：他们的问题引起了你的注意，并给了你改正这一问题的机会，对此你感到很高兴。

4. 解决和补偿

尽己所能满足客户。为解决客户投诉，你可以提供给客户他想从你这里、需要从你这里、期望从你这里得到的任何东西。在你解决了客户的抱怨后，你还可以送给他们一些其他的东西，比如优惠券、免费礼物，或同意他们廉价购买其他物品。换言之，就是做一些额外的事情，对已发生的不快进行补偿。

5. 跟踪和联系

在客户离开前，要看客户是否已经满意。然后，在解决了投诉的一周内，再打电话或写信给他们，了解他们是否依然满意。你可以在信中夹入优惠券。总之，一定要与客户保持联系。

以下是某公司客户投诉管理制度中的客户投诉管理流程。

对一般意义的客户投诉，本制度规定投诉管理的主要步骤如下：

（1）记录客户投诉内容。

（2）判定投诉性质。首先，确定客户投诉的类别；其次，判定客户投诉的理由是否充分，投诉的要求是否合理。

（3）确定投诉处理责任。按照客户投诉内容分类，确定具体的受理部门和受理负责人。

（4）调查原因。查明出现客户投诉的具体原因和具体责任者。

（5）提出解决办法。

（6）通知客户。投诉解决办法经企业主管经理同意后，迅速地通知客户，并尽快地反馈客户反应。

（7）责任处罚。依照投诉所造成的损失大小，扣除责任者一定比例的绩效工资或奖金。

（8）提出改善对策。

另外，在投诉处理过程中，还包括投诉管理表格的设计、填制、整理和保存，企业公关活动的展开，以及与索赔相关的技术性和法律性问题的处理等方面。

三、粮油连锁门店的商品管理

（一）粮油连锁门店商品的采购与配送管理

商品采购是指连锁企业向供应商购进商品的过程；商品的配送是指从采购商仓库向连锁企业仓库或商店运转货物的过程。商品采购和配送管理是粮油连锁经营的重要内容。

1. 采购组织和质检部门的建立

粮油连锁企业的初期经营往往都由总部统一采购，即连锁总部设立专门采购部门来负责，采购权不下授，商品的导入、淘汰、价格制定、促销活动规划完全由总部控制，分店只负责陈列、库存管理及售卖工作，对商品有建议权无采购权。其优点是可发挥集中议价的功能，价格形象一致，毛利容易控制，连锁店可专心于经营。缺点是弹性小，较难满足消费者需求；营业人员与采购人员容易对立。由于粮油食品属于特殊行业的商品，采购的商品质量如何非常重要，所以，专门的质检部门对商品采购质量控制也是必需的。

2. 配送中心的构建

配送就是汇集连锁门店的订货信息进行采购，从供货商手中接受多品种的大量商品，进行储存、配送、分拣、流通加工、信息处理；按照众门店的要求，配齐商品，进行补货。迅速、及时、准确、安全、低成本是物流配送的基本原则。配送能力强弱直接反映连锁经营的成本高低，粮油食品一般是体积大、金额小，配送效率如何对连锁经营利润的影响至关重要。配送中心的规模应和连锁店的经营规模和扩张相适应。

根据供应链理论，"零库存"是在商品流通各环节高度信息化条件下，实行合作而产生的新型经销模式。"零库存"使连锁经营环节减少了因库存而产生的多种费用，有效提升了经营效率。

物流信息化建设表现为：物流信息收集的数据库化和代码化、物流信息处理的电子化和计算机化、物流信息传递的标准化和适时化、物流信息储存的数字化等。配送系统只有实现信息化，才能实现现代化管理技术和管理手段。

（二）粮油连锁门店商品的陈列管理

商品的陈列是一门科学，它是无声的促销员，而我们面临的最大问题，就是如何利用有限的空间创造出最大的利润。通过视觉来打动顾客的效果是非常显著的，商品陈列的优劣决定着顾客对店铺的第一印象，使卖场的整体看上去整齐、美观是卖场陈列的基本思想。陈列还要富于变化，不同陈列方式相互对照效果好与坏，在一定程度上左右着商品的销售数量。

1. 商品陈列原则

（1）先进先出原则。生产日期在先的商品摆放在销售前端，防止商品损耗。

（2）货签对位原则。商品与价格签一一对位，价格签包括 POP、价格立牌、贴签等标明商品价格或性能的标识。

（3）分类陈列原则。一般按用途、性能、颜色、品牌、大小对商品进行分类组合。

（4）纵向陈列原则。当该类商品品种数超过 4 种时，商品陈列应由上至下纵向摆放。通过照明、音乐渲染购物氛围，演绎使用商品的实际生活场景。

（5）关联陈列原则。按使用目的、用途、卖给谁等关联关系，使商品组合起到互补和延伸的作用。

（6）配色协调的原则。相邻商品之间颜色、形状、大小反差不应过大；纵向陈列的商品上下之间的颜色反差不应过大。一般由暖色调至冷色调过渡（冷暖交替陈列应注意配色的和谐）。

（7）黄金位陈列原则。货架离地 120~160 厘米的区域、堆头、端架、临通道区域应陈列高利润商品、季节性商品或需突出陈列的特价商品。

2. 商品陈列要领

（1）有效运用隔板，用以固定商品的位置，防止出现商品缺货而不察，维持货架的整齐度。

（2）面朝外的立体陈列可使顾客容易看到商品。

（3）标价牌的张贴位置应该一致，并且要防止其脱落。若有特价活动，应以 POP 或特殊标价牌标示。

（4）商品陈列：由小到大，由左到右，由浅而深，由上而下。

（5）货架的分段：可分为上层、黄金层、中层和下层 4 个层面（确保陈列在黄金层的商品是高利润、高回转的）。

另外，利用照明、色彩和装饰来制造气氛，将顾客的视线集中到焦点商品上；季节性商品可放在货架黄金层上，也可单独陈列。

3. 商品陈列的规格化

（1）商品标签朝向正面，可使顾客一目了然，方便拿取，是一种最基本的陈列方式。

（2）安全及安定性的陈列，可使开架式的卖场无商品自动掉落的危险，尤其是最上层商品。

（3）最上层的陈列高度必须统一。

（4）商品的纵向陈列，也就是所谓的垂直陈列易于顾客寻找，眼睛上下移动比左右移动更加自在及方便，也可避免顾客漏看陈列的商品。

（5）隔板的利用，可使商品容易整理，且便于顾客选购。尤其是小东西，更应用隔板来陈列。

（6）根据商品的高度，灵活地调整货架，可使陈列更富于变化，并有平衡感。

（7）保持卖场清洁，并注意卫生，尤其是食品，更要注意这一点。

（8）割箱陈列的要点：切勿有切口不平齐的情形，否则会给人不佳的印象。

4. 陈列展示的注意事项

（1）在门市的入口处，应稍加标示（如制作简易的平面图），以使顾客对店内商品配置略有概念。

（2）在最靠近入口处所配置陈列的，必须是周转率极高的商品，对自助消费者而言，能尽快开始购买商品是很重要的。

（3）在距离入口处次远的地方所配置陈列的，应该是能够吸引顾客视线，而且单位数量不是很大的商品。

（4）日常性消费品必须陈列在邻近的区域。

（5）相关的商品必须配置陈列在邻近的区域。

（6）畅销的产品必须平均配置在所有的通道上。

（7）设计行走线路时必须使每一个通道都能有一些吸引顾客的商品。

（8）必须使顾客能够轻易辨别方向。

（9）属冲动性购买的商品，必须配置在主要通道上，或是靠近主要通道的地方。

（10）最适当的高度男性为85～135厘米，女性为75～125厘米；一般的高度男性为70～145厘米，女性为60～135厘米；比较方便的高度男性为60～180厘米，女性为50～165厘米，而60或50厘米以下为仓库。

（三）粮油连锁门店商品的防损管理

在日常工作中，"损耗"是非常耳熟的字眼，但是，并不意味着每位员工都能完全明白其含义。其实，"损耗"是由盗窃、损坏和其他各种因素共同引起的。"损耗"是门店收货时的商品零售值与售出后获取的零售值之间的差额。

1. 损耗控制的主要方法

（1）加强内部员工管理。

有关数据显示，卖场全部损耗中的88%是由员工作业错误、员工偷窃或意外损失造成的。这说明，防止损耗应以加强内部管理及员工作业管理为主。超市应针对员工偷窃行为制定专门的处罚办法，并公布于众，严格执行。

超市经营商品种类繁多，如果员工在工作中不认真负责或不细致就可能导致种种失误。如将商品条码标签贴错，新旧价格标签同时存在或POP与价格卡的价格不一致，商品促销结束后未恢复原价，以及不及时检查商品的有效期等。这样一来，某些顾客可以低价买走高价商品，或者买到过期商品向消协投诉，这不仅造成损耗，而且对企业形象极为不利。因此，门店主管应给员工以明确的分工，每天开门之前把准备工作全部完成。如检查 POP 与价格卡是否相符；检查商品价格调整情况并及时调换；检查商品的保质期等。这样才能在此方面减少损耗。

（2）加强仓库管理。

由于粮油门店经营的特殊性，在经营过程中实现零库存是不可能的，所以，仓库管理的好与坏会直接影响到损耗的多少。如果门店大批量进货，会加大仓库商品保管难度。针对这种情况可以安排专人进行监督，负责管理零散商品的堆放，使仓库管理规范化，杜绝偷吃现象，减少仓库里的损耗。

（3）加强收银管理。

门店收银员作为现金作业的管理者，其行为不当也会造成很大损耗。比如，收银员与顾客借着熟悉的关系，故意漏扫部分商品或私自以较低价格抵充；收银员虚构退货私吞现金，以及商品特价时期已过，但仍以特价销售等。因此，要严明收银员处罚条例，严格执行。店长要严格按程序组织并监督收银员交接班工作，要认真做好记录，以备日后查证。

（4）加强供应商的管理。

供应商行为不当也会造成较大的损耗。比如供应商误交供货数量，以低价商品冒充高价商品，擅自夹带商品，与员工勾结实施盗窃等。针对这种情况，对供应商的管理必须做到供应商进入退货区域时先登记，领到出入证方能进入。离开时，经检查后交回出入证方可放行。供应商在卖场后场更换坏品时，需要退货单或先在后场取得提货单，并经店长批准后方可办理退货。供应商送货后的空箱必须打开，纸袋则要折平，以免偷带商品出店。厂商的车辆离开时，经店长检查后方可离开。

（5）加强卖场顾客管理。

顾客的不当行为或偷窃造成的损耗，如顾客随身夹带商品；顾客不当的退货；将包装盒留下，拿走里面的商品；将食物吃掉，扔掉包装盒；顾客在购物过程中将商品污染等。针对这些情况，卖场员工必须做到：

① 禁止顾客携带大型背包或手提袋购物，请其寄存。

② 顾客携带小型背包入场时，应留意其购买行为。

③ 对贵重物品或小商品要设专柜销售。

④ 顾客边吃东西边购物时，应委婉提醒其至收银台买单。

2. 防盗训练与技巧

（1）收银员的防盗训练。

① 检查每个购物手推车的底端，确保没有更小的物品藏于其下。

② 检查大包装商品，以防藏匿其他小物品。

③ 检查顾客手中的报刊，防止藏匿扁平物品。

④ 防止以次换好，对将一个 UPC 条码粘在原有的正确条码上面的可能性保持警觉。

⑤ 正当进行收款录入的时候，有顾客不住地谈话，要保持警惕。

⑥ 当对一个顾客产生怀疑时，要保持冷静和礼貌，并通知店长或其他员工。

　　⑦ 若发现小孩在吃超市里的东西，而其父母却佯装不知，应采取和善的态度提醒一下，以达到收回货款的目的。

　　（2）员工的防盗训练。

　　① 对顾客友好是最重要的。在礼貌、礼仪到位的基础上，尽可能建立与顾客的联系。

　　② 工作中要不断扫视通道。若发现某个地方有顾客在徘徊，上前询问是否需要帮助。

　　③ 对手推车中放着敞口手提包的顾客应加以注意。

　　④ 应特别注意把物品放在手推车周围而留下中间以备打包用的顾客。这种技巧叫"筑巢"。

　　⑤ 顾客携带"反常"物品时，须多加防备。如晴天带雨伞等。

　　⑥ 当卖场发生争辩、打斗、顾客酗酒等混乱情况时，须冷静观察"趁火打劫"者。

　　⑦ 一般情况下，如果没有店长的授权，尽量不要只身捉拿偷盗者。但是，必须将有人偷盗的情况报告负责人。

四、粮油连锁门店的人员管理

　　随着连锁店的扩张，人事管理成为粮油连锁经营的最重要的问题之一。员工的素质和工作状态直接反映公司的公众形象。另外，由于粮油连锁经营定位是便利店，每个单店由较少的人员组成，员工的能力也直接决定着单店经营现状和发展的潜力。

（一）粮油连锁门店员工的岗位设置及职责

　　粮油连锁门店主要岗位有店长、理货员（营销员）、收银员、门店会计等。由于便利商店内店员较少，许多岗位存在相互兼任的情况。

　　1. 店长职责

　　连锁门店店长是门店的主要负责人，店长作业化管理的水平将直接影响到整个门店的营运效率。店长既要与总部保持良好的配合，又需协调与激励全体员工做好门店作业活动。主要职责如下：

　　（1）负责本门店的经营管理，制定年度工作计划及实施方案。

　　（2）完成上级下达的各项经营指标，执行连锁公司的促销计划。

　　（3）监督、检查各环节工作计划的执行情况。

　　（4）负责与所属单位其他部门及连锁总部的协调。

　　（5）协助连锁总部职能部门对员工进行培训。

　　（6）负责对员工工作业绩的考核及奖罚。

　　（7）掌握经营动态，及时向总部提出市场分析和购销建议，对本门店的经营状况全面负责。

　　（8）负责本门店的季度、半年、全年的各项销售、营销活动总结。

　　2. 收银员职责

　　（1）服从领导的工作安排，完成收银工作。

　　（2）严格遵守财务有关制度。

　　（3）严格按 POS 机操作规范作业。

　　（4）负责 POS 收银机设备的日常保养。

　　（5）营业前认领备用金并清点确认，在营业时身上不可带有现金，以免引起不必要的误会。

（6）了解当日打折和特价商品。

（7）收银时要唱票"收您多少钱"，找零时要唱票"找您多少钱"。

（8）收银时要做到正确、快速，对顾客保持亲切友善的笑容，做到更好地接待顾客。

（9）发生顾客抱怨或由于收银有误，顾客投诉时，应通知店长或值班管理人员处理，避免影响正常的收银工作。

（10）营业结束后，按所收货款填写交款清单，本人签字后将货款交给有关人员。

3. 理货员（营业员）职责

（1）熟悉商品，做好陈列、更新、添补工作，保持货架、平台、展柜的充实、整洁、美观，添补品种时不能影响顾客购买。

（2）关心粮油信息，了解顾客的合理要求，为消费者提供方便。

（3）做好商品的拆包、验收、上架、保管、盘点工作，及时向上级反映供求信息。

（4）巡视卖场，减少损耗，保持卖场整洁。

（5）了解卖场内主要设备的性能、使用要求与维护知识，能排除因使用不当而引起的小故障。

（6）了解基本岗位技能的同时掌握服务礼仪规范，还要了解和掌握门店商品分布情况、商品知识及有关知识，以便能顺利地回答各种询问，掌握便民服务的内容和措施。

（7）认真完成各项盘点作业。盘点要做到"诚实，认真，仔细"，绝对避免弄虚作假。

（二）粮油连锁门店员工的绩效管理

1. 粮油连锁门店绩效管理的目标

绩效管理是对粮油连锁企业经营和管理活动进行测度和监控的有效手段。通过绩效管理，有利于管理层了解资源分配与经营状况，提高经营决策的科学化水平。而粮油连锁门店由于其规模效益的重要性，更需要从系统的角度，通过管理绩效提高整个团队和组织的发展能力。绩效管理的目标主要包括长期目标和短期目标。

（1）长期目标。

粮油连锁门店绩效管理的长期目标与其他行业的企业相同，必须与企业长期战略规划的目标相结合，根据企业目前的经济状况及规模，根据企业下阶段发展规划制定相应的战术规划，并据此进行相应的绩效指标调整，从而适应企业未来的发展需求。

（2）短期目标。

绩效管理是对评价对象在绩效周期内的全过程管理。结合粮油连锁门店自身的特点，连锁门店的短期目标应包括以下两个方面：

一是有一个统一的行为规范和作业流程，包括全员和各个分店行为模式的统一、考核方法的统一、考核导向的一致。

二是改善绩效状况。评价应以面向企业发展为目标，通过评价不仅以价值形态给出各连锁门店和职能部门的绩效成果，而且应该给出反映经营过程中薄弱环节的信息，进而为指导连锁门店改善经营状况及优化企业经营流程提供努力方向。

2. 粮油连锁门店绩效管理的基本特点

粮油连锁门店是个整分结合的组织体，规模经济效益较为明显。要实现连锁经营的规模效益，绩效管理作为组织管理的中心环节，首先要分清连锁门店绩效的特点，然后才能制定相适应的管理过程及方法。

（1）绩效的系统性。

粮油连锁门店虽然由单个分支构成，但仍是一个不可分割的统一体。特别是在绩效管理过程中，更要显现其系统性，即将各个分支的业绩以及员工绩效结合在企业总体目标下。要清楚企业总体目标的完成与企业各职能部门以及各连锁门店的贡献都有相关性，更重要的是能自上而下地分解企业战略目标，职能部门以及门店绩效考评指标的制定只有根据企业的总目标，才能产生强大的合力作用，真正发挥连锁企业的规模效益。

（2）绩效管理的定量和定性考核。

在进行粮油连锁门店绩效管理时，要适当地将定量考评与定性考评相结合。例如，对于一些与财务数据相关的绩效考评指标可以采取定量考评的办法，而对于部门间协作度则可以通过行为描述来进行定性考评。通过两者结合往往可以更好地解决组织绩效管理技术上的问题。

（3）绩效管理的规范性。

粮油连锁门店的组织结构相对复杂、部门众多，还存在着总部和各门店的管理关系；而连锁门店还嵌套着门店的组织结构，因而光靠人力因素进行系统管理，则难免顾及不周。面对庞大、复杂的组织结构，在绩效管理中，则要避免因地制宜地制定绩效管理规则，否则会产生混乱与不公，必须规范化地进行绩效管理。这里的规范化，是指绩效管理所依据的战略目标要统一，考核的技术要一致，考核的尺度要规范化。要从企业制度上规范绩效管理，从而可以体现其公平性，有规可依，并且可以配备相应的反馈和投诉机制。

 **看资料**

某省放心粮油加盟连锁店
经 销 合 同

甲方（授权人）：

法定授权人：　　　　　　　　　　电话：

地址：　　　　　　　　　　　　　邮编：

乙方（被授权方）：

法定代表人：　　　　　　　　　　电话：

地址：　　　　　　　　　　　　　邮编：

经甲乙双方协商，在平等、自愿、诚信、互利的基础上，乙方自愿成为____的加盟商，现就加盟经销____事宜达成如下协议：

第一条　加盟含义

在乙方接受甲方一切市场营销管理规范的基础上，下列表述应被理解具有严格的含义：

1. 指定产品：粮油产品、副食品、预包装食品。

2. 指定区域：

3. 独家销售：乙方所享有的经销权为在指定区域内属排他性的独家销售。

4. 甲乙双方均为独立核算的经济实体，各自独立承担民事责任，相互之间无产权及归属关系。

第二条　合同期限

本合同加盟期限为　　　年　　月　　日至　　　年　　月　　日止。

第三条　甲方的权利和义务

1. 在授权期内，协助乙方进行"绿色粮油"品牌的形象设计，并向乙方适时提供相应的产品宣传资料、标识、招贴物品，提供加盟证书、牌号、广告支持和相应营销管理制度。

2. 乙方加盟店开业期间甲方可派专业人员上门免费培训，差旅费和工资由甲方承担，培训期间甲方培训师的食宿由乙方负责。

3. 甲方不得在加盟区域内设立同等级别的加盟商。

4. 甲方如有新的产品推出市场应优先由乙方在该区域代理。

5. 甲方提供的粮油产品价格必须是全区的统一价格。

6. 甲方要确保所提供粮油食品的质量，配送到店的产品在保质期内如出现质量问题，由乙方负责。

第四条　乙方的权利和义务

1. 乙方必须符合《绿色粮油连锁经销店准入条件》的各项要求。

2. 乙方须提供当地工商部门核准经营的相关文件和法定代表人身份证。

3. 店内销售的货物全部由××配送中心配送，私自进货和销售即终止本合同并罚没保证金。乙方在销售甲方配送的粮油产品时其零售价上下浮动不得超过甲方零售价格的15%，批发价不得低于甲方给乙方的供货价。

4. 乙方对甲方的定期或不定期对账工作，必须积极配合，并将每月营业情况传回甲方以备研讨及宣传。

5. 乙方发展下属连锁加盟店也应由甲方统一签订合同，安排开业、配送产品，每发展一家，甲方一次性奖励人民币××元给乙方。甲方进行"绿色粮油"品牌的整体宣传活动乙方必须配合。乙方不得在加盟店以外使用甲方的所有商标和服务标志。

第五条　订货与发货

1. 订货：乙方可以通过网络、传真、电子邮箱等订货方式告知甲方，并经双方确认后发货。

2. 发货：甲方在收到乙方的订单和货款后24小时内发货，如因货品短缺等特殊原因无法发货时应向乙方说明，双方协商后实施。

3. 运输：甲方根据乙方的要求，将粮油产品配送到店，乙方自行卸货，运费甲方承担。但属于退货的运费则由乙方承担。

4. 付款：货款支付方式：转账支付。款到发货。

5. 货损：追究责任方，由责任方赔偿。

第六条　加盟费的收取

本合同签订后3天内，乙方须向甲方交纳保证金人民币××万元整（￥　　0 000）。合同期满无过错，予以无息退还。

第七条　违约及其责任

对违反本合同并给另一方造成经济损失的，违约方应做出赔偿补偿。如协调不成，可向合同签约地人民法院提交裁决。

第八条　其他

1. 合同未尽事宜，双方协商解决或签订补充条款。

2. 本合同共计两份，甲乙双方各执一份，具有同等法律效力，自双方签字后生效。

甲方：　　　　　　　　　　　　乙方：

签订日期：　　　　　　　　　　签订日期：

签约地址：　　　　　　　　　　签约地址：

专题八　粮食网络营销

 学习目标

了解网络营销的发展和特点；掌握网络营销基础知识运用；熟悉我国和国外粮食营销的现状。

 **学知识**

第一讲　网络营销的基础知识

一、网络营销的定义

网络营销起源于 20 世纪 90 年代末期，欧美的一些企业率先利用网络平台展开营销活动。广义地说，凡是以互联网为主要手段进行的，为达到一定的营销目的的营销活动，都可称为网络营销。网络营销贯穿于企业开展网上经营的整个过程，从信息发布、信息收集，到开展以网上交易为主的电子商务阶段，网络营销一直都是一项重要的内容。从"营销"的角度，可以定义为：网络营销是企业整体营销战略的一个组成部分，是为实现企业总体经营目标所进行的，以互联网为基本手段营造网上经营环境的各种活动。从产品推出前的市场调研，到产品设计制造过程，到营销传播，到售后服务，网络营销贯穿营销的整个过程。简单地讲，网络营销就是指通过互联网，利用电子信息手段进行的营销活动。

二、网络营销的特点

市场营销中最重要、最本质的是组织和个人之间进行信息传播和交换。如果没有信息交换，那么交易就是无源之水。正因如此，互联网具有营销所要求的某些特性，使得网络营销呈现以下比较突出的特点。

（一）经济性

通过互联网进行信息交换，代替以前的实物交换，一方面可以减少印刷与邮递成本，可以无店面销售，免交租金，节约水电与人工成本，另一方面也可以减少由于迂回多次交换带来的损耗。

根据《人民日报》的报道，大宗农产品国内外价差不断扩大。随着劳动力、土地、环境保护等成本不断提高，我国农业成本快速上升。2006—2012 年，我国水稻、小麦、玉米、棉花、油菜籽、甘蔗价格年均涨幅均低于同期成本涨幅，到 2013 年，我国大宗农产品国内价格已全面高于国际价格。2014 年前 5 个月，大米、小麦、玉米、大豆、棉花、食糖国内外价差分别为每吨 318 元、451 元、924 元、1 484 元、7 078 元、2 766 元。我国粮食价格偏高，运用网络进行粮食营销可以在种植成本日益攀升的价格成本中，降低销售过程的成本和经营成本。通过网络组织粮食流通，能够使价格更加透明，最大限度减少中间环节，减少有形市场所需的费用，大大提高企业的经济效益。

（二）高效性

互联网中储存着大量的信息供消费者查询，其传送的信息数量与精确度，远远超过其他媒体，并能及时反映市场需求，帮助企业及时更新产品或调整价格，以满足顾客的需求。

在粮食营销中，利用互联网，形成覆盖面广、交易便利的无形市场，以一种快捷的方式向企业提供全方位的服务，可使商家与客户之间保持及时、良好的沟通，交易更加直接，克服了"采购员满天飞，推销员遍地跑"的弊端，为企业提供了交互式的销售渠道，增加了交易机会。

（三）时效性

营销的最终目的是占有市场份额，由于互联网能够超越时间约束和空间限制进行信息交换，使得营销脱离时空限制进行交易成为可能，企业有了更多时间和更大的空间进行营销，可每周 7 天、每天 24 小时随时随地提供全球性营销服务。在此之前，任何一种营销理念和营销方式，都是在一定的范围内去寻找目标客户，而网络营销是在一种无国界的、开放的、全球的范围内去寻找目标客户。

利用网络进行粮食行业的营销活动打破了原有的相互独立、相互分割的市场。粮食网络营销市场的广域性决定了粮食市场文化的差异性、价格的变动性、需求的民族性及网上顾客的可选择性，这些特性都使原有的市场突破了既定的界限，使粮食市场更加融合，更加广阔。

（四）富媒体

互联网可以传输多种媒体的信息，如文字、声音、图像等，使得为达成交易进行的信息交换能以多种形式存在，可以充分发挥营销人员的创造性和能动性。

进行粮食网络营销活动，可以利用互联网的多种媒体，以多种方式进行信息的传递、搜集，避免了单一媒体的单调、枯燥和弊端。

（五）整合性

信息是现代企业的"耳目"，如果一个企业没有眼睛和耳朵，它将是一个没有前途的企业。企业可以借助于互联网将不同的传播营销活动进行统一设计规划和协调实施，以统一的传播资讯向消费者传达信息，避免不同传播中不一致性产生的消极影响。

西部市县国有粮食企业与沿海和大中城市粮食企业相比，在信息获得方面是不对称和不平衡的，信息的来源、信息的数量、信息的可信程度、获取信息的速度和对信息的综合分析能力都存在差异，利用网络进行粮食营销，可以改变我国粮食市场上原有的地区信息不对等、供求不平衡的状况，能更加合理地解决"买粮难，卖粮难"的问题，避免由于信息的原因而错失经营良机。同时利用网络营销，还能够改善企业资源的整合。粮食企业在企业功能、经营方向、经营渠道、资金来源、信息获取等方面都有雷同之处，这就为企业间的相互整合提供了条件。粮食企业要降低经营成本，在资金、仓储、信息、市场、规模等资源利用上就要相互联合、互通有无、共享成果、共求发展，形成从粮食信息至收款、售后服务等一条龙式的营销模式。

三、网络营销的内容

（一）网络品牌

网络营销的重要任务之一就是在互联网上建立并推广企业的品牌，知名企业的网下品牌可以在网上得以延伸，一般企业则可以通过互联网快速树立品牌形象，并提升企业整体形象。网络品牌建设是以企业网站建设为基础，通过一系列的推广措施，例如：专业性的企业网站、域名、搜索引擎排名、网络广告、电子邮件、会员社区等，达到顾客和公众对企业的认知和认可。在一定程度上说，网络品牌的价值甚至高于通过网络获得的直接收益。

（二）网站推广

获得必要的访问量是网络营销取得成效的基础。尤其对于中小企业来说，由于经营资源的限制，发布新闻、投放广告、开展大规模促销活动等宣传机会比较少，因此通过互联网手段进行网站推广的意义显得更为重要，这也是中小企业对于网络营销更为热衷的主要原因。即使对于大型企业，网站推广也是非常必要的，事实上许多大型企业虽然有较高的知名度，但网站访问量并不高。要想获得高访问量，必须重视网站推广。网站推广作为网络营销最基本的职能之一，基本目的就是让更多的用户对企业网站产生兴趣，并通过访问企业网站内容、使用网站的服务来提升品牌形象、促进销售、增进顾客关系、降低顾客服务成本等。

（三）信息发布

信息发布需要一定的信息渠道资源，这些资源可分为内部资源和外部资源。内部资源包括：企业网站、注册用户电子邮箱等；外部资源则包括：搜索引擎、供求信息发布平台、网络广告服务资源、合作伙伴的网络营销资源等。掌握尽可能多的网络营销资源，并充分了解各种网络营销资源的特点，向潜在用户传递尽可能多的有价值的信息，是网络营销取得良好效果的基础。

（四）销售促进

市场营销的目的是为最终增加销售提供支持，网络营销也不例外。各种网络营销方法大都直接或间接具有促进销售的效果，同时还要有许多针对性的网上促销手段。这些促销方法并不仅限于对网上销售的支持，事实上，网络营销对于促进网下销售同样很有价值，这也是为什么一些没有开展网上销售业务的企业同样有必要开展网络营销的原因。

（五）网上销售

网上销售是企业销售渠道在网上的延伸。网上销售渠道建设并不仅限于企业网站本身，还包括建立在专业电子商务平台上的网上商店，以及与其他电子商务网站不同形式的合作等。因此，网上销售并不仅是大型企业才能开展，不同规模的企业都可以拥有适合自己需要的在线销售渠道。

（六）客户服务

互联网提供了更加方便的在线客户服务手段，包括从形式最简单的常见问题解答，到电子邮件、邮件列表，以及在线论坛和各种即时信息服务等。在线客户服务具有成本低、效率高的优点，在提高顾客服务水平方面具有重要作用，同时也直接影响到网络营销的效果，因此，在线客户服务成为网络营销的基本组成内容。

（七）客户关系

客户关系是与客户服务相伴而生的，良好的客户服务才能带来稳固的客户关系。客户关系对于开发客户的长期价值具有至关重要的作用，因此，以客户关系为核心的营销方式成为企业创造和保持竞争优势的重要策略。网络营销为建立客户关系、提高客户满意度和客户忠诚度提供了更为有效的手段，通过网络营销的交互性和良好的客户服务手段增进客户关系，成为网络营销取得长期效果的必要条件。

（八）网上调研

主要的实现方式包括：通过企业网站设立的在线调查问卷、通过电子邮件发送的调查问卷，以及与大型网站或专业市场研究机构合作开展专项调查，等等。网上市场调研具有调查周期短、成本低的特点。网上调研不仅为制定网络营销策略提供支持，也是整个市场研究活动的辅助手段之一。合理利用网上市场调研手段对于市场营销策略的制定具有重要价值。

四、网络营销与传统营销的关系

（一）网络营销与传统营销的联系

营销大师菲利普·科特勒在 1983 年提出的传统营销定义是：传统营销是致力于交换过程以满足人类需要的活动。1984 年，他又进一步提出传统营销是企业的一种职能：识别目前未满足的需要与欲望，估计和确定需求量的大小，选择本企业能最好地为之服务的目标市场，并确定产品计划，以便为目标市场服务。由此可见，所谓传统营销，就是在变化的市场环境中，企业或其他组织以满足消费者需要为中心进行的一系列营销活动，包括市场调研、选择目标市场、产品开发、产品定价、渠道选择、产品促销、产品存储和运输、产品销售、提供服务等一系列与市场有关的企业经营活动。

网络营销是以互联网为主要手段的一种新型营销手段，尽管历史较短，但已经在企业经营策略中发挥着越来越重要的作用，网络营销的价值也为越来越多的实践应用所证实。

网络营销并非独立的，而是企业整体营销策略中的组成部分，网上营销与传统营销相结合形成一个相辅相成、互相促进的营销体系。因此，无论网络营销还是传统营销，基本的营销原理都是相同的，仅仅表现在一些方法上的差异。

（二）网络营销与传统营销的区别

1. 从产品（product）和消费者（consumer）区分

理论上一般商品和服务都可以在网络上销售，实际上目前的情况并不是这样，电子产品、音像制品、书籍等较直观和容易识别的商品网上销售情况要好一些。从营销角度来看，通过网络可以对大多数产品进行营销，即使不通过网络达成最终的交易，网络营销的宣传和沟通作用仍需受到重视。网络营销可真正直接面对消费者，实施差异化营销（一对一营销），可针对某一类型甚至一个消费者制定相应的营销策略，并且消费者可以自由选择自己感兴趣的内容观看或购买。这是传统营销所不能及的。

2. 从价格（price）和成本（cost）区分

由于网络营销直接面对消费者，减少了批发商、零售商等中间环节，节省了中间营销费用，可以减少销售成本，降低营销费用，所以，商品的价格可以低于传统销售方式的价格，从而产生较大的竞争优势。同时顾客可以通过网络对所需的商品价格进行全球性的比较和选择，极大地提高了价格的透明度。

3. 从促销（promotion）和方便（convenience）区分

在促销方式上，网络营销本身可采用电子邮件、网页、网络广告等方式，也可以借鉴传统营销中的促销方式，促销活动一般要求有新意、能吸引消费者，所以网络营销同样要有创意新颖的促销方式。

在方便上，一方面网络营销为消费者提供了足不出户即可挑选购买自己所需的商品和服务的方便；另一方面，由于少了消费者直接面对商品的直观性，限于某些商家的诚实性和信用度不够，不能保证网上的信息绝对真实，还有网上购物需等待商家送货或邮寄，在一定程度又给消费者带来了不便。

4. 从渠道（place）和沟通（communication）区分

二者在渠道上的区别是明显的，由于网络本身的条件，企业可以通过网络直接与顾客进行联系和销售，使商品流通过程大为缩短，使销售渠道更加直接化。由于网络有很强的互动性和全球性，网络营销可以实时地和消费者进行沟通，可以通过 BBS、电子邮件快速为消费者提供信息、展示商品型号和目录，连接资料库提供有关信息的查询，可以和顾客做互动双向沟通，解答消费者的疑问，还可以收集市场情报，进行产品测试与消费者满意度调查等。

第二讲　　网络营销的实施

一、收集、处理与发布网络信息

不同的网络营销信息对不同用户的使用价值（效用）不同，以网络营销信息本身所具有的总体价格水平和服务深度为标志，可以将它粗略地分为四个等级：

第一级：免费商务信息。

这类信息主要是社会公益性的信息，对社会和人们具有普遍服务意义。这类信息主要是一些信息服务商为了扩大本身的影响，从产生的社会效益上得到回报而推出的一些方便用户的信息，如在线免费软件、实时股市信息等。

第二级：收取较低费用的信息。

这些信息属于一般性的普通类信息。这类信息的采集、加工、整理、更新比较容易，花费也较少，是较为大众化的信息。信息服务商推出这类信息，一方面是体现社会的普遍服务意义，另一方面是为了提高市场的竞争力和占有率。

第三级：收取标准费用的信息。

这些信息是属于知识、经济类的信息，收费采用成本加利润的资费标准。这类信息的采集、加工、整理、更新等比较复杂，要花费一定的费用，同时信息的使用价值较高，提供的服务层次较深。这类信息约占信息库数据量的 60% 左右，是信息服务商的主要服务范围。

第四级：优质优价的信息。

这类信息是具有极高使用价值的专用信息，是信息库中成本费用最高的一类信息，可为用户提供更深层次的服务。

（一）网络信息的收集

要进行成功的网络营销离不开及时有效的网络信息，信息是企业的耳目，收集、处理与发布网络信息是网络营销的基本职能之一。网络信息的收集是指在网络上对商务信息的寻找和调取工作，这是一种有目的、有步骤地从各个网络站点查找和获取信息的行为。下面介绍几种常用的网络商务信息收集的方法。

1. 利用搜索引擎收集

搜索引擎是在互联网上进行信息资源搜索和定位的基本工具，它本身并不提供信息，而是致力于组织和整理网上的信息资源，建立信息的分类目录，如按社会科学、教育、商业、娱乐、计算机等分类，用户连上这些站点后通过一定的索引规则，可以方便地查找所需的信息和信息的存放位置。搜索引擎是用户通过互联网进行信息搜索的重要途径。随着互联网技术的不断发展，现在的著名搜索引擎都提供了各具特色的查询功能，能自动检索和整理网上的各种信息资源。许多搜索引擎已经不仅是单纯地提供查询和导航服务，而且开始全方位地提供互联网信息服务。如果说互联网上的信息浩如烟海，那么搜索引擎就是海洋中的导航灯。

2. 利用电子邮件收集

电子邮件也称 E-mall，它是用户之间通过计算机网络收发信息的服务，是网络用户之间快捷、简便、可靠且成本低廉的现代化通信手段，也是互联网上使用最广泛、最受欢迎的服务之一。利用电子邮件收集商务信息，要主动出击、准确定位，避免滥发邮件、邮件没有主题或主题不明确，还要避免隐藏发件人姓名、邮件内容繁杂、内容采用附件形式等问题。

利用电子邮件收集商务信息的步骤为：

（1）获得客户的电子邮件地址。

（2）制作网上调查问卷。

（3）通过电子邮件向客户派发。

（4）在自己的电子信箱中接收客户反馈信息，汇集反馈信件，统计问卷返回比例。

3. 利用 BBS 收集

BBS 是英文 Bulletin Board System 的缩写，翻译成中文为"电子布告栏系统"或"电子公告牌系统"。BBS 是一种电子信息服务系统。它向用户提供了一块公共电子白板，每个用户都可以在上面发布信息或提出看法。现在多数网站上都建立了自己的 BBS 系统，供网民通过网络来结交更多的朋友，表达更多的想法。目前国内的 BBS 已经十分普遍，可以说是不计其数。

利用 BBS 收集信息的步骤一般为：登录某个 BBS 网站，注册成为会员，以会员身份登录后，便可以浏览相关论坛上的帖子并收集感兴趣的信息。

4. 利用新闻组收集

新闻组（Usenet 或 Newsgroup），简单地说就是一个基于网络的计算机组合，这些计算机被称为新闻服务器，不同的用户通过一些软件可连接到新闻服务器上，阅读其他人的消息并可以参与讨论。新闻组是一个完全交互式的超级电子论坛，是任何一个网络用户都能进行相互交流的工具。

（二）网络信息的处理

1. 信息存储

信息的存储就是把获得的大量信息用适当的方法保存起来，为进一步加工、处理、正确认识、利用这些信息打下基础。信息存储的方法主要是根据信息提取频率和数量，建立一套适合需要的信息库系统。信息库系统由大小不等、相互联系的信息库组成。信息库的容量越大，信息储存量越多，对决策越有帮助。但大容量信息库也有缺点，就是提取和整理比较麻烦。

2. 信息的整理

信息的整理是将获取和储存的信息条理化和有序化的工作，其目的在于提高信息的价值和提高效率，防止信息库中的信息滞留，发现所储存信息的内部联系，为信息加工做好准备。

这项工作一般分为以下几个步骤：

（1）明确信息来源。

（2）浏览信息，添加文件名。

（3）信息分类。

（4）初步筛选。

3. 信息的加工处理

信息的加工处理是将各种有关信息进行比较分析，并以企业的目标为参照点，发挥人的聪明才智，进行综合设计，形成新的信息产品，如市场调查报告、营销规划、销售决策、人事安排等。信息加工的目的是要进一步改变或改进企业的现实运行状况，使其向着目标状态运行。所以，信息加工是一个信息再创造的过程，而不是停留在原有信息的水平上。

信息加工处理的方式有两种：人工处理和机器处理。人工处理是指由人脑，包括专家和专家集团进行信息处理；机器处理是指利用计算机对信息进行处理。两种方式各有优劣，如果能综合这两种方式的优点，形成一个人机结合的"人—机"信息处理系统，是较好的方法。

（三）网络信息的发布方法

1. 邮件列表

在互联网上，有许多对某个问题感兴趣的组，每个组少则几十人，多则成百上千人，这些人散布于互联网的各个地方。每个组都有一个别名，即一个公共的电子邮件地址。任何发送到别名中的邮件都会自动地邮寄到组中的每一个人，而无须知道每个人的 E-mail 地址。这些公共电子邮件地址的集合或各组别名的集合称为邮件列表，互联网上的这项服务称为邮件列表服务。

邮件列表服务和 E-mall 营销在很多方面类似，但 E-mall 直接向用户发送促销信息，而邮件列表是通过为用户提供有价值的信息，在邮件内容中加入适量促销信息，实现营销目的。

2. 邮件群发

通过邮件群发可在几秒内将商业推广信及商业广告发送到数千万客户的电子信箱中，只要对方打开信箱便可看到商业信件。它的广告宣传效果可以与花费几十甚至上百万资金的广告相媲美，而且成本非常低廉，并且简单易用，无须专业知识。

3. 企业网站

利用企业自己的网站发布商务信息，其优势表现在以下几方面：

（1）成本低。

（2）自主性大。

（3）不利影响小。

（4）宣传效果直接。

但是，这种方式可以发挥作用的前提是企业网站在消费者和客户群中具有一定的知名度。

4. 专业信息发布网站

专业发布供求信息的网站知名度较高，在此类网站上发布商务信息的企业较多，而且这类网站整合了相关领域的多数企业，为相关企业提供有关领域的供求信息，具有一定的针对性和高效性。

5. 网络博客

博客（Blog），是一种特殊的网络个人出版形式。一个 Blog 就是一个网页，通常由简短、经常更新的文章构成。这些文章按照年份和日期倒序排列，所以也称为"网络日志"。现在博客不仅被用于发布个人的网络日志，也成为企业发布信息的工具。

除此之外，可以用来进行网络商务信息发布的工具还有新闻组、BBS 等。

二、网络市场分析

（一）网络营销环境分析

网络营销环境可以分为网络营销宏观环境与网络营销微观环境两部分。网络营销宏观环境是指对企业网络营销活动影响较为间接的各种因素的总称，主要包括政治、法律、人口、经济、社会文化、科学技术、自然地理等环境因素。网络营销微观环境是指与企业网络营销活动联系较为密切、作用比较直接的各种因素的总称，主要包括企业内部条件和供应商、营销中介、顾客、竞争者、合作者以及公众等企业开展电子商务、网络营销的上下游组织机构。

1. 宏观环境分析

中国互联网络信息中心（CNNIC）在北京发布了《第 34 次中国互联网络发展状况统计报告》：截至 2014 年 6 月，我国网民规模达到 6.32 亿，互联网普及率达到 46.9%。我国手机网民规模达 5.27 亿，较 2013 年底增加 2 699 万人，网民中使用手机上网的人群占比进一步提升，由 2013 年的 81.0% 提升至 83.4%，手机网民规模首次超越传统 PC 网民规模。广东省、浙江省和江苏省网民产生的页面浏览量的比例分别为 16.25%、7.18%、7.05%，排名前三位；紧随其后的是山东、上海、辽宁、北京等地，网民的地理分布状况会直接决定网络营销工作的重点区域。我国网民男女比例为 55.6：44.4，20～29 岁年龄段网民的比例为 30.7%，相比 2013 年，20 岁以下网民规模占比增长 0.6 个百分点，50 岁以上网民规模占比增加 0.3 个百分点，互联网继续向高龄和低龄群体渗透。学生依然是我国网民中最大的群体，占比 25.1%，互联网普及率在该群体中已经处于高位。个体户和自由职业者构成网民第二大群体，占比 21.4%。企业、公司中管理人员占比为 2.9%，一般职员占比为 12.2%。

自 1994 年以来，我国颁布了一系列与互联网管理相关的法律、法规，主要包括《全国人民代表大会常务委员会关于维护互联网安全的决定》《中华人民共和国电子签名法》《中华人民共和国电信条例》《互联网信息服务管理办法》《中华人民共和国计算机信息系统安全保护条例》《信息网络传播权保护条例》《外商投资电信企业管理规定》《计算机信息网络国际联网安全保护管理办法》《互联网新闻信息服务管理规定》《互联网电子公告服务管理规定》等，法律、法规的制定，对于企业的网络营销活动具有重大的影响。

2. 微观环境分析

企业内部环境包括企业内部各部门的关系及协调合作。进行网络营销的企业相对而言，对计算机的应用更为普及和深入，在企业内部管理中相关部门要能够及时应对外部环境的变化，就要求内部各部门的配合更加协调。

供应者是指向企业及其竞争者提供生产经营所需原料、部件、能源、资金等生产资源的公司或个人。

营销中介是协调企业促销和分销其产品给最终购买者的公司。网络技术的运用给传统的经济体系带来巨大的冲击，消费者可以通过网上购物和在线销售自由地选购自己需要的商品，生产者、批发商、零售商和网上销售商都可以建立自己的网站并营销商品，所以一部分商品不再按原来的产业和行业分工进行，也不再遵循传统的商品购进、储存、运销业务的流程运转。

客户是企业产品销售的市场，是企业直接或最终的营销对象。网络技术的发展极大地消除了企业与客户之间的地理位置的限制，创造了一个让双方更容易接近和交流信息的机制。互联网络真正实现了经济全球化、市场一体化，这也决定了网络营销客户的全球性。

竞争是商品经济活动的必然规律。在开展网上营销的过程中，不可避免地要遇到业务与自己相同或相近的竞争对手；与传统市场相比，网络营销环境中的竞争范围更为广阔，价格竞争更为激烈、透明。

(二) 网络营销市场细分的方法

根据细分程度的不同，市场细分有三种方法，即完全细分，按一个影响需求因素细分和按两个以上需求因素细分。

1. 完全细分

假如购买者的需求完全不同，那么，每个购买者都可能是一个单独的市场，完全可以按照这个市场所包括的购买者数目进行最大限度的细分，即这个市场细分后的小市场数目也就是构成此市场的购买数目。在实际市场营销中，有少数产品确实具有适于按照这种方法细分的特性。但在大多数情况下，要把每一个购买者都当作一个市场，并分别生产符合这些单个购买者需要的各种产品，从经济效益上看是不可取的，而且实际上也是行不通的。因此，大多数企业还是按照购买者对产品的要求或对市场营销手段的不同反应，将他们做概括性的分类。

2. 按一个影响需求的因素细分

对某些通用性比较大，挑选性不太强的产品，往往可按其中一个影响购买者需求最强的因素进行细分，如可按收入不同划分，或按不同年龄范围划分。

3. 按两个以上影响需求的因素细分

大多数产品的销售都受购买者多种需求因素的影响，如不同年龄范围的消费者，因生理或心理的原因对许多消费品都有不同要求；同一年龄范围的消费者，因收入情况不同，也会产生需求的差异；同一年龄范围和同一收入阶层的消费者，更会因性别、居住地区等不同而有纷繁复杂、互不相同的需求。因此，大多数产品都需按照两个或两个以上的因素细分。

案例

聚美优品——目标市场战略理论

市场细分

经过对市场需求的考证,陈欧发现在电子商务中女性化妆品这一刚性需求缺少最大的保证:货源质量。如果能在货源和服务上把关,提高竞争门槛,出售折扣正品,市场潜力将会非常大。在垂直电子商务市场,聚美优品还可以从两点打造优质服务:

第一,完善可靠的供货链。只销售化妆品产品中最畅销的20%,货源主要来自化妆品厂家和总代理,保证向用户供应折扣正品。

第二,提供海底捞似的售后服务。为了提高用户体验,聚美优品推出了假一赔三和三十天无条件退货等服务条款;同时追求配送更快更安全,完善售后服务机制等。

目标市场

与常规的团购所不同的是,聚美优品的信息发布客户是自己,即自建渠道、仓储和物流,销售化妆品。从严格意义上说,它是采取团购形式的垂直类女性化妆品B2C,做女性化妆品正品折扣网店。

市场定位

化妆品市场潜力无限,根据调查数据,2010年我国化妆品市场规模接近1 300亿,是全球第三大化妆品消费市场。化妆品和服装一样,纯利润很高,平均利润达25%~30%。目前,除餐饮外,化妆品已经成为第二大团购品类。聚美优品选择从化妆品这一与书、百货等相比之下比较冷僻的市场切入,可以避免与腾讯、阿里巴巴或当当这些电子商务巨头们"正面冲突"而遭遇它们的狙击。

(三) 网络营销目标市场细分的步骤

1. 明确研究对象

企业首先要根据战略计划规定的任务、目标及选定的市场机会等,决定将要分析的产品市场,进而确定是将这一产品的整体市场还是从中划分出来的局部市场作为细分和考察的对象。

2. 拟定市场细分的方法、形式和具体变量

企业首先根据实际需要拟定采用哪一种市场细分的方法,而后选择市场细分的形式,即决定从哪个或哪些方面对市场进行细分。最后还要确定具体的细分变量,将其作为有关的细分形式的基本分析单位。

3. 收集信息

企业对将要细分的市场进行调查,以便取得与已选细分方法、细分形式及细分变量有关的数据和必要的资料。

4. 实施细分并进行分析评价

企业运用科学的定性和定量方法分析数据,合并相关性高的变量,找出有明显差异的细分市场,进而对各个细分市场的规模、竞争状况及变化趋势等加以分析、测量和评价。

5. 选择目标市场,提出营销策略

一个企业要根据市场细分结果来决定营销策略。这要区分两种情况:

如果分析细分市场后，发现市场情况不理想，企业可能放弃这一市场；如果市场营销机会多，需求和潜在利润满意，企业可根据细分结果提出不同的目标市场营销策略。

三、网站设计与优化

网站被称为是一个企业和组织的最有效的工具，可让企业展示产品或服务，以及企业的联系方式。一个好的网站，有精心的设计，有良好的组织，有翔实的内容。网站建设是网络营销最为基本的内容，也是企业面向消费者的门户。

（一）网站设计的流程

网站建设总的来说需要经历四个步骤，分别是网站的规划与设计、站点建设、网站发布和网站的管理与维护，如图8-1所示。

网站的规划与设计是网站建设的第一步。在这一步中需要对网站进行整体的分析，明确网站的建设目标，确定网站的访问对象、网站应提供的内容与服务及网站的域名，设计网站的标志、网站的风格、网站的目录结构等各方面的内容。这一步是网站建设成功与否的前提，因为所有的后续步骤都必须按照第一步的规划与设计来实施。

网站的规划与设计完成之后，接着进入具体的站点建设步骤。这个步骤主要包括域名注册、网站配置、网页制作和网站测试四个部分。除了网站测试必须要在其他三项内容开始之后才能进行之外，域名注册、网站配置和网页制作相对独立，可以同时进行。

相关的内容都建设好后，就可以正式地发布网站，也就是说将网站放到互联网上，允许用户通过网站的域名进行访问。

网站的管理与维护虽然是最后一个步骤，但实际上贯穿网站建设的全过程，只要网站没有停止运行，就需要对其进行管理和维护，所以这一步也是最为费劲的一步。网站的管理和维护主要包括安全管理、性能管理和内容管理三个方面。

另外，从图上也可以看到，网站建设是一个循环的过程，并不是说一次过后就结束了。它需要随着需求的变化不断地对网站进行再次规划与设计，进而不断地建设和发布新的内容与服务，不断地升级服务器和网络环境以保障网站的运行性能。

（二）网站的优化

1. 良好的客户体验

客户体验在网站建设的现代营销中无处不在。网站是一个直接面对市场主体的窗口，更需要重视其客户体验性。客户体验又是一个无法量化的指标，更多的时候是源自不同受众的感觉。

一般从这几方面来实现一个具备良好客户体验的营销型网站：可用与易用性（网站的基础标准：速度、安全、兼容性以及导航等）、网站的沟通性（对于特殊用户群体的定制，企业网站应该具备的交互与沟通功能）、网站的可信度（与传

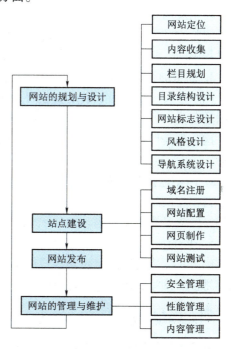

图 8-1　网站设计的流程

统信息的一致以及站内信息的一致，信赖程度等）、易于传播（分享是网络营销中价值转换率最高的一种模式）等方面。

补充阅读

如何做好良好的客户体验

网站内容。在网站设计中的最重要的因素是内容。应建立有质量和有价值的内容，每个页面上的内容必须是易于被预期目标观众理解的。

栏目规划。成功的栏目规划不仅能给用户的访问带来极大的便利，帮助用户准确地了解网站所提供的内容和服务，快速地找到自己所感兴趣的网页，而且能帮助网站管理员对网站进行更为高效的管理。栏目规划方面要确定哪些是必需的栏目、哪些是重点栏目，建立合理的栏目层次结构，设计好每一个栏目。

优化页面加载时间。访问网站的人很少有耐心，如果你的网站需要很长的时间来加载，人们就会离开你的网站，很可能再也不会回来。这就是为什么要重视优化页面加载时间，并确保你的网站并不需要很长的时间来加载。

2. 良好的搜索引擎表现

网站另一个重要功能是网站优化推广功能，而搜索引擎是目前网民获取信息最重要的渠道。如果网站无法通过搜索引擎进行有效的网络优化推广，那么，这个企业的网站从一定程度上来讲其营销性会大打折扣。所以，企业网站一定要解决网站的搜索引擎问题，也可以理解为搜索引擎优化的工作。

在企业网站解决方案中，搜索引擎优化工作是基础和长期的工作。从企业网站的网络营销策划阶段乃至从企业网络营销的战略规划阶段就已经开始，而且贯穿于企业网站的整个运营过程中。

3. 以帮助企业实现经营目标为网站建设目标

网站建设一定是为了满足企业的某些方面的网络营销功能，比如面向客户服务为主的企业网站营销功能，以销售为主的企业网站营销功能，以国际市场开发为主的企业网站营销功能，这些都是以实现企业的经营目标为核心，从而通过网站这样的工具来实现其网络营销的目标。

4. 网站监控与管理

营销型网站建设的另一个因素是网站本身的监控功能与管理功能，最简单地说，网站需要加一段流量监测的代码。

5. 重视细节

细节决定成败，细节也是客户体验中的一个重要的元素。企业在网站建设的流程制定、内容维护、网站管理等各个环节中都需要注重细节问题。

四、网站推广

网站推广的目的在于让尽可能多的潜在用户了解并访问网站，从而利用网站实现向用户传递营销信息的目的。用户通过网站获得有关产品和公司的信息，为最终形成购买决策提供支持。

（一）网站推广的常用方法

制定网站推广策略的基础是在分析用户获取网站信息的主要途径基础上，发现网站推广的有效方法。根据网络营销的实践经验，以及中国互联网络信息中心（CNNIC）近年来发布的《中国互联网络发展报告》等，主要包括搜索引擎、网站链接、口碑传播、电子邮件、媒体宣传等方式（见表8-1）。

表8-1　网站推广的常用方法

网站推广方法	相关推广工具和资源
搜索引擎推广方法	搜索引擎和分类目录
电子邮件推广方法	潜在用户的 E-mail 地址
资源合作推广方法	合作伙伴的访问量、内容、用户资源等
信息发布推广方法	行业信息网站、B2B 电子商务平台、论坛、博客、社区等
病毒性营销方法	电子书、电子邮箱、免费软件、免费贺卡、免费游戏、聊天工具等
网络广告推广方法	分类广告、在线黄页、网络广告媒体等
综合网站推广方法	网上应用、网下各种有效方法的综合

（二）网站推广的阶段和特征

网站推广方法具有阶段性的特征，在网站推广的不同阶段需要采用不同的方法如图8-2所示。

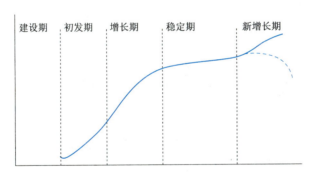

图8-2　网站推广的四个阶段与访问量增长示意图

1. 网站策划与建设阶段

（1）网站推广很可能被忽视。

网站建设的专业性是网站推广的基础，网站建设是否符合网络营销导向的原则，对于将来网站推广的效果具有直接影响。但是，大多数网站在策划和设计中往往没有将推广的需要考虑进来，这个问题很可能是在网站发布之后才被认识到，然后才回过头来考虑网站的优化设计等问题。这样不仅浪费人力，也影响了网站推广的时机。因此，一个专业的网络营销策划方案，应该将网站推广策略纳入网站建设方案中。

（2）网站推广实施与控制比较复杂。

一般来说，无论是自行开发，还是外包给专业服务商，一个网站的设计开发都需要由技术、设计、市场等方面的人员共同完成，不同专业背景的人员对网站的理解会有比较大的差异，在这个过程中对策划设计人员的网络营销专业水平有较高的要求，这也是为什么一些网站建成之后和最初的策划思想有差距的主要原因所在。

（3）策划与建设阶段的网站推广效果需要在网站发布之后得到验证。

在网站建设阶段采取优化设计等推广策略，只能凭借网站建设相关人员的主观经验来进行，是否能真正满足网站推广的需要，还有待于网站正式发布一段时间之后的实践来验证。如果与期望目标存在差异，还有必要做进一步的修正和完善，也正是因为这种滞后效应，更加容易使设计开发人员忽视网站建设对网站推广影响因素的考虑。因此，这个阶段网站策划和设计人员的经验非常重要。

2. 网站发布初期阶段

（1）网站营销预算比较充裕。企业的网络营销预算应用于网站推广方面的，通常在网站发布初期投入较多，这是因为一些需要支付年度使用费的支出通常发生在这个阶段。另外，为了在短期内获得明显的成效，新网站通常会在发布初期加大推广力度，如发布广告、新闻等。

（2）网络营销人员有较高的热情。在网站发布初期，网络营销人员非常注重尝试各种推广手段，对于网站访问量和用户注册数量的增长等指标非常关注。

（3）网站推广具有一定的盲目性。尽管营销人员具有较高的热情，但由于缺乏足够的经验、必要的统计分析资料，加之网站推广的成效还没显现出来，因此，无论是网站推广策略的实施，还是网站推广效果方面都有一定的盲目性。

（4）网站推广的主要目标是用户的认知程度。推广初期网站访问量快速增长，得到更多用户了解是这个阶段的主要目标，也就是获得更多用户的认知。产品推广和促销通常居于次要地位，因此，更为注重引起用户对网站的关注。

3. 网站增长期

（1）网站推广方法具有一定的针对性。

与网站发布初期的盲目性相比，由于尝试了多种网站推广方法，并取得了一定的效果，因此，在进一步的推广上往往更有针对性。

（2）网站推广方法的变化。

与网站发布初期相比，网站增长期推广需要独创性，以达到针对性的效果。

（3）网站推广效果的管理应得到重视。

网站推广的直接效果之一就是网站访问量的上升，网站访问量指标可从统计分析工具获得，对网站访问量进行统计分析可以发现哪些网站推广方法对访问量的增长更为显著，哪些方法可能存在问题，同时也可以发现更多有价值的信息。

（4）网站推广的目标将由用户认知向用户认可转变。

网站发布初期通过网站推广获得一定数量的新用户。如果用户肯定网站的价值，将会重复访问网站以继续获得信息和服务，在此阶段，既有新用户又有重复访问者，网站推广要兼顾两种用户的不同需求特点。

4. 网站稳定期推广的特点

网站从发布到进入稳定阶段，一般需要一年甚至更长的时间，稳定期主要特点如下：

（1）网站访问量增长速度减慢。

（2）访问量增长不再是网站推广的主要目标。当网站拥有一定的访问量后，网络营销的目标将注重用户资源的价值化，而不仅仅是访问量的提升，这取决于企业的经营策略和盈利模式。

（3）网站推广的工作重点将由外向内转变。也就是将面向新用户为重点的网站推广工作逐步转向维持老客户，以及网站推广效果的管理等方面。

（三）网站推广的计划

一般来说，网站推广计划至少应包含下列主要内容：

1. 确定网站推广的阶段目标

如在发布后一年内实现每天独立访问用户数量、与竞争者相比的相对排名、在主要搜索引擎的表现、网站被链接的数量、注册用户数量等。

2. 在网站发布运营的不同阶段所采取的网站推广方法

如果可能，最好详细列出各个阶段的具体网站推广方法，如登录搜索引擎的名称、网络广告的主要形式和媒体选择、需要投入的费用等。

3. 网站推广策略的控制和效果评价

如阶段推广目标的控制、推广效果评价指标等。对网站推广计划的控制和评价是为了及时发现网络营销过程中的问题，保证网络营销活动的顺利进行。

举例说明

网站推广的计划

某网站的推广计划（简化版）：这里将一个网站第一个推广年度分为4个阶段，每个阶段3个月左右：网站策划建设阶段、网站发布初期、网站增长期、网站稳定期。某公司生产和销售旅游纪念品，为此建立了一个网站来宣传公司产品，并且具备了网上下订单的功能。

该网站制订的推广计划主要包括下列内容：

1. 网站推广目标：计划在网站发布一年后达到每天独立访问用户2 000人，注册用户10 000人。

2. 网站策划建设阶段的推广：也就是从网站正式发布前就开始了推广的准备，在网站建设过程中从网站结构、内容等方面对Google、百度等搜索引擎进行优化设计。

3. 网站发布初期的基本推广手段：登录10个主要搜索引擎和分类目录（列出计划登录网站的名单）、购买2~3个网络实名/通用网址、与部分合作伙伴建立网站链接。另外，配合公司其他营销活动，在部分媒体和行业网站发布企业新闻。

4. 网站增长期的推广：当网站有一定访问量之后，为继续保持网站访问量的增长和品牌提升，在相关行业网站投放网络广告（包括计划投放广告的网站及栏目选择、广告形式等），在若干相关专业电子刊物投放广告，与部分合作伙伴进行资源互换。

5. 网站稳定期的推广：结合公司新产品促销，不定期发送在线优惠券；参与行业内的排行评比等活动，以期获得新闻价值；在条件成熟的情况下，建设一个中立的与企业核心产品相关的行业信息类网站来进行辅助推广。

6. 推广效果的评价：对主要网站推广措施的效果进行跟踪，定期进行网站流量统计分析，必要时与专业网络顾问机构合作进行网络营销诊断，改进或者取消效果不佳的推广手段，在效果明显的推广策略方面加大投入比重。

第三讲　粮食网络营销的现状

粮食网络营销是指基于互联网平台，利用信息技术与软件工程，通过在线活动创造、产品宣传和信息传递等方式，满足粮食企业与企业之间、企业与客户之间、客户与客户等活动对象之间的粮食交易过程，以达到营销目的的营销活动。粮食网络营销是粮食整体营销战略的一个组成部分，是为实现企业总体经营目标所进行的、以互联网为基本手段营造网上经营环境的各种活动。

一、我国粮食网络营销的产生与发展

我国是人口大国、粮食大国，粮食行业面临着世界新经济时代的强烈影响和机制与观念等多方面的转变，面临着农业的结构调整和产业化。粮食行业各企业从计划经济时代的垄断经营到市场经济的激烈竞争的过程中，面临着经营模式的转换和经营手段的提高的双重任务。早在我国粮食体制改革之初，1993年，我国就成功推出粮食期货交易，成为较早的粮食网络交易模式。伴随着我国粮食批发市场的逐步建立和发展，大宗粮食批发开始逐步进场交易，形成了较为规范的场内现货竞价、投标等多种交易模式。随着互联网的蓬勃发展，2002年，我国出台的《大宗商品电子交易规范》，规范了大宗现货电子交易方式，使我国大宗粮食现货电子交易活动的开展有据可依。

我国的粮食电子商务经过几年的研究和摸索，在2005年得到了各级粮食管理部门的高度重视，同时也得到了科技部、国家发改委、财政部等的支持与关注。国家发改委在"全国重点农产品批发市场信息化建设项目"中，为全国近百家农粮产品批发市场重点建设了多种交易模式的电子交易系统，在农产品流通领域打下了未来电子商务的基础；科技部在"十五"重点科技攻关项目中将现代粮食流通平台研究列为重要的课题，在2005年取得了圆满的结果，建立了中华粮网、大连北方市场等电子商务示范点；财政部在这一年重点研究了利用电子商务手段促进粮食流通现代化的相关课题；国家粮食局明显加大了对粮食网络营销的支持力度。

基于国家政策的支持和电子商务、网络技术的飞跃发展，国家粮油信息中心着手进行全国粮食网络竞价交易平台的调研工作，于2006年年初成功开发了电子竞价交易系统，并携手国内重要产销区省级粮食批发市场，共同构建全国粮食网络竞价交易系统的统一大平台。这一平台的应用，有效地解决了粮食流通中介环节多、信息不对称、交易成本高、流通效率低等问题。仅天津市场利用该平台在2006—2013年就发展了本市会员150家、外埠会员60家，销售食用油、玉米、小麦、稻谷共计160.97万吨，交易额达450 873万元。

根据国家粮食局发布的《全国粮食市场体系建设与发展"十二五"规划》的要求，"积极组织开展跨区域大宗粮食品种的交易，充分发挥在粮食产销衔接中的作用"，以郑州为龙头包括天津市场在内的25家大型粮食批发交易市场共同协商，并成为签约市场，于2012年5月31日正式开通粮食批发市场场际交易系统，充分发挥网上交易不受时间、地点限制的优势，组织不同地区、不同品种的贸易粮进场交易。

这些都标志着开展粮食网络营销已经成为各级政府的共识，推进粮食网络营销已经形成了高级别、宽领域的态势。

二、我国开展粮食网络营销的意义

（一）降低营销成本

粮食行业存在流通环节过多，交易成本偏高等现象。电子商务通过向广大粮油企业免费提供网络空间，发布和查阅相关信息等方式，既可为众多粮油企业节省大笔广告费用，还可促进各大粮油企业之间和粮油批发市场之间的交易。据国际权威机构统计，网络营销电子商务可节省直接成本15%、间接成本75%。因此，网络营销电子商务应该成为我国广大粮油企业开源节流的重要手段之一。

（二）提升粮食企业竞争力

通过互联网查阅和发布有关信息，可以在最短时间内获得国际市场最新的粮油价格及生产、保管等技术的变化，扩大企业在国内、国际市场的影响，所以开展电子商务是最好的选择和最有效的途径。

（三）规范粮食交易

开展粮食电子商务有助于我国粮食流通的组织化、规范化，有助于粮食交易按照既定的交易规则，公开、公平、公正地参与网上交易，并且有完善的履约保障机制和安全防范措施，可以有效防止不良行为和交易风险的发生，从而降低交易风险，提高交易过程的透明度，减少给国家、企业造成的经济损失。

（四）建立全国统一的粮食大市场

我国粮食批发市场体系无论是全国性粮食批发市场，还是区域性粮食批发市场，都是相对独立的、相互分割的市场，引进互联网技术后，可以充分发挥互联网技术扁平拓扑结构的优势，拉近全国各个交易市场的空间距离，缩短各交易市场的交易时间差，从而有助于形成全国乃至全世界市场，有效提高我国批发市场价格的权威性和代表性。

三、我国粮食网络营销的应用

（一）我国粮食营销 B2B 方式的应用

所谓 B2B（Business to Business）是企业与企业之间通过互联网进行产品、服务及信息的交换。粮食营销 B2B，是指粮食企业之间通过互联网进行粮食信息的发布、粮食产品的收购和销售等活动，如图 8-3 所示。

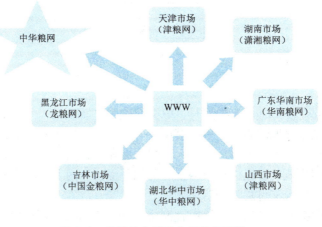

图 8-3　我国粮食网络交易信息系统

目前，我国粮食行业 B2B 粮食营销平台以批发市场或专业网上交易平台为依托的大宗交易分为网上协商、网上竞价（见图 8-4）。其中竞价又分为集中拍卖（采购）和招投标两种方式。

进行 B2B 方式下的网上协商式粮食网络营销，交易双方企业需在网上注册，成为粮食营销网站的会员，交易双方存入适当的保证金，在交易网站上录入买卖需求，并可以通过网站信息与交易对象进行洽谈，进行交易。

进行 B2B 方式下的网上竞价交易，交易企业在注册成为会员存入保证金后，还要向网站提交委托书和粮食质检报告，网站公布委托书，以最优价格买卖双方达成交易。当网上协商、网上竞价的交易达成后，买方通过交易网站支付全额货款，卖方按合同要求进行发货，买方验货后，交易网站向卖方支付货款。

B2B 方式下的粮食网络营销，交易网站能够为交易双方的企业提供粮食政策、粮食价格等信息，能够有强大的安全技术支持交易双方按照交易价格进行网络交易，甚至进行交易后的评价和商务纠纷的处理。

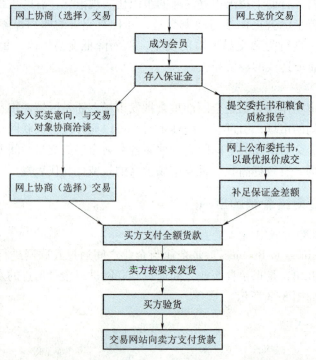

图 8-4　粮食网络大宗交易流程

（二）我国粮食营销 B2C 方式的应用

B2C 是 Business to Customer 的缩写，中文简称为"商对客"。"商对客"是电子商务的一种模式，也就是通常说的商业零售，直接面向消费者销售产品和服务。这种形式的粮食营销一般以网络零售业为主，主要借助于互联网开展在线销售活动。粮食网络营销 B2C 方式，即企业通过互联网为消费者提供一个新型的购物环境——网上商店，消费者通过网上商店实现粮食网上购买、在线支付货款等活动。

目前基于粮食交易客体的不同，粮食网络营销的 B2C 又可分为自产自销的网络销售式 B2C、提供交易平台式的 B2C 和传统商业网络销售式的 B2C。以中粮旗下的"我买网"为例，"我买网"是中粮打造的千亿元营销规模的，集自产自销和中间商代销方式于一体的互联网营销平台，主要销售"中粮生产"和"中粮精选"的产品。

补充阅读

中粮集团

中国粮油食品进出口（集团）有限公司（简称"中粮"、"中粮集团"、COFCO），于1952年在北京成立，是一家集贸易、实业、金融、信息、服务和科研为一体的大型企业集团，横跨农产品、食品、酒店、地产等众多领域。1994年以来，一直名列美国《财富》杂志全球企业500强。"我买网"是中粮集团于2009年投资创办的食品类B2C电子商务网站。"我买网"致力于打造中国最大、最安全的食品购物网站。

在自产自销的B2C粮食网络营销交易模式下，企业可以通过自建网络平台、创建网站，直接面向消费者宣传企业产品，树立企业形象，最终通过网站为消费者提供粮食产品，实现粮食销售。在这种交易模式下，对企业而言，可以实现供、产、销这一价值链，可以直接获取消费者的基本信息和对粮食的喜好甚至支付信息，这些在大数据时代都能够帮助企业分析消费习惯、消费能力等。然而，这种企业自立门户的B2C方式，对企业存在巨大的考验，要求企业在资金、物流、计算机安全技术方面都能够有与之相匹配的资源，相对而言，成本过高，风险较大。

在提供交易平台式的B2C粮食网络营销交易模式下，企业可以利用这些已经搭建好的网络平台（例如天猫）实现粮食产品的交易，相当于在一个大型的超市中，找到自己产品的展位（见图8-5）。在已有的网络平台上进行网络销售，对企业而言一方面能够利用现有网站在消费者心中的信用保障，为企业树立形象、宣传产品。另一方面可以规避自建平台的成本风险、安全风险。目前，仅进驻天猫的B2C的大米品牌就超过200家，涉及大米销售的B2C销售店铺超过1 000家，这已成为B2C发展的主要趋势。但需要交易平台严格把好企业的资质关。

随着网络技术的不断普及，很多传统大米行业的销售企业，除了继续维持自己原有的店铺销售外，也发展了网络销售。传统商业网络销售式的B2C粮食网络营销，可以利用传统店铺作为配送中心，利用网络缩短消费者的购买时间，提供送货上门的服务，这种方式将会在日后的B2C交易中被广大消费者认可。

无论是哪一种方式，都是企业面向消费者提供粮食产品，这在粮食的消费流通过程中大大降低了销售成本，有利于企业向消费者提供价低质优的粮食产品。

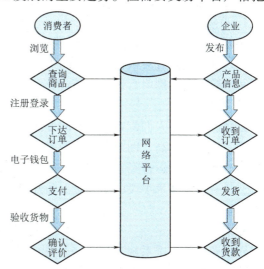

图8-5　基于网络交易平台的B2C粮食营销

（三）我国粮食营销 C2C 方式的应用

C2C 即 Consumer to Consumer，中文译为顾客对顾客，指为消费者与消费者之间提供电子商务活动平台的网站，是现代电子商务的一种。C2C 网站就是为买卖双方交易提供的互联网平台，卖家可以在网站上登出其想出售的商品的信息，买家可以从中选择购买自己需要的物品（见图 8-6）。

C2C 交易平台的出现，首先，是基于买卖双方在虚拟而庞大的网络市场上，对于一个可信任中介的迫切需要。其次，C2C 交易平台还担负着对交易过程和买卖双方信用的监督和管理职能，最大限度地防止网络欺骗的产生。再次，交易平台还要为买卖双方提供支付方式、物流查询等技术支持服务。目前在我国，淘宝网是最大的 C2C 交易平台，仅在 2014 年 11 月 11 日当天，淘宝网就创下 571 亿的销售额。

在淘宝、京东、1 号店、微店等知名 C2C 交易平台上，有大量的粮食产品。与传统的销售方式相比，C2C 模式的销售能够降低成本，但粮食产品的质量参差不齐，物流配送管理等方面还存在很大的问题，对于卖方的约束还不够。

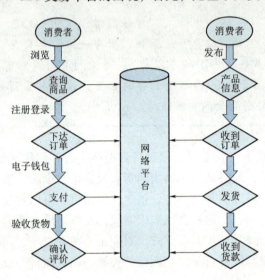

图 8-6　基于网络交易平台的 C2C 粮食营销

四、我国开展粮食网络营销面临的风险及控制

要掌握实施粮食网络营销的时机，必须能够判断出行业竞争、消费行为、经济与社会在 2~7 年的变化趋势。粮食企业的决策者必须积极主动地制定网络营销的实施规划，如果采取消极观望的态度，则很可能贻误时机。企业率先进入网络营销领域无疑是想借此获得先发优势，但是，先进入的企业必须面对以下风险：

1. 市场观念风险

再好的网络营销观念，如果顾客不接受，企业是很难实施的。在面向消费者的 B2C、C2C 中，如果消费者对粮食产品的购买无法接受网络购买或对网上信用卡支付不习惯等，都会严重影响企业的网络营销的实施。

2. 技术风险

互联网虽然给人们带来了很多的方便，但是也存在着很多不安全的隐患。目前，由于我国网络发展水平不高，网络基础设施差、线路少、安全性低等原因，再加上很多企业的资金和技术有限，网络运行经常发生上网速度慢、网络易堵塞、信息传递出错、交易平台混乱等现象，还有黑客技术手段的不断更新和升级，网站很容易被攻击，这些都加剧了粮食网络交易的风险。

3. 执行风险

网络营销是一个系统工程，一旦某个环节出现问题势必影响整个网络营销的实施。例如，粮食在网上购买，但粮食产品还需要线下配送，现在物流已经是网络营销过程中必不可少的一个环节，物流配送是唯一的实体行为，物流中的任何疏忽都会导致一次网络营销活动的失败。

4. 经济风险

实际执行的结果及所产生的成本与效益，是否与原先的乐观估计有所出入，有时是不以人的意志为转移的。一个粮食企业在网络营销方面的资金投入是可以预测的，但市场上的收益往往不以企业的意志为转移。

5. 组织风险

一项技术上可行的新方案可能无法保证公司内部人人都能接受。一方面它可能威胁到公司的传统、规范、管理过程或文化，而另一方面，推行方案所需要的能力与技巧却又是公司员工所欠缺的。

6. 政治风险

这指的是一项看似合理的应用方案，却因政府政策、法令、社会争议或利益集团的压力而产生问题，而不能实施执行。为了降低粮食企业面对的网络营销的风险，无论是基于国家宏观层面的控制，还是基于企业微观层面的控制，必须从以下四个方面进行风险控制：

（1）完善国家宏观管理体制和网络交易的法律。

保证市场秩序、维护经济运行是政府责无旁贷的任务。在极具发展潜力的网络市场中，政府首先应致力于制度建设和法制建设，使企业的经营活动有序开展，保证社会信用体系的建立健全；其次，政府应以防范制度风险作为基础，针对所有的网络营销风险，或制定恰当的政策，或进行积极的引导，使企业对风险防范和控制有充分的准备；再次，政府还应加强对风险防范的监督和协调，为企业提供诸如市场信息、产业动态等多方面的帮助，尽可能地使企业减少面临网络营销风险的可能性。

无论网络安全、网上结算还是货物配送，都涉及法律法规问题。只有健全法制，严惩违法者，才能保证网络营销的正常运行。因此，国家必须在立法和执法上加大力度。从网络安全来说，要组织力量，选择符合我国国情的网络交易安全技术，积极开发我国自己的网络安全产品。要强化网络交易安全管理，制定有关的网络交易标准和管理标准，规范买卖双方和中介方的交易行为。要尽快完善网络交易的法律法规，明确交易各方当事人的法律关系和法律责任，严厉打击利用网络营销进行欺诈的行为。

（2）加强粮食企业制度建设，建立有效的预防机制。

粮食网络营销风险防范和控制的重点在粮食企业，而粮食企业的制度建设是有效防范各类风险、减少风险损失的主要手段。为有效防范和控制粮食网络营销风险，粮食企业应着重加强有关的制度建设：一是人员管理制度，严格制定各级人员的行为权限，明确其权责范围，以此来规范企业内部人员的行为，并通过教育培训提高人员的风险防范意识和能力；二是风险控制制度，为企业在风险决策、交易管理、危机应急等状况下提供规范的处理方法与应对机制；三是监督制度，通过严格的监督监管，保证各项制度措施能够顺利实施并充分发挥效用。在此基础上，几种制度相互结合，为粮食企业有效防范和控制网络营销风险提供制度保证。

预防机制的建立，虽然需要粮食企业先期投入一定资本，但是完善的预防体系能够有效地帮助粮食企业规避风险，避免网络营销风险带来现实的损失，因此，风险防范应以预防为主。为此，粮食企业需要建立发达的信息处理系统，及时把握行业信息、市场信息、产品信息，增强知识产权保护意识，对企业的数据库和网站进行严格规范的管理，使用有效的安全管理软件等。

（3）加强信息安全技术研究，保障交易安全性。

粮食网络营销要适应市场全球化的新形势，信息安全至关重要。信息安全体系的突出特点之一，是必须有先进的技术系统来支持。目前，由于我国网络发展水平不高，网络基础设施差、线路少、安全性低等原因，再加上很多企业的资金和技术有限，网络运行时经常发生上网速度慢、网络易堵塞、信息传递出错、交易平台混乱等现象，进而造成信息传输风险、数据交换风险、信息确认风险、交易者身份不确定等风险。另外，随着黑客技术手段的不断翻新和病毒的不断升级，网站被攻击、数据库崩溃、密码被盗窃等现象时有发生，这些都加剧了粮食网络交易的风险。加强信息安全研究是我国发展网络营销亟待解决的关键问题。

（4）建立健全信用评估体系。

建立完善的信用评估体系是网络营销得以迅速发展的重要组成部分。建立完善的信用评估体系要从以下几方面着手：

① 建立健全科学的信用评级体系。

建立科学的信用评级体系要做到国际惯例与中国国情相结合，传统研究方法与现代先进评级技术和互联网技术相结合。

② 建立独立、公正的评级机构。

信用评级机构不能受到政府、企事业单位和被评级对象的干预。

③ 政府积极支持信用评级机构开展工作。

做练习

1. 网络营销的特点有哪些？
2. 网络营销包括哪些内容？
3. 网络营销与传统营销有何关系？
4. 如何收集网络信息？
5. 如何细分网络市场？
6. 网站在进行推广时有哪些方法？
7. 请同学们查阅网络资料，查找当前我国粮食网络营销应用的不同模式的具体实例。

看资料

抓住"互联网+三农"的时代契机

从李克强总理在政府工作报告中提及"互联网+"的概念后，它就在"两会"舆论圈呈现出刷屏之势，高居热搜词榜单前列。总理强调，要制订"互联网+"行动计划，把以互联网为载体、线上线下互动的新兴消费搞得红红火火。

其实，互联网等信息化技术绝非新兴产业专属物，"+"本身就象征着无限想象和可能。如果说传统农业、落后农村、弱势农民在奔向现代化的征途上，能否有一个后发制胜的超车弯道，"互联网+"必定是一次时代赋予的绝佳契机。

从宽带进村、信息入户到农业综合服务、政务信息平台的建设，再到"智慧农业"、农村电商，我国农业、农村的信息化步伐未曾停歇。然而，城乡数字鸿沟、农村信息孤岛仍普遍存在；以信息技术推进传统农业转型升级的能力还比较欠缺；部分地区信息服务基础薄弱，农民信息获取能力差，信息需求难以得到有效满足。在这样的背景下，如何让"三农"发展搭上"互联网+"的信息化"高铁列车"？

要加速"硬件"配置，实现"互联网+农村"。农村信息化基础设施建设比如光纤进村入户工程必须提速，乡村信息服务站更要有屋、有人、有设备。抓紧把农村电子商务的配套设施纳入新农村建设整体规划统筹考虑，对所需的仓储、公共服务设施要有前瞻性的设计，同时利用电商企业等社会资本，完善乡村物流配送体系，催生千万个各具特色的"淘宝村"遍地开花。

要加快"软件"升级，实现"互联网+农业"。针对"智慧农业"投入高、涉农企业望而却步导致带动力差的情况，设立专项补贴撬动社会投资，推进物联网、云计算、移动互联、3S等现代信息技术和农业智能装备在农业生产经营领域的示范应用。同时，有针对性地充实和更新农业信息系统，说白了，就是要增加农民最想知道现在又缺乏的内容，比如"春天种什么对，秋天卖什么贵，买什么生产资料最实惠"。

要培育人才支撑，实现"互联网+农民"。网络通了还要会用，农民共享信息化红利的"最后一公里"问题，最终决定于农民对技术的掌握和运用能力。要鼓励大学生村官、农村青年致富带头人、返乡创业人员和部分个体经营户成为农村电商创业带头人，带动新型职业农民、家庭农场主、合作社社员广泛成为拥有互联网思维、掌握信息化技术的市场主体，品尝到信息化结出的硕果。

如此，"互联网+"不仅不会成为城乡差距的新表现，更会成为倒逼"三农"改革的新动力，让农业、农村在迈向现代化的进程中插上信息化的翅膀，牵引亿万农民实现在宽带上增收、在键盘上奔小康。

（资料来源：《农民日报》）

附件：粮食营销相关法律、法规知识和标准

1.《粮食流通管理条例》

粮食流通管理条例

中华人民共和国国务院令第 407 号：《粮食流通管理条例》经 2004 年 5 月 19 日国务院第 50 次常务会议通过，自 2004 年 5 月 26 日起施行

第一章 总 则

第一条 为了保护粮食生产者的积极性，促进粮食生产，维护经营者、消费者的合法权益，保障国家粮食安全，维护粮食流通秩序，根据有关法律，制定本条例。

第二条 在中华人民共和国境内从事粮食的收购、销售、储存、运输、加工、进出口等经营活动（以下统称粮食经营活动），应当遵守本条例。

前款所称粮食，是指小麦、稻谷、玉米、杂粮及其成品粮。

第三条 国家鼓励多种所有制市场主体从事粮食经营活动，促进公平竞争。依法从事的粮食经营活动受国家法律保护。严禁以非法手段阻碍粮食自由流通。

国有粮食购销企业应当转变经营机制，提高市场竞争能力，在粮食流通中发挥主渠道作用，带头执行国家粮食政策。

第四条 粮食价格主要由市场供求形成。

国家加强粮食流通管理，增强对粮食市场的调控能力。

第五条 粮食经营活动应当遵循自愿、公平、诚实信用的原则，不得损害粮食生产者、消费者的合法权益，不得损害国家利益和社会公共利益。

第六条 国务院发展改革部门及国家粮食行政管理部门负责全国粮食的总量平衡、宏观调控和重要粮食品种的结构调整以及粮食流通的中长期规划；国家粮食行政管理部门负责粮食流通的行政管理、行业指导，监督有关粮食流通的法律、法规、政策及各项规章制度的执行。

国务院工商行政管理、产品质量监督、卫生、价格等部门在各自的职责范围内负责与粮食流通有关的工作。

省、自治区、直辖市人民政府在国家宏观调控下，按照粮食省长负责制的要求，负责本地区粮食的总量平衡和地方储备粮的管理。县级以上地方人民政府粮食行政管理部门负责本地区粮食流通的行政管理、行业指导；县级以上地方人民政府工商行政管理、产品质量监督、卫生、价格等部门在各自的职责范围内负责与粮食流通有关的工作。

第二章 粮食经营

第七条 粮食经营者，是指从事粮食收购、销售、储存、运输、加工、进出口等经营活

动的法人、其他经济组织和个体工商户。

第八条　从事粮食收购活动的经营者，应当具备下列条件：

（一）具备经营资金筹措能力；

（二）拥有或者通过租借具有必要的粮食仓储设施；

（三）具备相应的粮食质量检验和保管能力。

前款规定的具体条件，由省、自治区、直辖市人民政府规定、公布。

第九条　取得粮食收购资格，并依照《中华人民共和国公司登记管理条例》等规定办理登记的经营者，方可从事粮食收购活动。

申请从事粮食收购活动，应当向办理工商登记的部门同级的粮食行政管理部门提交书面申请，并提供资金、仓储设施、质量检验和保管能力等证明材料。粮食行政管理部门应当自受理之日起 15 个工作日内完成审核，对符合本条例第八条规定具体条件的申请者作出许可决定并公示。

第十条　取得粮食行政管理部门粮食收购资格许可的，应当依法向工商行政管理部门办理设立登记，在经营范围中注明粮食收购；已在工商行政管理部门登记的，从事粮食收购活动也应当取得粮食行政管理部门的粮食收购资格许可，并依法向工商行政管理部门办理变更经营范围登记，在经营范围中注明粮食收购。

第十一条　依法从事粮食收购活动的粮食经营者（以下简称粮食收购者），应当告知售粮者或者在收购场所公示粮食的品种、质量标准和收购价格。

第十二条　粮食收购者收购粮食，应当执行国家粮食质量标准，按质论价，不得损害农民和其他粮食生产者的利益；应当及时向售粮者支付售粮款，不得拖欠；不得接受任何组织或者个人的委托代扣、代缴任何税、费和其他款项。

第十三条　粮食收购者应当向收购地的县级人民政府粮食行政管理部门定期报告粮食收购数量等有关情况。

跨省收购粮食，应当向收购地和粮食收购者所在地的县级人民政府粮食行政管理部门定期报告粮食收购数量等有关情况。

第十四条　从事粮食销售、储存、运输、加工、进出口等经营活动的粮食经营者应当在工商行政管理部门登记。

第十五条　粮食经营者使用的粮食仓储设施，应当符合粮食储存有关标准和技术规范的要求。粮食不得与可能对粮食产生污染的有害物质混存，储存粮食不得使用国家禁止使用的化学药剂或者超量使用化学药剂。

第十六条　运输粮食应当严格执行国家粮食运输的技术规范，不得使用被污染的运输工具或者包装材料运输粮食。

第十七条　从事食用粮食加工的经营者，应当具有保证粮食质量和卫生必备的加工条件，不得有下列行为：

（一）使用发霉变质的原粮、副产品进行加工；

（二）违反规定使用添加剂；

（三）使用不符合质量、卫生标准的包装材料；

（四）影响粮食质量、卫生的其他行为。

第十八条　销售粮食应当严格执行国家有关粮食质量、卫生标准，不得短斤少两、掺杂使假、以次充好，不得囤积居奇、垄断或者操纵粮食价格、欺行霸市。

第十九条　建立粮食销售出库质量检验制度。粮食储存企业对超过正常储存年限的陈粮，在出库前应当经过有资质的粮食质量检验机构进行质量鉴定，凡已陈化变质、不符合食用卫生标准的粮食，严禁流入口粮市场。陈化粮购买资格由省级人民政府粮食行政管理部门会同工商行政管理部门认定。陈化粮判定标准，由国家粮食行政管理部门会同有关部门制定。陈化粮销售、处理和监管的具体办法，依照国家有关规定执行。

第二十条　从事粮食收购、加工、销售的经营者，必须保持必要的库存量。

必要时，由省、自治区、直辖市人民政府规定最低和最高库存量的具体标准。

第二十一条　国有和国有控股粮食企业应当积极收购粮食，并做好政府委托的粮食收购和政策性用粮的购销工作，服从和服务于国家宏观调控。

第二十二条　对符合贷款条件的粮食收购者，银行应当按照国家有关规定及时提供收购贷款。中国农业发展银行应当保证中央和地方储备粮以及政府调控用粮和其他政策性用粮的信贷资金需要，对国有和国有控股的粮食购销企业、大型粮食产业化龙头企业和其他粮食购销企业，按企业的风险承受能力提供信贷资金支持。

第二十三条　所有从事粮食收购、销售、储存、加工的粮食经营者以及饲料、工业用粮企业，应当建立粮食经营台账，并向所在地的县级人民政府粮食行政管理部门报送粮食购进、销售、储存等基本数据和有关情况。粮食经营者保留粮食经营台账的期限不得少于3年。粮食经营者报送的基本数据和有关情况涉及商业秘密的，粮食行政管理部门负有保密义务。

国家粮食流通统计制度，由国家粮食行政管理部门制定，报国务院统计部门批准。

第二十四条　粮食行业协会以及中介组织应当加强行业自律，在维护粮食市场秩序方面发挥监督和协调作用。

第三章　宏观调控

第二十五条　国家采取储备粮吞吐、委托收购、粮食进出口等多种经济手段和价格干预等必要的行政手段，加强对粮食市场的调控，保持全国粮食供求总量基本平衡和价格基本稳定。

第二十六条　国家实行中央和地方分级粮食储备制度。粮食储备用于调节粮食供求，稳定粮食市场，以及应对重大自然灾害或者其他突发事件等情况。

政策性用粮的采购和销售，原则上通过粮食批发市场公开进行，也可以通过国家规定的其他方式进行。

第二十七条　国务院和地方人民政府建立健全粮食风险基金制度。粮食风险基金主要用于对种粮农民直接补贴、支持粮食储备、稳定粮食市场等。

国务院和地方人民政府财政部门负责粮食风险基金的监督管理，确保专款专用。

第二十八条　当粮食供求关系发生重大变化时，为保障市场供应、保护种粮农民利益，必要时可由国务院决定对短缺的重点粮食品种在粮食主产区实行最低收购价格。

当粮食价格显著上涨或者有可能显著上涨时，国务院和省、自治区、直辖市人民政府可以按照《中华人民共和国价格法》的规定，采取价格干预措施。

第二十九条　国务院发展改革部门及国家粮食行政管理部门会同农业、统计、产品质量监督等部门负责粮食市场供求形势的监测和预警分析，建立粮食供需抽查制度，发布粮食生产、消费、价格、质量等信息。

第三十条　国家鼓励粮食主产区和主销区以多种形式建立稳定的产销关系，鼓励建立产销一体化的粮食经营企业，发展订单农业，在执行最低收购价格时国家给予必要的经济优惠，并在粮食运输方面给予优先安排。

第三十一条　在重大自然灾害、重大疫情或者其他突发事件引起粮食市场供求异常波动时，国家实施粮食应急机制。

第三十二条　国家建立突发事件的粮食应急体系。国务院发展改革部门及国家粮食行政管理部门会同国务院有关部门制定全国的粮食应急预案，报请国务院批准。省、自治区、直辖市人民政府根据本地区的实际情况，制定本行政区域的粮食应急预案。

第三十三条　启动全国的粮食应急预案，由国务院发展改革部门及国家粮食行政管理部门提出建议，报国务院批准后实施。

启动省、自治区、直辖市的粮食应急预案，由省、自治区、直辖市发展改革部门及粮食行政管理部门提出建议，报本级人民政府决定，并向国务院报告。

第三十四条　粮食应急预案启动后，所有粮食经营者必须按国家要求承担应急任务，服从国家的统一安排和调度，保证应急工作的需要。

第四章　监督检查

第三十五条　粮食行政管理部门依照本条例对粮食经营者从事粮食收购、储存、运输活动和政策性用粮的购销活动，以及执行国家粮食流通统计制度的情况进行监督检查。

粮食行政管理部门应当根据国家要求对粮食收购资格进行核查。

粮食行政管理部门在监督检查过程中，可以进入粮食经营者经营场所检查粮食的库存量和收购、储存活动中的粮食质量以及原粮卫生；检查粮食仓储设施、设备是否符合国家技术规范；查阅粮食经营者有关资料、凭证；向有关单位和人员调查了解相关情况。

第三十六条　产品质量监督部门依照有关法律、行政法规的规定，对粮食加工过程中的以假充真、以次充好、掺杂使假等违法行为进行监督检查。

第三十七条　工商行政管理部门依照有关法律、行政法规的规定，对粮食经营活动中的无照经营、超范围经营以及粮食销售活动中的囤积居奇、欺行霸市、强买强卖、掺杂使假、以次充好等扰乱市场秩序和违法违规交易行为进行监督检查。

第三十八条　卫生部门依照有关法律、行政法规的规定，对粮食加工、销售中的卫生以及成品粮储存中的卫生进行监督检查。

第三十九条　价格主管部门依照有关法律、行政法规的规定，对粮食流通活动中的价格违法行为进行监督检查。

第四十条　任何单位和个人有权对违反本条例规定的行为向有关部门检举。有关部门应当为检举人保密，并依法及时处理。

第五章　法律责任

第四十一条　未经粮食行政管理部门许可或者未在工商行政管理部门登记擅自从事粮食收购活动的，由工商行政管理部门没收非法收购的粮食；情节严重的，并处非法收购粮食价值 1 倍以上 5 倍以下的罚款；构成犯罪的，依法追究刑事责任。

由粮食行政管理部门查出的，移交工商行政管理部门按照前款规定予以处罚。

第四十二条　以欺骗、贿赂等不正当手段取得粮食收购资格许可的，由粮食行政管理部门取消粮食收购资格，工商行政管理部门吊销营业执照，没收违法所得；构成犯罪的，依法追究刑事责任。

粮食行政管理部门工作人员办理粮食收购资格许可，索取或者收受他人财物或者谋取其他利益，构成犯罪的，依法追究刑事责任；尚不构成犯罪的，依法给予行政处分。

第四十三条　粮食收购者有未按照规定告知、公示粮食收购价格或者收购粮食压级压价，垄断或者操纵价格等价格违法行为的，由价格主管部门依照《中华人民共和国价格法》的有关规定给予行政处罚。

第四十四条　有下列情形之一的，由粮食行政管理部门责令改正，予以警告，可以处 20 万元以下的罚款；情节严重的，并由粮食行政管理部门暂停或者取消粮食收购资格：

（一）粮食收购者未执行国家粮食质量标准的；

（二）粮食收购者被售粮者举报未及时支付售粮款的；

（三）粮食收购者违反本条例规定代扣、代缴税、费和其他款项的；

（四）从事粮食收购、销售、储存、加工的粮食经营者以及饲料、工业用粮企业未建立粮食经营台账，或者未按照规定报送粮食基本数据和有关情况的；

（五）接受委托的粮食经营者从事政策性用粮的购销活动未执行国家有关政策的。

第四十五条　陈粮出库未按照本条例规定进行质量鉴定的，由粮食行政管理部门责令改正，给予警告；情节严重的，处出库粮食价值 1 倍以上 5 倍以下的罚款，工商行政管理部门可以吊销营业执照。

倒卖陈化粮或者不按照规定使用陈化粮的，由工商行政管理部门没收非法倒卖的粮食，并处非法倒卖粮食价值 20% 以下的罚款，有陈化粮购买资格的，由省级人民政府粮食行政管理部门取消陈化粮购买资格；情节严重的，由工商行政管理部门并处非法倒卖粮食价值 1 倍以上 5 倍以下的罚款，吊销营业执照；构成犯罪的，依法追究刑事责任。

第四十六条　从事粮食收购、加工、销售的经营者的粮食库存低于规定的最低库存量的，由粮食行政管理部门责令改正，给予警告；情节严重的，处不足部分粮食价值 1 倍以上 5 倍以下的罚款，并可以取消粮食收购资格，工商行政管理部门可以吊销营业执照。

从事粮食收购、加工、销售的经营者的粮食库存超出规定的最高库存量的，由粮食行政管理部门责令改正，给予警告；情节严重的，处超出部分粮食价值 1 倍以上 5 倍以下的罚款，并可以取消粮食收购资格，工商行政管理部门可以吊销营业执照。

第四十七条　粮食经营者未按照本条例规定使用粮食仓储设施、运输工具的，由粮食行政管理部门或者卫生部门责令改正，给予警告；被污染的粮食不得非法销售、加工。

第四十八条　违反本条例第十七条、第十八条规定的，由产品质量监督部门、工商行政管理部门、卫生部门等依照有关法律、行政法规的规定予以处罚。

第四十九条　财政部门未按照国家关于粮食风险基金管理的规定及时、足额拨付补贴资金，或者挤占、截留、挪用补贴资金的，由本级人民政府或者上级财政部门责令改正，对有关责任人员依法给予行政处分；构成犯罪的，依法追究有关责任人员的刑事责任。

第五十条　违反本条例规定，阻碍粮食自由流通的，依照《国务院关于禁止在市场经济活动中实行地区封锁的规定》予以处罚。

第五十一条　监督检查人员违反本条例规定，非法干预粮食经营者正常经营活动的，依法给予行政处分；构成犯罪的，依法追究刑事责任。

第六章　附　　则

第五十二条　本条例下列用语的含义是：

粮食收购，是指为了销售、加工或者作为饲料、工业原料等直接向种粮农民或者其他粮食生产者批量购买粮食的活动。

粮食加工，是指通过处理将原粮转化成半成品粮、成品粮，或者将半成品粮转化成成品粮的经营活动。

第五十三条　大豆、油料和食用植物油的收购、销售、储存、运输、加工、进出口等经营活动，适用本条例除第八条、第九条、第十条以外的规定。

粮食进出口的管理，依照有关法律、行政法规的规定执行。

中央储备粮的管理，依照《中央储备粮管理条例》的规定执行。

第五十四条　本条例自公布之日起施行。1998 年 6 月 6 日国务院发布的《粮食收购条例》、1998 年 8 月 5 日国务院发布的《粮食购销违法行为处罚办法》同时废止。

2. 《中华人民共和国合同法》

中华人民共和国合同法

1999 年 3 月 15 日第九届全国人民代表大会第二次会议通过

总　　则

第一章　一般规定

第一条　为了保护合同当事人的合法权益，维护社会经济秩序，促进社会主义现代化建设，制定本法。

第二条　本法所称合同是平等主体的自然人、法人、其他组织之间设立、变更、终止民事权利义务关系的协议。

婚姻、收养、监护等有关身份关系的协议，适用其他法律的规定。

第三条　合同当事人的法律地位平等，一方不得将自己的意志强加给另一方。

第四条　当事人依法享有自愿订立合同的权利，任何单位和个人不得非法干预。

第五条　当事人应当遵循公平原则确定各方的权利和义务。

第六条　当事人行使权利、履行义务应当遵循诚实信用原则。

第七条　当事人订立、履行合同，应当遵守法律、行政法规，尊重社会公德，不得扰乱社会经济秩序，损害社会公共利益。

第八条　依法成立的合同，对当事人具有法律约束力。当事人应当按照约定履行自己的义务，不得擅自变更或者解除合同。

依法成立的合同，受法律保护。

第二章　合同的订立

第九条　当事人订立合同，应当具有相应的民事权利能力和民事行为能力。

当事人依法可以委托代理人订立合同。

第十条　当事人订立合同，有书面形式、口头形式和其他形式。

法律、行政法规规定采用书面形式的，应当采用书面形式。当事人约定采用书面形式的，应当采用书面形式。

第十一条　书面形式是指合同书、信件和数据电文（包括电报、电传、传真、电子数据交换和电子邮件）等可以有形地表现所载内容的形式。

第十二条　合同的内容由当事人约定，一般包括以下条款：

（一）当事人的名称或者姓名和住所；

（二）标的；

（三）数量；

（四）质量；

（五）价款或者报酬；

（六）履行期限、地点和方式；

（七）违约责任；

（八）解决争议的方法。

当事人可以参照各类合同的示范文本订立合同。

第十三条　当事人订立合同，采取要约、承诺方式。

第十四条　要约是希望和他人订立合同的意思表示，该意思表示应当符合下列规定：

（一）内容具体确定；

（二）表明经受要约人承诺，要约人即受该意思表示约束。

第十五条　要约邀请是希望他人向自己发出要约的意思表示。寄送的价目表、拍卖公告、招标公告、招股说明书、商业广告等为要约邀请。

商业广告的内容符合要约规定的，视为要约。

第十六条　要约到达受要约人时生效。

采用数据电文形式订立合同，收件人指定特定系统接收数据电文的，该数据电文进入该特定系统的时间，视为到达时间；未指定特定系统的，该数据电文进入收件人的任何系统的首次时间，视为到达时间。

第十七条　要约可以撤回。撤回要约的通知应当在要约到达受要约人之前或者与要约同时到达受要约人。

第十八条　要约可以撤销。撤销要约的通知应当在受要约人发出承诺通知之前到达受要约人。

第十九条　有下列情形之一的，要约不得撤销：

（一）要约人确定了承诺期限或者以其他形式明示要约不可撤销；

（二）受要约人有理由认为要约是不可撤销的，并已经为履行合同作了准备工作。

第二十条　有下列情形之一的，要约失效：

（一）拒绝要约的通知到达要约人；

（二）要约人依法撤销要约；

（三）承诺期限届满，受要约人未作出承诺；

（四）受要约人对要约的内容作出实质性变更。

第二十一条　承诺是受要约人同意要约的意思表示。

第二十二条　承诺应当以通知的方式作出，但根据交易习惯或者要约表明可以通过行为作出承诺的除外。

第二十三条　承诺应当在要约确定的期限内到达要约人。

要约没有确定承诺期限的，承诺应当依照下列规定到达：

（一）要约以对话方式作出的，应当即时作出承诺，但当事人另有约定的除外；

（二）要约以非对话方式作出的，承诺应当在合理期限内到达。

第二十四条　要约以信件或者电报作出的，承诺期限自信件载明的日期或者电报交发之日开始计算。信件未载明日期的，自投寄该信件的邮戳日期开始计算。要约以电话、传真等快速通讯方式作出的，承诺期限自要约到达受要约人时开始计算。

第二十五条　承诺生效时合同成立。

第二十六条　承诺通知到达要约人时生效。承诺不需要通知的，根据交易习惯或者要约的要求作出承诺的行为时生效。

采用数据电文形式订立合同的，承诺到达的时间适用本法第十六条第二款的规定。

第二十七条　承诺可以撤回。撤回承诺的通知应当在承诺通知到达要约人之前或者与承诺通知同时到达要约人。

第二十八条　受要约人超过承诺期限发出承诺的，除要约人及时通知受要约人该承诺有效的以外，为新要约。

第二十九条　受要约人在承诺期限内发出承诺，按照通常情形能够及时到达要约人，但因其他原因承诺到达要约人时超过承诺期限的，除要约人及时通知受要约人因承诺超过期限不接受该承诺的以外，该承诺有效。

第三十条　承诺的内容应当与要约的内容一致。受要约人对要约的内容作出实质性变更的，为新要约。有关合同标的、数量、质量、价款或者报酬、履行期限、履行地点和方式、违约责任和解决争议方法等的变更，是对要约内容的实质性变更。

第三十一条　承诺对要约的内容作出非实质性变更的，除要约人及时表示反对或者要约表明承诺不得对要约的内容作出任何变更的以外，该承诺有效，合同的内容以承诺的内容为准。

第三十二条　当事人采用合同书形式订立合同的，自双方当事人签字或者盖章时合同成立。

第三十三条　当事人采用信件、数据电文等形式订立合同的，可以在合同成立之前要求签订确认书。签订确认书时合同成立。

第三十四条　承诺生效的地点为合同成立的地点。

采用数据电文形式订立合同的，收件人的主营业地为合同成立的地点；没有主营业地的，其经常居住地为合同成立的地点。当事人另有约定的，按照其约定。

第三十五条　当事人采用合同书形式订立合同的，双方当事人签字或者盖章的地点为合同成立的地点。

第三十六条　法律、行政法规规定或者当事人约定采用书面形式订立合同，当事人未采用书面形式但一方已经履行主要义务，对方接受的，该合同成立。

第三十七条　采用合同书形式订立合同，在签字或者盖章之前，当事人一方已经履行主要义务，对方接受的，该合同成立。

第三十八条　国家根据需要下达指令性任务或者国家订货任务的，有关法人、其他组织之间应当依照有关法律、行政法规规定的权利和义务订立合同。

第三十九条　采用格式条款订立合同的，提供格式条款的一方应当遵循公平原则确定当事人之间的权利和义务，并采取合理的方式提请对方注意免除或者限制其责任的条款，按照对方的要求，对该条款予以说明。

格式条款是当事人为了重复使用而预先拟定，并在订立合同时未与对方协商的条款。

第四十条　格式条款具有本法第五十二条和第五十三条规定情形的，或者提供格式条款一方免除其责任、加重对方责任、排除对方主要权利的，该条款无效。

第四十一条　对格式条款的理解发生争议的，应当按照通常理解予以解释。对格式条款有两种以上解释的，应当作出不利于提供格式条款一方的解释。格式条款和非格式条款不一致的，应当采用非格式条款。

第四十二条　当事人在订立合同过程中有下列情形之一，给对方造成损失的，应当承担损害赔偿责任：

（一）假借订立合同，恶意进行磋商；

（二）故意隐瞒与订立合同有关的重要事实或者提供虚假情况；

（三）有其他违背诚实信用原则的行为。

第四十三条　当事人在订立合同过程中知悉的商业秘密，无论合同是否成立，不得泄露或者不正当地使用。泄露或者不正当地使用该商业秘密给对方造成损失的，应当承担损害赔偿责任。

第三章　合同的效力

第四十四条　依法成立的合同，自成立时生效。

法律、行政法规规定应当办理批准、登记等手续生效的，依照其规定。

第四十五条　当事人对合同的效力可以约定附条件。附生效条件的合同，自条件成就时生效。附解除条件的合同，自条件成就时失效。

当事人为自己的利益不正当地阻止条件成就的，视为条件已成就；不正当地促成条件成就的，视为条件不成就。

第四十六条　当事人对合同的效力可以约定附期限。附生效期限的合同，自期限届至时生效。附终止期限的合同，自期限届满时失效。

第四十七条　限制民事行为能力人订立的合同，经法定代理人追认后，该合同有效，但纯获利益的合同或者与其年龄、智力、精神健康状况相适应而订立的合同，不必经法定代理人追认。

相对人可以催告法定代理人在一个月内予以追认。法定代理人未作表示的，视为拒绝追认。合同被追认之前，善意相对人有撤销的权利。撤销应当以通知的方式作出。

第四十八条　行为人没有代理权、超越代理权或者代理权终止后以被代理人名义订立的合同，未经被代理人追认，对被代理人不发生效力，由行为人承担责任。

相对人可以催告被代理人在一个月内予以追认。被代理人未作表示的，视为拒绝追认。合同被追认之前，善意相对人有撤销的权利。撤销应当以通知的方式作出。

第四十九条　行为人没有代理权、超越代理权或者代理权终止后以被代理人名义订立合同，相对人有理由相信行为人有代理权的，该代理行为有效。

第五十条　法人或者其他组织的法定代表人、负责人超越权限订立的合同，除相对人知道或者应当知道其超越权限的以外，该代表行为有效。

第五十一条　无处分权的人处分他人财产，经权利人追认或者无处分权的人订立合同后取得处分权的，该合同有效。

第五十二条　有下列情形之一的，合同无效：

（一）一方以欺诈、胁迫的手段订立合同，损害国家利益；

（二）恶意串通，损害国家、集体或者第三人利益；

（三）以合法形式掩盖非法目的；

（四）损害社会公共利益；

（五）违反法律、行政法规的强制性规定。

第五十三条　合同中的下列免责条款无效：

（一）造成对方人身伤害的；

（二）因故意或者重大过失造成对方财产损失的。

第五十四条　下列合同，当事人一方有权请求人民法院或者仲裁机构变更或者撤销：

（一）因重大误解订立的；

（二）在订立合同时显失公平的。

一方以欺诈、胁迫的手段或者乘人之危，使对方在违背真实意思的情况下订立的合同，受损害方有权请求人民法院或者仲裁机构变更或者撤销。

当事人请求变更的，人民法院或者仲裁机构不得撤销。

第五十五条　有下列情形之一的，撤销权消灭：

（一）具有撤销权的当事人自知道或者应当知道撤销事由之日起一年内没有行使撤销权；

（二）具有撤销权的当事人知道撤销事由后明确表示或者以自己的行为放弃撤销权。

第五十六条　无效的合同或者被撤销的合同自始没有法律约束力。合同部分无效，不影响其他部分效力的，其他部分仍然有效。

第五十七条　合同无效、被撤销或者终止的，不影响合同中独立存在的有关解决争议方法的条款的效力。

第五十八条　合同无效或者被撤销后，因该合同取得的财产，应当予以返还；不能返还或者没有必要返还的，应当折价补偿。有过错的一方应当赔偿对方因此所受到的损失，双方都有过错的，应当各自承担相应的责任。

第五十九条　当事人恶意串通，损害国家、集体或者第三人利益的，因此取得的财产收归国家所有或者返还集体、第三人。

第四章　合同的履行

第六十条　当事人应当按照约定全面履行自己的义务。

当事人应当遵循诚实信用原则，根据合同的性质、目的和交易习惯履行通知、协助、保密等义务。

第六十一条 合同生效后，当事人就质量、价款或者报酬、履行地点等内容没有约定或者约定不明确的，可以协议补充；不能达成补充协议的，按照合同有关条款或者交易习惯确定。

第六十二条 当事人就有关合同内容约定不明确，依照本法第六十一条的规定仍不能确定的，适用下列规定：

（一）质量要求不明确的，按照国家标准、行业标准履行；没有国家标准、行业标准的，按照通常标准或者符合合同目的的特定标准履行。

（二）价款或者报酬不明确的，按照订立合同时履行地的市场价格履行；依法应当执行政府定价或者政府指导价的，按照规定履行。

（三）履行地点不明确，给付货币的，在接受货币一方所在地履行；交付不动产的，在不动产所在地履行；其他标的，在履行义务一方所在地履行。

（四）履行期限不明确的，债务人可以随时履行，债权人也可以随时要求履行，但应当给对方必要的准备时间。

（五）履行方式不明确的，按照有利于实现合同目的的方式履行。

（六）履行费用的负担不明确的，由履行义务一方负担。

第六十三条 执行政府定价或者政府指导价的，在合同约定的交付期限内政府价格调整时，按照交付时的价格计价。逾期交付标的物的，遇价格上涨时，按照原价格执行；价格下降时，按照新价格执行。逾期提取标的物或者逾期付款的，遇价格上涨时，按照新价格执行；价格下降时，按照原价格执行。

第六十四条 当事人约定由债务人向第三人履行债务的，债务人未向第三人履行债务或者履行债务不符合约定，应当向债权人承担违约责任。

第六十五条 当事人约定由第三人向债权人履行债务的，第三人不履行债务或者履行债务不符合约定，债务人应当向债权人承担违约责任。

第六十六条 当事人互负债务，没有先后履行顺序的，应当同时履行。一方在对方履行之前有权拒绝其履行要求。一方在对方履行债务不符合约定时，有权拒绝其相应的履行要求。

第六十七条 当事人互负债务，有先后履行顺序，先履行一方未履行的，后履行一方有权拒绝其履行要求。先履行一方履行债务不符合约定的，后履行一方有权拒绝其相应的履行要求。

第六十八条 应当先履行债务的当事人，有确切证据证明对方有下列情形之一的，可以中止履行：

（一）经营状况严重恶化；

（二）转移财产、抽逃资金，以逃避债务；

（三）丧失商业信誉；

（四）有丧失或者可能丧失履行债务能力的其他情形。

当事人没有确切证据中止履行的，应当承担违约责任。

第六十九条 当事人依照本法第六十八条的规定中止履行的，应当及时通知对方。对方提供适当担保时，应当恢复履行。中止履行后，对方在合理期限内未恢复履行能力并且未提供适当担保的，中止履行的一方可以解除合同。

第七十条　债权人分立、合并或者变更住所没有通知债务人，致使履行债务发生困难的，债务人可以中止履行或者将标的物提存。

第七十一条　债权人可以拒绝债务人提前履行债务，但提前履行不损害债权人利益的除外。

债务人提前履行债务给债权人增加的费用，由债务人负担。

第七十二条　债权人可以拒绝债务人部分履行债务，但部分履行不损害债权人利益的除外。

债务人部分履行债务给债权人增加的费用，由债务人负担。

第七十三条　因债务人怠于行使其到期债权，对债权人造成损害的，债权人可以向人民法院请求以自己的名义代位行使债务人的债权，但该债权专属于债务人自身的除外。

代位权的行使范围以债权人的债权为限。债权人行使代位权的必要费用，由债务人负担。

第七十四条　因债务人放弃其到期债权或者无偿转让财产，对债权人造成损害的，债权人可以请求人民法院撤销债务人的行为。债务人以明显不合理的低价转让财产，对债权人造成损害，并且受让人知道该情形的，债权人也可以请求人民法院撤销债务人的行为。

撤销权的行使范围以债权人的债权为限。债权人行使撤销权的必要费用，由债务人负担。

第七十五条　撤销权自债权人知道或者应当知道撤销事由之日起一年内行使。自债务人的行为发生之日起五年内没有行使撤销权的，该撤销权消灭。

第七十六条　合同生效后，当事人不得因姓名、名称的变更或者法定代表人、负责人、承办人的变动而不履行合同义务。

第五章　合同的变更和转让

第七十七条　当事人协商一致，可以变更合同。

法律、行政法规规定变更合同应当办理批准、登记等手续的，依照其规定。

第七十八条　当事人对合同变更的内容约定不明确的，推定为未变更。

第七十九条　债权人可以将合同的权利全部或者部分转让给第三人，但有下列情形之一的除外：

（一）根据合同性质不得转让；

（二）按照当事人约定不得转让；

（三）依照法律规定不得转让。

第八十条　债权人转让权利的，应当通知债务人。未经通知，该转让对债务人不发生效力。

债权人转让权利的通知不得撤销，但经受让人同意的除外。

第八十一条　债权人转让权利的，受让人取得与债权有关的从权利，但该从权利专属于债权人自身的除外。

第八十二条　债务人接到债权转让通知后，债务人对让与人的抗辩，可以向受让人主张。

第八十三条　债务人接到债权转让通知时，债务人对让与人享有债权，并且债务人的债权先于转让的债权到期或者同时到期的，债务人可以向受让人主张抵销。

第八十四条　债务人将合同的义务全部或者部分转移给第三人的，应当经债权人同意。

第八十五条　债务人转移义务的，新债务人可以主张原债务人对债权人的抗辩。

第八十六条　债务人转移义务的，新债务人应当承担与主债务有关的从债务，但该从债务专属于原债务人自身的除外。

第八十七条　法律、行政法规规定转让权利或者转移义务应当办理批准、登记等手续的，依照其规定。

第八十八条　当事人一方经对方同意，可以将自己在合同中的权利和义务一并转让给第三人。

第八十九条　权利和义务一并转让的，适用本法第七十九条、第八十一条至第八十三条、第八十五条至第八十七条的规定。

第九十条　当事人订立合同后合并的，由合并后的法人或者其他组织行使合同权利，履行合同义务。当事人订立合同后分立的，除债权人和债务人另有约定的以外，由分立的法人或者其他组织对合同的权利和义务享有连带债权，承担连带债务。

第六章　合同的权利义务终止

第九十一条　有下列情形之一的，合同的权利义务终止：

（一）债务已经按照约定履行；

（二）合同解除；

（三）债务相互抵销；

（四）债务人依法将标的物提存；

（五）债权人免除债务；

（六）债权债务同归于一人；

（七）法律规定或者当事人约定终止的其他情形。

第九十二条　合同的权利义务终止后，当事人应当遵循诚实信用原则，根据交易习惯履行通知、协助、保密等义务。

第九十三条　当事人协商一致，可以解除合同。

当事人可以约定一方解除合同的条件。解除合同的条件成就时，解除权人可以解除合同。

第九十四条　有下列情形之一的，当事人可以解除合同：

（一）因不可抗力致使不能实现合同目的；

（二）在履行期限届满之前，当事人一方明确表示或者以自己的行为表明不履行主要债务；

（三）当事人一方迟延履行主要债务，经催告后在合理期限内仍未履行；

（四）当事人一方迟延履行债务或者有其他违约行为致使不能实现合同目的；

（五）法律规定的其他情形。

第九十五条　法律规定或者当事人约定解除权行使期限，期限届满当事人不行使的，该权利消灭。

法律没有规定或者当事人没有约定解除权行使期限，经对方催告后在合理期限内不行使的，该权利消灭。

第九十六条　当事人一方依照本法第九十三条第二款、第九十四条的规定主张解除合同的，应当通知对方。合同自通知到达对方时解除。对方有异议的，可以请求人民法院或者仲裁机构确认解除合同的效力。

法律、行政法规规定解除合同应当办理批准、登记等手续的，依照其规定。

第九十七条　合同解除后，尚未履行的，终止履行，已经履行的，根据履行情况和合同性质，当事人可以要求恢复原状、采取其他补救措施，并有权要求赔偿损失。

第九十八条　合同的权利义务终止，不影响合同中结算和清理条款的效力。

第九十九条　当事人互负到期债务，该债务的标的物种类、品质相同的，任何一方可以将自己的债务与对方的债务抵销，但依照法律规定或者按照合同性质不得抵销的除外。

当事人主张抵销的，应当通知对方。通知自到达对方时生效。抵销不得附条件或者附期限。

第一百条　当事人互负债务，标的物种类、品质不相同的，经双方协商一致，也可以抵销。

第一百零一条　有下列情形之一，难以履行债务的，债务人可以将标的物提存：

（一）债权人无正当理由拒绝受领；

（二）债权人下落不明；

（三）债权人死亡未确定继承人或者丧失民事行为能力未确定监护人；

（四）法律规定的其他情形。

标的物不适于提存或者提存费用过高的，债务人依法可以拍卖或者变卖标的物，提存所得的价款。

第一百零二条　标的物提存后，除债权人下落不明的以外，债务人应当及时通知债权人或者债权人的继承人、监护人。

第一百零三条　标的物提存后，毁损、灭失的风险由债权人承担。提存期间，标的物的孳息归债权人所有。提存费用由债权人负担。

第一百零四条　债权人可以随时领取提存物，但债权人对债务人负有到期债务的，在债权人未履行债务或者提供担保之前，提存部门根据债务人的要求应当拒绝其领取提存物。

债权人领取提存物的权利，自提存之日起五年内不行使而消灭，提存物扣除提存费用后归国家所有。

第一百零五条　债权人免除债务人部分或者全部债务的，合同的权利义务部分或者全部终止。

第一百零六条　债权和债务同归于一人的，合同的权利义务终止，但涉及第三人利益的除外。

第七章　违约责任

第一百零七条　当事人一方不履行合同义务或者履行合同义务不符合约定的，应当承担继续履行、采取补救措施或者赔偿损失等违约责任。

第一百零八条 当事人一方明确表示或者以自己的行为表明不履行合同义务的，对方可以在履行期限届满之前要求其承担违约责任。

第一百零九条 当事人一方未支付价款或者报酬的，对方可以要求其支付价款或者报酬。

第一百一十条 当事人一方不履行非金钱债务或者履行非金钱债务不符合约定的，对方可以要求履行，但有下列情形之一的除外：

（一）法律上或者事实上不能履行；

（二）债务的标的不适于强制履行或者履行费用过高；

（三）债权人在合理期限内未要求履行。

第一百一十一条 质量不符合约定的，应当按照当事人的约定承担违约责任。对违约责任没有约定或者约定不明确，依照本法第六十一条的规定仍不能确定的，受损害方根据标的的性质以及损失的大小，可以合理选择要求对方承担修理、更换、重作、退货、减少价款或者报酬等违约责任。

第一百一十二条 当事人一方不履行合同义务或者履行合同义务不符合约定的，在履行义务或者采取补救措施后，对方还有其他损失的，应当赔偿损失。

第一百一十三条 当事人一方不履行合同义务或者履行合同义务不符合约定，给对方造成损失的，损失赔偿额应当相当于因违约所造成的损失，包括合同履行后可以获得的利益，但不得超过违反合同一方订立合同时预见到或者应当预见到的因违反合同可能造成的损失。

经营者对消费者提供商品或者服务有欺诈行为的，依照《中华人民共和国消费者权益保护法》的规定承担损害赔偿责任。

第一百一十四条 当事人可以约定一方违约时应当根据违约情况向对方支付一定数额的违约金，也可以约定因违约产生的损失赔偿额的计算方法。

约定的违约金低于造成的损失的，当事人可以请求人民法院或者仲裁机构予以增加；约定的违约金过分高于造成的损失的，当事人可以请求人民法院或者仲裁机构予以适当减少。

当事人就迟延履行约定违约金的，违约方支付违约金后，还应当履行债务。

第一百一十五条 当事人可以依照《中华人民共和国担保法》约定一方向对方给付定金作为债权的担保。债务人履行债务后，定金应当抵作价款或者收回。给付定金的一方不履行约定的债务的，无权要求返还定金；收受定金的一方不履行约定的债务的，应当双倍返还定金。

第一百一十六条 当事人既约定违约金，又约定定金的，一方违约时，对方可以选择适用违约金或者定金条款。

第一百一十七条 因不可抗力不能履行合同的，根据不可抗力的影响，部分或者全部免除责任，但法律另有规定的除外。当事人迟延履行后发生不可抗力的，不能免除责任。

本法所称不可抗力，是指不能预见、不能避免并不能克服的客观情况。

第一百一十八条 当事人一方因不可抗力不能履行合同的，应当及时通知对方，以减轻可能给对方造成的损失，并应当在合理期限内提供证明。

第一百一十九条　当事人一方违约后，对方应当采取适当措施防止损失的扩大；没有采取适当措施致使损失扩大的，不得就扩大的损失要求赔偿。

当事人因防止损失扩大而支出的合理费用，由违约方承担。

第一百二十条　当事人双方都违反合同的，应当各自承担相应的责任。

第一百二十一条　当事人一方因第三人的原因造成违约的，应当向对方承担违约责任。当事人一方和第三人之间的纠纷，依照法律规定或者按照约定解决。

第一百二十二条　因当事人一方的违约行为，侵害对方人身、财产权益的，受损害方有权选择依照本法要求其承担违约责任或者依照其他法律要求其承担侵权责任。

第八章　其他规定

第一百二十三条　其他法律对合同另有规定的，依照其规定。

第一百二十四条　本法分则或者其他法律没有明文规定的合同，适用本法总则的规定，并可以参照本法分则或者其他法律最相类似的规定。

第一百二十五条　当事人对合同条款的理解有争议的，应当按照合同所使用的词句、合同的有关条款、合同的目的、交易习惯以及诚实信用原则，确定该条款的真实意思。

合同文本采用两种以上文字订立并约定具有同等效力的，对各文本使用的词句推定具有相同含义。各文本使用的词句不一致的，应当根据合同的目的予以解释。

第一百二十六条　涉外合同的当事人可以选择处理合同争议所适用的法律，但法律另有规定的除外。涉外合同的当事人没有选择的，适用与合同有最密切联系的国家的法律。

在中华人民共和国境内履行的中外合资经营企业合同、中外合作经营企业合同、中外合作勘探开发自然资源合同，适用中华人民共和国法律。

第一百二十七条　工商行政管理部门和其他有关行政主管部门在各自的职权范围内，依照法律、行政法规的规定，对利用合同危害国家利益、社会公共利益的违法行为，负责监督处理；构成犯罪的，依法追究刑事责任。

第一百二十八条　当事人可以通过和解或者调解解决合同争议。

当事人不愿和解、调解或者和解、调解不成的，可以根据仲裁协议向仲裁机构申请仲裁。涉外合同的当事人可以根据仲裁协议向中国仲裁机构或者其他仲裁机构申请仲裁。当事人没有订立仲裁协议或者仲裁协议无效的，可以向人民法院起诉。当事人应当履行发生法律效力的判决、仲裁裁决、调解书；拒不履行的，对方可以请求人民法院执行。

第一百二十九条　因国际货物买卖合同和技术进出口合同争议提起诉讼或者申请仲裁的期限为四年，自当事人知道或者应当知道其权利受到侵害之日起计算。因其他合同争议提起诉讼或者申请仲裁的期限，依照有关法律的规定。

分　则（略）
附　则

第四百二十八条　本法自 1999 年 10 月 1 日起施行，《中华人民共和国经济合同法》、《中华人民共和国涉外经济合同法》、《中华人民共和国技术合同法》同时废止。

3.《中华人民共和国食品安全法》

中华人民共和国食品安全法

2009 年 2 月 28 日第十一届全国人民代表大会常务委员会第七次会议通过
2015 年 4 月 24 日第十二届全国人民代表大会常务委员会第十四次会议修订

第一章　总　则

第一条　为了保证食品安全，保障公众身体健康和生命安全，制定本法。

第二条　在中华人民共和国境内从事下列活动，应当遵守本法：

（一）食品生产和加工（以下称食品生产），食品销售和餐饮服务（以下称食品经营）；

（二）食品添加剂的生产经营；

（三）用于食品的包装材料、容器、洗涤剂、消毒剂和用于食品生产经营的工具、设备（以下称食品相关产品）的生产经营；

（四）食品生产经营者使用食品添加剂、食品相关产品；

（五）食品的贮存和运输；

（六）对食品、食品添加剂、食品相关产品的安全管理。

供食用的源于农业的初级产品（以下称食用农产品）的质量安全管理，遵守《中华人民共和国农产品质量安全法》的规定。但是，食用农产品的市场销售、有关质量安全标准的制定、有关安全信息的公布和本法对农业投入品作出规定的，应当遵守本法的规定。

第三条　食品安全工作实行预防为主、风险管理、全程控制、社会共治，建立科学、严格的监督管理制度。

第四条　食品生产经营者对其生产经营食品的安全负责。

食品生产经营者应当依照法律、法规和食品安全标准从事生产经营活动，保证食品安全，诚信自律，对社会和公众负责，接受社会监督，承担社会责任。

第五条　国务院设立食品安全委员会，其职责由国务院规定。

国务院食品药品监督管理部门依照本法和国务院规定的职责，对食品生产经营活动实施监督管理。

国务院卫生行政部门依照本法和国务院规定的职责，组织开展食品安全风险监测和风险评估，会同国务院食品药品监督管理部门制定并公布食品安全国家标准。

国务院其他有关部门依照本法和国务院规定的职责，承担有关食品安全工作。

第六条　县级以上地方人民政府对本行政区域的食品安全监督管理工作负责，统一领导、组织、协调本行政区域的食品安全监督管理工作以及食品安全突发事件应对工作，建立健全食品安全全程监督管理工作机制和信息共享机制。

县级以上地方人民政府依照本法和国务院的规定，确定本级食品药品监督管理、卫生行政部门和其他有关部门的职责。有关部门在各自职责范围内负责本行政区域的食品安全监督管理工作。

县级人民政府食品药品监督管理部门可以在乡镇或者特定区域设立派出机构。

第七条　县级以上地方人民政府实行食品安全监督管理责任制。上级人民政府负责对下一级人民政府的食品安全监督管理工作进行评议、考核。县级以上地方人民政府负责对本级食品药品监督管理部门和其他有关部门的食品安全监督管理工作进行评议、考核。

第八条　县级以上人民政府应当将食品安全工作纳入本级国民经济和社会发展规划，将食品安全工作经费列入本级政府财政预算，加强食品安全监督管理能力建设，为食品安全工作提供保障。

县级以上人民政府食品药品监督管理部门和其他有关部门应当加强沟通、密切配合，按照各自职责分工，依法行使职权，承担责任。

第九条　食品行业协会应当加强行业自律，按照章程建立健全行业规范和奖惩机制，提供食品安全信息、技术等服务，引导和督促食品生产经营者依法生产经营，推动行业诚信建设，宣传、普及食品安全知识。

消费者协会和其他消费者组织对违反本法规定，损害消费者合法权益的行为，依法进行社会监督。

第十条　各级人民政府应当加强食品安全的宣传教育，普及食品安全知识，鼓励社会组织、基层群众性自治组织、食品生产经营者开展食品安全法律、法规以及食品安全标准和知识的普及工作，倡导健康的饮食方式，增强消费者食品安全意识和自我保护能力。

新闻媒体应当开展食品安全法律、法规以及食品安全标准和知识的公益宣传，并对食品安全违法行为进行舆论监督。有关食品安全的宣传报道应当真实、公正。

第十一条　国家鼓励和支持开展与食品安全有关的基础研究、应用研究，鼓励和支持食品生产经营者为提高食品安全水平采用先进技术和先进管理规范。

国家对农药的使用实行严格的管理制度，加快淘汰剧毒、高毒、高残留农药，推动替代产品的研发和应用，鼓励使用高效、低毒、低残留农药。

第十二条　任何组织或者个人有权举报食品安全违法行为，依法向有关部门了解食品安全信息，对食品安全监督管理工作提出意见和建议。

第十三条　对在食品安全工作中做出突出贡献的单位和个人，按照国家有关规定给予表彰、奖励。

第二章　食品安全风险监测和评估

第十四条　国家建立食品安全风险监测制度，对食源性疾病、食品污染以及食品中的有害因素进行监测。

国务院卫生行政部门会同国务院食品药品监督管理、质量监督等部门，制定、实施国家食品安全风险监测计划。

国务院食品药品监督管理部门和其他有关部门获知有关食品安全风险信息后，应当立即核实并向国务院卫生行政部门通报。对有关部门通报的食品安全风险信息以及医疗机构报告的食源性疾病等有关疾病信息，国务院卫生行政部门应当会同国务院有关部门分析研究，认为必要的，及时调整国家食品安全风险监测计划。

省、自治区、直辖市人民政府卫生行政部门会同同级食品药品监督管理、质量监督等部门，根据国家食品安全风险监测计划，结合本行政区域的具体情况，制定、调整本行政区域的食品安全风险监测方案，报国务院卫生行政部门备案并实施。

第十五条　承担食品安全风险监测工作的技术机构应当根据食品安全风险监测计划和监测方案开展监测工作，保证监测数据真实、准确，并按照食品安全风险监测计划和监测方案的要求报送监测数据和分析结果。

食品安全风险监测工作人员有权进入相关食用农产品种植养殖、食品生产经营场所采集样品、收集相关数据。采集样品应当按照市场价格支付费用。

第十六条　食品安全风险监测结果表明可能存在食品安全隐患的，县级以上人民政府卫生行政部门应当及时将相关信息通报同级食品药品监督管理等部门，并报告本级人民政府和上级人民政府卫生行政部门。食品药品监督管理等部门应当组织开展进一步调查。

第十七条　国家建立食品安全风险评估制度，运用科学方法，根据食品安全风险监测信息、科学数据以及有关信息，对食品、食品添加剂、食品相关产品中生物性、化学性和物理性危害因素进行风险评估。

国务院卫生行政部门负责组织食品安全风险评估工作，成立由医学、农业、食品、营养、生物、环境等方面的专家组成的食品安全风险评估专家委员会进行食品安全风险评估。食品安全风险评估结果由国务院卫生行政部门公布。

对农药、肥料、兽药、饲料和饲料添加剂等的安全性评估，应当有食品安全风险评估专家委员会的专家参加。

食品安全风险评估不得向生产经营者收取费用，采集样品应当按照市场价格支付费用。

第十八条　有下列情形之一的，应当进行食品安全风险评估：

（一）通过食品安全风险监测或者接到举报发现食品、食品添加剂、食品相关产品可能存在安全隐患的；

（二）为制定或者修订食品安全国家标准提供科学依据需要进行风险评估的；

（三）为确定监督管理的重点领域、重点品种需要进行风险评估的；

（四）发现新的可能危害食品安全因素的；

（五）需要判断某一因素是否构成食品安全隐患的；

（六）国务院卫生行政部门认为需要进行风险评估的其他情形。

第十九条　国务院食品药品监督管理、质量监督、农业行政等部门在监督管理工作中发现需要进行食品安全风险评估的，应当向国务院卫生行政部门提出食品安全风险评估的建议，并提供风险来源、相关检验数据和结论等信息、资料。属于本法第十八条规定情形的，国务院卫生行政部门应当及时进行食品安全风险评估，并向国务院有关部门通报评估结果。

第二十条　省级以上人民政府卫生行政、农业行政部门应当及时相互通报食品、食用农产品安全风险监测信息。

国务院卫生行政、农业行政部门应当及时相互通报食品、食用农产品安全风险评估结果等信息。

第二十一条　食品安全风险评估结果是制定、修订食品安全标准和实施食品安全监督管理的科学依据。

经食品安全风险评估，得出食品、食品添加剂、食品相关产品不安全结论的，国务院食品药品监督管理、质量监督等部门应当依据各自职责立即向社会公告，告知消费者停止食用或者使用，并采取相应措施，确保该食品、食品添加剂、食品相关产品停止生产经营；需要制定、修订相关食品安全国家标准的，国务院卫生行政部门应当会同国务院食品药品监督管理部门立即制定、修订。

第二十二条　国务院食品药品监督管理部门应当会同国务院有关部门，根据食品安全风险评估结果、食品安全监督管理信息，对食品安全状况进行综合分析。对经综合分析表明可能具有较高程度安全风险的食品，国务院食品药品监督管理部门应当及时提出食品安全风险警示，并向社会公布。

第二十三条　县级以上人民政府食品药品监督管理部门和其他有关部门、食品安全风险评估专家委员会及其技术机构，应当按照科学、客观、及时、公开的原则，组织食品生产经营者、食品检验机构、认证机构、食品行业协会、消费者协会以及新闻媒体等，就食品安全风险评估信息和食品安全监督管理信息进行交流沟通。

第三章　食品安全标准

第二十四条　制定食品安全标准，应当以保障公众身体健康为宗旨，做到科学合理、安全可靠。

第二十五条　食品安全标准是强制执行的标准。除食品安全标准外，不得制定其他食品强制性标准。

第二十六条　食品安全标准应当包括下列内容：

（一）食品、食品添加剂、食品相关产品中的致病性微生物、农药残留、兽药残留、生物毒素、重金属等污染物质以及其他危害人体健康物质的限量规定；

（二）食品添加剂的品种、使用范围、用量；

（三）专供婴幼儿和其他特定人群的主辅食品的营养成分要求；

（四）对与卫生、营养等食品安全要求有关的标签、标志、说明书的要求；

（五）食品生产经营过程的卫生要求；

（六）与食品安全有关的质量要求；

（七）与食品安全有关的食品检验方法与规程；

（八）其他需要制定为食品安全标准的内容。

第二十七条　食品安全国家标准由国务院卫生行政部门会同国务院食品药品监督管理部门制定、公布，国务院标准化行政部门提供国家标准编号。

食品中农药残留、兽药残留的限量规定及其检验方法与规程由国务院卫生行政部门、国务院农业行政部门会同国务院食品药品监督管理部门制定。

屠宰畜、禽的检验规程由国务院农业行政部门会同国务院卫生行政部门制定。

第二十八条　制定食品安全国家标准，应当依据食品安全风险评估结果并充分考虑食用农产品安全风险评估结果，参照相关的国际标准和国际食品安全风险评估结果，并将食品安全国家标准草案向社会公布，广泛听取食品生产经营者、消费者、有关部门等方面的意见。

食品安全国家标准应当经国务院卫生行政部门组织的食品安全国家标准审评委员会审查通过。食品安全国家标准审评委员会由医学、农业、食品、营养、生物、环境等方面的专家以及国务院有关部门、食品行业协会、消费者协会的代表组成，对食品安全国家标准草案的科学性和实用性等进行审查。

第二十九条　对地方特色食品，没有食品安全国家标准的，省、自治区、直辖市人民政府卫生行政部门可以制定并公布食品安全地方标准，报国务院卫生行政部门备案。食品安全国家标准制定后，该地方标准即行废止。

第三十条　国家鼓励食品生产企业制定严于食品安全国家标准或者地方标准的企业标准，在本企业适用，并报省、自治区、直辖市人民政府卫生行政部门备案。

第三十一条　省级以上人民政府卫生行政部门应当在其网站上公布制定和备案的食品安全国家标准、地方标准和企业标准，供公众免费查阅、下载。

对食品安全标准执行过程中的问题，县级以上人民政府卫生行政部门应当会同有关部门及时给予指导、解答。

第三十二条　省级以上人民政府卫生行政部门应当会同同级食品药品监督管理、质量监督、农业行政等部门，分别对食品安全国家标准和地方标准的执行情况进行跟踪评价，并根据评价结果及时修订食品安全标准。

省级以上人民政府食品药品监督管理、质量监督、农业行政等部门应当对食品安全标准执行中存在的问题进行收集、汇总，并及时向同级卫生行政部门通报。

食品生产经营者、食品行业协会发现食品安全标准在执行中存在问题的，应当立即向卫生行政部门报告。

第四章　食品生产经营

第一节　一般规定

第三十三条　食品生产经营应当符合食品安全标准，并符合下列要求：

（一）具有与生产经营的食品品种、数量相适应的食品原料处理和食品加工、包装、贮存等场所，保持该场所环境整洁，并与有毒、有害场所以及其他污染源保持规定的距离；

（二）具有与生产经营的食品品种、数量相适应的生产经营设备或者设施，有相应的消毒、更衣、盥洗、采光、照明、通风、防腐、防尘、防蝇、防鼠、防虫、洗涤以及处理废水、存放垃圾和废弃物的设备或者设施；

（三）有专职或者兼职的食品安全专业技术人员、食品安全管理人员和保证食品安全的规章制度；

（四）具有合理的设备布局和工艺流程，防止待加工食品与直接入口食品、原料与成品交叉污染，避免食品接触有毒物、不洁物；

（五）餐具、饮具和盛放直接入口食品的容器，使用前应当洗净、消毒，炊具、用具用后应当洗净，保持清洁；

（六）贮存、运输和装卸食品的容器、工具和设备应当安全、无害，保持清洁，防止食品污染，并符合保证食品安全所需的温度、湿度等特殊要求，不得将食品与有毒、有害物品一同贮存、运输；

（七）直接入口的食品应当使用无毒、清洁的包装材料、餐具、饮具和容器；

（八）食品生产经营人员应当保持个人卫生，生产经营食品时，应当将手洗净，穿戴清洁的工作衣、帽等；销售无包装的直接入口食品时，应当使用无毒、清洁的容器、售货工具和设备；

（九）用水应当符合国家规定的生活饮用水卫生标准；

（十）使用的洗涤剂、消毒剂应当对人体安全、无害；

（十一）法律、法规规定的其他要求。

非食品生产经营者从事食品贮存、运输和装卸的，应当符合前款第六项的规定。

第三十四条　禁止生产经营下列食品、食品添加剂、食品相关产品：

（一）用非食品原料生产的食品或者添加食品添加剂以外的化学物质和其他可能危害人体健康物质的食品，或者用回收食品作为原料生产的食品；

（二）致病性微生物，农药残留、兽药残留、生物毒素、重金属等污染物质以及其他危害人体健康的物质含量超过食品安全标准限量的食品、食品添加剂、食品相关产品；

（三）用超过保质期的食品原料、食品添加剂生产的食品、食品添加剂；

（四）超范围、超限量使用食品添加剂的食品；

（五）营养成分不符合食品安全标准的专供婴幼儿和其他特定人群的主辅食品；

（六）腐败变质、油脂酸败、霉变生虫、污秽不洁、混有异物、掺假掺杂或者感官性状异常的食品、食品添加剂；

（七）病死、毒死或者死因不明的禽、畜、兽、水产动物肉类及其制品；

（八）未按规定进行检疫或者检疫不合格的肉类，或者未经检验或者检验不合格的肉类制品；

（九）被包装材料、容器、运输工具等污染的食品、食品添加剂；

（十）标注虚假生产日期、保质期或者超过保质期的食品、食品添加剂；

（十一）无标签的预包装食品、食品添加剂；

（十二）国家为防病等特殊需要明令禁止生产经营的食品；

（十三）其他不符合法律、法规或者食品安全标准的食品、食品添加剂、食品相关产品。

第三十五条　国家对食品生产经营实行许可制度。从事食品生产、食品销售、餐饮服务，应当依法取得许可。但是，销售食用农产品，不需要取得许可。

县级以上地方人民政府食品药品监督管理部门应当依照《中华人民共和国行政许可法》的规定，审核申请人提交的本法第三十三条第一款第一项至第四项规定要求的相关资料，必要时对申请人的生产经营场所进行现场核查；对符合规定条件的，准予许可；对不符合规定条件的，不予许可并书面说明理由。

第三十六条　食品生产加工小作坊和食品摊贩等从事食品生产经营活动，应当符合本法规定的与其生产经营规模、条件相适应的食品安全要求，保证所生产经营的食品卫生、无毒、无害，食品药品监督管理部门应当对其加强监督管理。

县级以上地方人民政府应当对食品生产加工小作坊、食品摊贩等进行综合治理，加强服务和统一规划，改善其生产经营环境，鼓励和支持其改进生产经营条件，进入集中交易市场、店铺等固定场所经营，或者在指定的临时经营区域、时段经营。

食品生产加工小作坊和食品摊贩等的具体管理办法由省、自治区、直辖市制定。

第三十七条　利用新的食品原料生产食品，或者生产食品添加剂新品种、食品相关产品新品种，应当向国务院卫生行政部门提交相关产品的安全性评估材料。国务院卫生行政部门应当自收到申请之日起六十日内组织审查；对符合食品安全要求的，准予许可并公布；对不符合食品安全要求的，不予许可并书面说明理由。

第三十八条　生产经营的食品中不得添加药品，但是可以添加按照传统既是食品又是中药材的物质。按照传统既是食品又是中药材的物质目录由国务院卫生行政部门会同国务院食品药品监督管理部门制定、公布。

第三十九条　国家对食品添加剂生产实行许可制度。从事食品添加剂生产，应当具有与所生产食品添加剂品种相适应的场所、生产设备或者设施、专业技术人员和管理制度，并依照本法第三十五条第二款规定的程序，取得食品添加剂生产许可。

生产食品添加剂应当符合法律、法规和食品安全国家标准。

第四十条　食品添加剂应当在技术上确有必要且经过风险评估证明安全可靠，方可列入允许使用的范围；有关食品安全国家标准应当根据技术必要性和食品安全风险评估结果及时修订。

食品生产经营者应当按照食品安全国家标准使用食品添加剂。

第四十一条　生产食品相关产品应当符合法律、法规和食品安全国家标准。对直接接触食品的包装材料等具有较高风险的食品相关产品，按照国家有关工业产品生产许可证管理的规定实施生产许可。质量监督部门应当加强对食品相关产品生产活动的监督管理。

第四十二条　国家建立食品安全全程追溯制度。

食品生产经营者应当依照本法的规定，建立食品安全追溯体系，保证食品可追溯。国家鼓励食品生产经营者采用信息化手段采集、留存生产经营信息，建立食品安全追溯体系。

国务院食品药品监督管理部门会同国务院农业行政等有关部门建立食品安全全程追溯协作机制。

第四十三条　地方各级人民政府应当采取措施鼓励食品规模化生产和连锁经营、配送。

国家鼓励食品生产经营企业参加食品安全责任保险。

第二节　生产经营过程控制

第四十四条　食品生产经营企业应当建立健全食品安全管理制度，对职工进行食品安全知识培训，加强食品检验工作，依法从事生产经营活动。

食品生产经营企业的主要负责人应当落实企业食品安全管理制度，对本企业的食品安全工作全面负责。

食品生产经营企业应当配备食品安全管理人员，加强对其培训和考核。经考核不具备食品安全管理能力的，不得上岗。食品药品监督管理部门应当对企业食品安全管理人员随机进行监督抽查考核并公布考核情况。监督抽查考核不得收取费用。

第四十五条　食品生产经营者应当建立并执行从业人员健康管理制度。患有国务院卫生行政部门规定的有碍食品安全疾病的人员，不得从事接触直接入口食品的工作。

从事接触直接入口食品工作的食品生产经营人员应当每年进行健康检查，取得健康证明后方可上岗工作。

第四十六条　食品生产企业应当就下列事项制定并实施控制要求，保证所生产的食品符合食品安全标准：

（一）原料采购、原料验收、投料等原料控制；

（二）生产工序、设备、贮存、包装等生产关键环节控制；

（三）原料检验、半成品检验、成品出厂检验等检验控制；

（四）运输和交付控制。

第四十七条　食品生产经营者应当建立食品安全自查制度，定期对食品安全状况进行检查评价。生产经营条件发生变化，不再符合食品安全要求的，食品生产经营者应当立即采取整改措施；有发生食品安全事故潜在风险的，应当立即停止食品生产经营活动，并向所在地县级人民政府食品药品监督管理部门报告。

第四十八条　国家鼓励食品生产经营企业符合良好生产规范要求，实施危害分析与关键控制点体系，提高食品安全管理水平。

对通过良好生产规范、危害分析与关键控制点体系认证的食品生产经营企业，认证机构应当依法实施跟踪调查；对不再符合认证要求的企业，应当依法撤销认证，及时向县级以上人民政府食品药品监督管理部门通报，并向社会公布。认证机构实施跟踪调查不得收取费用。

第四十九条　食用农产品生产者应当按照食品安全标准和国家有关规定使用农药、肥料、兽药、饲料和饲料添加剂等农业投入品，严格执行农业投入品使用安全间隔期或者休药期的规定，不得使用国家明令禁止的农业投入品。禁止将剧毒、高毒农药用于蔬菜、瓜果、茶叶和中草药材等国家规定的农作物。

食用农产品的生产企业和农民专业合作经济组织应当建立农业投入品使用记录制度。

县级以上人民政府农业行政部门应当加强对农业投入品使用的监督管理和指导，建立健全农业投入品安全使用制度。

第五十条　食品生产者采购食品原料、食品添加剂、食品相关产品，应当查验供货者的许可证和产品合格证明；对无法提供合格证明的食品原料，应当按照食品安全标准进行检验；不得采购或者使用不符合食品安全标准的食品原料、食品添加剂、食品相关产品。

食品生产企业应当建立食品原料、食品添加剂、食品相关产品进货查验记录制度，如实记录食品原料、食品添加剂、食品相关产品的名称、规格、数量、生产日期或者生产批号、保质期、进货日期以及供货者名称、地址、联系方式等内容，并保存相关凭证。记录和凭证保存期限不得少于产品保质期满后六个月；没有明确保质期的，保存期限不得少于二年。

第五十一条　食品生产企业应当建立食品出厂检验记录制度，查验出厂食品的检验合格证和安全状况，如实记录食品的名称、规格、数量、生产日期或者生产批号、保质期、检验合格证号、销售日期以及购货者名称、地址、联系方式等内容，并保存相关凭证。记录和凭证保存期限应当符合本法第五十条第二款的规定。

第五十二条　食品、食品添加剂、食品相关产品的生产者，应当按照食品安全标准对所生产的食品、食品添加剂、食品相关产品进行检验，检验合格后方可出厂或者销售。

第五十三条　食品经营者采购食品，应当查验供货者的许可证和食品出厂检验合格证或者其他合格证明（以下称合格证明文件）。

食品经营企业应当建立食品进货查验记录制度，如实记录食品的名称、规格、数量、生产日期或者生产批号、保质期、进货日期以及供货者名称、地址、联系方式等内容，并保存相关凭证。记录和凭证保存期限应当符合本法第五十条第二款的规定。

实行统一配送经营方式的食品经营企业，可以由企业总部统一查验供货者的许可证和食品合格证明文件，进行食品进货查验记录。

从事食品批发业务的经营企业应当建立食品销售记录制度，如实记录批发食品的名称、规格、数量、生产日期或者生产批号、保质期、销售日期以及购货者名称、地址、联系方式等内容，并保存相关凭证。记录和凭证保存期限应当符合本法第五十条第二款的规定。

第五十四条　食品经营者应当按照保证食品安全的要求贮存食品，定期检查库存食品，及时清理变质或者超过保质期的食品。

食品经营者贮存散装食品，应当在贮存位置标明食品的名称、生产日期或者生产批号、保质期、生产者名称及联系方式等内容。

第五十五条　餐饮服务提供者应当制定并实施原料控制要求，不得采购不符合食品安全标准的食品原料。倡导餐饮服务提供者公开加工过程，公示食品原料及其来源等信息。

餐饮服务提供者在加工过程中应当检查待加工的食品及原料，发现有本法第三十四条第六项规定情形的，不得加工或者使用。

第五十六条　餐饮服务提供者应当定期维护食品加工、贮存、陈列等设施、设备；定期清洗、校验保温设施及冷藏、冷冻设施。

餐饮服务提供者应当按照要求对餐具、饮具进行清洗消毒，不得使用未经清洗消毒的餐具、饮具；餐饮服务提供者委托清洗消毒餐具、饮具的，应当委托符合本法规定条件的餐具、饮具集中消毒服务单位。

第五十七条　学校、托幼机构、养老机构、建筑工地等集中用餐单位的食堂应当严格遵守法律、法规和食品安全标准；从供餐单位订餐的，应当从取得食品生产经营许可的企业订购，并按照要求对订购的食品进行查验。供餐单位应当严格遵守法律、法规和食品安全标准，当餐加工，确保食品安全。

学校、托幼机构、养老机构、建筑工地等集中用餐单位的主管部门应当加强对集中用餐单位的食品安全教育和日常管理，降低食品安全风险，及时消除食品安全隐患。

第五十八条　餐具、饮具集中消毒服务单位应当具备相应的作业场所、清洗消毒设备或者设施，用水和使用的洗涤剂、消毒剂应当符合相关食品安全国家标准和其他国家标准、卫生规范。

餐具、饮具集中消毒服务单位应当对消毒餐具、饮具进行逐批检验，检验合格后方可出厂，并应当随附消毒合格证明。消毒后的餐具、饮具应当在独立包装上标注单位名称、地址、联系方式、消毒日期以及使用期限等内容。

第五十九条　食品添加剂生产者应当建立食品添加剂出厂检验记录制度，查验出厂产品的检验合格证和安全状况，如实记录食品添加剂的名称、规格、数量、生产日期或者生产批号、保质期、检验合格证号、销售日期以及购货者名称、地址、联系方式等相关内容，并保存相关凭证。记录和凭证保存期限应当符合本法第五十条第二款的规定。

第六十条　食品添加剂经营者采购食品添加剂，应当依法查验供货者的许可证和产品合格证明文件，如实记录食品添加剂的名称、规格、数量、生产日期或者生产批号、保质期、进货日期以及供货者名称、地址、联系方式等内容，并保存相关凭证。记录和凭证保存期限应当符合本法第五十条第二款的规定。

第六十一条　集中交易市场的开办者、柜台出租者和展销会举办者，应当依法审查入场食品经营者的许可证，明确其食品安全管理责任，定期对其经营环境和条件进行检查，发现其有违反本法规定行为的，应当及时制止并立即报告所在地县级人民政府食品药品监督管理部门。

第六十二条　网络食品交易第三方平台提供者应当对入网食品经营者进行实名登记，明确其食品安全管理责任；依法应当取得许可证的，还应当审查其许可证。

网络食品交易第三方平台提供者发现入网食品经营者有违反本法规定行为的，应当及时制止并立即报告所在地县级人民政府食品药品监督管理部门；发现严重违法行为的，应当立即停止提供网络交易平台服务。

第六十三条　国家建立食品召回制度。食品生产者发现其生产的食品不符合食品安全标准或者有证据证明可能危害人体健康的，应当立即停止生产，召回已经上市销售的食品，通知相关生产经营者和消费者，并记录召回和通知情况。

食品经营者发现其经营的食品有前款规定情形的，应当立即停止经营，通知相关生产经营者和消费者，并记录停止经营和通知情况。食品生产者认为应当召回的，应当立即召回。由于食品经营者的原因造成其经营的食品有前款规定情形的，食品经营者应当召回。

食品生产经营者应当对召回的食品采取无害化处理、销毁等措施，防止其再次流入市场。但是，对因标签、标志或者说明书不符合食品安全标准而被召回的食品，食品生产者在采取补救措施且能保证食品安全的情况下可以继续销售；销售时应当向消费者明示补救措施。

食品生产经营者应当将食品召回和处理情况向所在地县级人民政府食品药品监督管理部门报告；需要对召回的食品进行无害化处理、销毁的，应当提前报告时间、地点。食品药品监督管理部门认为必要的，可以实施现场监督。

食品生产经营者未依照本条规定召回或者停止经营的，县级以上人民政府食品药品监督管理部门可以责令其召回或者停止经营。

第六十四条　食用农产品批发市场应当配备检验设备和检验人员或者委托符合本法规定的食品检验机构，对进入该批发市场销售的食用农产品进行抽样检验；发现不符合食品安全标准的，应当要求销售者立即停止销售，并向食品药品监督管理部门报告。

第六十五条　食用农产品销售者应当建立食用农产品进货查验记录制度，如实记录食用农产品的名称、数量、进货日期以及供货者名称、地址、联系方式等内容，并保存相关凭证。记录和凭证保存期限不得少于六个月。

第六十六条　进入市场销售的食用农产品在包装、保鲜、贮存、运输中使用保鲜剂、防腐剂等食品添加剂和包装材料等食品相关产品，应当符合食品安全国家标准。

第三节　标签、说明书和广告

第六十七条　预包装食品的包装上应当有标签。标签应当标明下列事项：

（一）名称、规格、净含量、生产日期；

（二）成分或者配料表；

（三）生产者的名称、地址、联系方式；

（四）保质期；

（五）产品标准代号；

（六）贮存条件；

（七）所使用的食品添加剂在国家标准中的通用名称；

（八）生产许可证编号；

（九）法律、法规或者食品安全标准规定应当标明的其他事项。

专供婴幼儿和其他特定人群的主辅食品，其标签还应当标明主要营养成分及其含量。

食品安全国家标准对标签标注事项另有规定的，从其规定。

第六十八条　食品经营者销售散装食品，应当在散装食品的容器、外包装上标明食品的名称、生产日期或者生产批号、保质期以及生产经营者名称、地址、联系方式等内容。

第六十九条 生产经营转基因食品应当按照规定显著标示。

第七十条 食品添加剂应当有标签、说明书和包装。标签、说明书应当载明本法第六十七条第一款第一项至第六项、第八项、第九项规定的事项，以及食品添加剂的使用范围、用量、使用方法，并在标签上载明"食品添加剂"字样。

第七十一条 食品和食品添加剂的标签、说明书，不得含有虚假内容，不得涉及疾病预防、治疗功能。生产经营者对其提供的标签、说明书的内容负责。

食品和食品添加剂的标签、说明书应当清楚、明显，生产日期、保质期等事项应当显著标注，容易辨识。

食品和食品添加剂与其标签、说明书的内容不符的，不得上市销售。

第七十二条 食品经营者应当按照食品标签标示的警示标志、警示说明或者注意事项的要求销售食品。

第七十三条 食品广告的内容应当真实合法，不得含有虚假内容，不得涉及疾病预防、治疗功能。食品生产经营者对食品广告内容的真实性、合法性负责。

县级以上人民政府食品药品监督管理部门和其他有关部门以及食品检验机构、食品行业协会不得以广告或者其他形式向消费者推荐食品。消费者组织不得以收取费用或者其他牟取利益的方式向消费者推荐食品。

第四节 特殊食品

第七十四条 国家对保健食品、特殊医学用途配方食品和婴幼儿配方食品等特殊食品实行严格监督管理。

第七十五条 保健食品声称保健功能，应当具有科学依据，不得对人体产生急性、亚急性或者慢性危害。

保健食品原料目录和允许保健食品声称的保健功能目录，由国务院食品药品监督管理部门会同国务院卫生行政部门、国家中医药管理部门制定、调整并公布。

保健食品原料目录应当包括原料名称、用量及其对应的功效；列入保健食品原料目录的原料只能用于保健食品生产，不得用于其他食品生产。

第七十六条 使用保健食品原料目录以外原料的保健食品和首次进口的保健食品应当经国务院食品药品监督管理部门注册。但是，首次进口的保健食品中属于补充维生素、矿物质等营养物质的，应当报国务院食品药品监督管理部门备案。其他保健食品应当报省、自治区、直辖市人民政府食品药品监督管理部门备案。

进口的保健食品应当是出口国（地区）主管部门准许上市销售的产品。

第七十七条 依法应当注册的保健食品，注册时应当提交保健食品的研发报告、产品配方、生产工艺、安全性和保健功能评价、标签、说明书等材料及样品，并提供相关证明文件。国务院食品药品监督管理部门经组织技术审评，对符合安全和功能声称要求的，准予注册；对不符合要求的，不予注册并书面说明理由。对使用保健食品原料目录以外原料的保健食品作出准予注册决定的，应当及时将该原料纳入保健食品原料目录。

依法应当备案的保健食品，备案时应当提交产品配方、生产工艺、标签、说明书以及表明产品安全性和保健功能的材料。

第七十八条 保健食品的标签、说明书不得涉及疾病预防、治疗功能，内容应当真实，与注册或者备案的内容相一致，载明适宜人群、不适宜人群、功效成分或者标志性成分及其含量等，并声明"本品不能代替药物"。保健食品的功能和成分应当与标签、说明书相一致。

第七十九条　保健食品广告除应当符合本法第七十三条第一款的规定外，还应当声明"本品不能代替药物"；其内容应当经生产企业所在地省、自治区、直辖市人民政府食品药品监督管理部门审查批准，取得保健食品广告批准文件。省、自治区、直辖市人民政府食品药品监督管理部门应当公布并及时更新已经批准的保健食品广告目录以及批准的广告内容。

第八十条　特殊医学用途配方食品应当经国务院食品药品监督管理部门注册。注册时，应当提交产品配方、生产工艺、标签、说明书以及表明产品安全性、营养充足性和特殊医学用途临床效果的材料。

特殊医学用途配方食品广告适用《中华人民共和国广告法》和其他法律、行政法规关于药品广告管理的规定。

第八十一条　婴幼儿配方食品生产企业应当实施从原料进厂到成品出厂的全过程质量控制，对出厂的婴幼儿配方食品实施逐批检验，保证食品安全。

生产婴幼儿配方食品使用的生鲜乳、辅料等食品原料、食品添加剂等，应当符合法律、行政法规的规定和食品安全国家标准，保证婴幼儿生长发育所需的营养成分。

婴幼儿配方食品生产企业应当将食品原料、食品添加剂、产品配方及标签等事项向省、自治区、直辖市人民政府食品药品监督管理部门备案。

婴幼儿配方乳粉的产品配方应当经国务院食品药品监督管理部门注册。注册时，应当提交配方研发报告和其他表明配方科学性、安全性的材料。

不得以分装方式生产婴幼儿配方乳粉，同一企业不得用同一配方生产不同品牌的婴幼儿配方乳粉。

第八十二条　保健食品、特殊医学用途配方食品、婴幼儿配方乳粉的注册人或者备案人应当对其提交材料的真实性负责。

省级以上人民政府食品药品监督管理部门应当及时公布注册或者备案的保健食品、特殊医学用途配方食品、婴幼儿配方乳粉目录，并对注册或者备案中获知的企业商业秘密予以保密。

保健食品、特殊医学用途配方食品、婴幼儿配方乳粉生产企业应当按照注册或者备案的产品配方、生产工艺等技术要求组织生产。

第八十三条　生产保健食品，特殊医学用途配方食品、婴幼儿配方食品和其他专供特定人群的主辅食品的企业，应当按照良好生产规范的要求建立与所生产食品相适应的生产质量管理体系，定期对该体系的运行情况进行自查，保证其有效运行，并向所在地县级人民政府食品药品监督管理部门提交自查报告。

第五章　食品检验

第八十四条　食品检验机构按照国家有关认证认可的规定取得资质认定后，方可从事食品检验活动。但是，法律另有规定的除外。

食品检验机构的资质认定条件和检验规范，由国务院食品药品监督管理部门规定。

符合本法规定的食品检验机构出具的检验报告具有同等效力。

县级以上人民政府应当整合食品检验资源，实现资源共享。

第八十五条　食品检验由食品检验机构指定的检验人独立进行。

检验人应当依照有关法律、法规的规定，并按照食品安全标准和检验规范对食品进行检验，尊重科学，恪守职业道德，保证出具的检验数据和结论客观、公正，不得出具虚假检验报告。

第八十六条　食品检验实行食品检验机构与检验人负责制。食品检验报告应当加盖食品检验机构公章，并有检验人的签名或者盖章。食品检验机构和检验人对出具的食品检验报告负责。

第八十七条　县级以上人民政府食品药品监督管理部门应当对食品进行定期或者不定期的抽样检验，并依据有关规定公布检验结果，不得免检。进行抽样检验，应当购买抽取的样品，委托符合本法规定的食品检验机构进行检验，并支付相关费用；不得向食品生产经营者收取检验费和其他费用。

第八十八条　对依照本法规定实施的检验结论有异议的，食品生产经营者可以自收到检验结论之日起七个工作日内向实施抽样检验的食品药品监督管理部门或者其上一级食品药品监督管理部门提出复检申请，由受理复检申请的食品药品监督管理部门在公布的复检机构名录中随机确定复检机构进行复检。复检机构出具的复检结论为最终检验结论。复检机构与初检机构不得为同一机构。复检机构名录由国务院认证认可监督管理、食品药品监督管理、卫生行政、农业行政等部门共同公布。

采用国家规定的快速检测方法对食用农产品进行抽查检测，被抽查人对检测结果有异议的，可以自收到检测结果时起四小时内申请复检。复检不得采用快速检测方法。

第八十九条　食品生产企业可以自行对所生产的食品进行检验，也可以委托符合本法规定的食品检验机构进行检验。

食品行业协会和消费者协会等组织、消费者需要委托食品检验机构对食品进行检验的，应当委托符合本法规定的食品检验机构进行。

第九十条　食品添加剂的检验，适用本法有关食品检验的规定。

第六章　食品进出口

第九十一条　国家出入境检验检疫部门对进出口食品安全实施监督管理。

第九十二条　进口的食品、食品添加剂、食品相关产品应当符合我国食品安全国家标准。

进口的食品、食品添加剂应当经出入境检验检疫机构依照进出口商品检验相关法律、行政法规的规定检验合格。

进口的食品、食品添加剂应当按照国家出入境检验检疫部门的要求随附合格证明材料。

第九十三条　进口尚无食品安全国家标准的食品，由境外出口商、境外生产企业或者其委托的进口商向国务院卫生行政部门提交所执行的相关国家（地区）标准或者国际标准。国务院卫生行政部门对相关标准进行审查，认为符合食品安全要求的，决定暂予适用，并及时制定相应的食品安全国家标准。进口利用新的食品原料生产的食品或者进口食品添加剂新品种、食品相关产品新品种，依照本法第三十七条的规定办理。

出入境检验检疫机构按照国务院卫生行政部门的要求，对前款规定的食品、食品添加剂、食品相关产品进行检验。检验结果应当公开。

第九十四条　境外出口商、境外生产企业应当保证向我国出口的食品、食品添加剂、食品相关产品符合本法以及我国其他有关法律、行政法规的规定和食品安全国家标准的要求，并对标签、说明书的内容负责。

进口商应当建立境外出口商、境外生产企业审核制度，重点审核前款规定的内容；审核不合格的，不得进口。

发现进口食品不符合我国食品安全国家标准或者有证据证明可能危害人体健康的，进口商应当立即停止进口，并依照本法第六十三条的规定召回。

第九十五条　境外发生的食品安全事件可能对我国境内造成影响，或者在进口食品、食品添加剂、食品相关产品中发现严重食品安全问题的，国家出入境检验检疫部门应当及时采取风险预警或者控制措施，并向国务院食品药品监督管理、卫生行政、农业行政部门通报。接到通报的部门应当及时采取相应措施。

县级以上人民政府食品药品监督管理部门对国内市场上销售的进口食品、食品添加剂实施监督管理。发现存在严重食品安全问题的，国务院食品药品监督管理部门应当及时向国家出入境检验检疫部门通报。国家出入境检验检疫部门应当及时采取相应措施。

第九十六条　向我国境内出口食品的境外出口商或者代理商、进口食品的进口商应当向国家出入境检验检疫部门备案。向我国境内出口食品的境外食品生产企业应当经国家出入境检验检疫部门注册。已经注册的境外食品生产企业提供虚假材料，或者因其自身的原因致使进口食品发生重大食品安全事故的，国家出入境检验检疫部门应当撤销注册并公告。

国家出入境检验检疫部门应当定期公布已经备案的境外出口商、代理商、进口商和已经注册的境外食品生产企业名单。

第九十七条　进口的预包装食品、食品添加剂应当有中文标签；依法应当有说明书的，还应当有中文说明书。标签、说明书应当符合本法以及我国其他有关法律、行政法规的规定和食品安全国家标准的要求，并载明食品的原产地以及境内代理商的名称、地址、联系方式。预包装食品没有中文标签、中文说明书或者标签、说明书不符合本条规定的，不得进口。

第九十八条　进口商应当建立食品、食品添加剂进口和销售记录制度，如实记录食品、食品添加剂的名称、规格、数量、生产日期、生产或者进口批号、保质期、境外出口商和购货者名称、地址及联系方式、交货日期等内容，并保存相关凭证。记录和凭证保存期限应当符合本法第五十条第二款的规定。

第九十九条　出口食品生产企业应当保证其出口食品符合进口国（地区）的标准或者合同要求。

出口食品生产企业和出口食品原料种植、养殖场应当向国家出入境检验检疫部门备案。

第一百条　国家出入境检验检疫部门应当收集、汇总下列进出口食品安全信息，并及时通报相关部门、机构和企业：

（一）出入境检验检疫机构对进出口食品实施检验检疫发现的食品安全信息；

（二）食品行业协会和消费者协会等组织、消费者反映的进口食品安全信息；

（三）国际组织、境外政府机构发布的风险预警信息及其他食品安全信息，以及境外食品行业协会等组织、消费者反映的食品安全信息；

（四）其他食品安全信息。

国家出入境检验检疫部门应当对进出口食品的进口商、出口商和出口食品生产企业实施信用管理，建立信用记录，并依法向社会公布。对有不良记录的进口商、出口商和出口食品生产企业，应当加强对其进出口食品的检验检疫。

第一百零一条　国家出入境检验检疫部门可以对向我国境内出口食品的国家（地区）的食品安全管理体系和食品安全状况进行评估和审查，并根据评估和审查结果，确定相应检验检疫要求。

第七章　食品安全事故处置

第一百零二条　国务院组织制定国家食品安全事故应急预案。

县级以上地方人民政府应当根据有关法律、法规的规定和上级人民政府的食品安全事故应急预案以及本行政区域的实际情况，制定本行政区域的食品安全事故应急预案，并报上一级人民政府备案。

食品安全事故应急预案应当对食品安全事故分级、事故处置组织指挥体系与职责、预防预警机制、处置程序、应急保障措施等作出规定。

食品生产经营企业应当制定食品安全事故处置方案，定期检查本企业各项食品安全防范措施的落实情况，及时消除事故隐患。

第一百零三条　发生食品安全事故的单位应当立即采取措施，防止事故扩大。事故单位和接收病人进行治疗的单位应当及时向事故发生地县级人民政府食品药品监督管理、卫生行政部门报告。

县级以上人民政府质量监督、农业行政等部门在日常监督管理中发现食品安全事故或者接到事故举报，应当立即向同级食品药品监督管理部门通报。

发生食品安全事故，接到报告的县级人民政府食品药品监督管理部门应当按照应急预案的规定向本级人民政府和上级人民政府食品药品监督管理部门报告。县级人民政府和上级人民政府食品药品监督管理部门应当按照应急预案的规定上报。

任何单位和个人不得对食品安全事故隐瞒、谎报、缓报，不得隐匿、伪造、毁灭有关证据。

第一百零四条　医疗机构发现其接收的病人属于食源性疾病病人或者疑似病人的，应当按照规定及时将相关信息向所在地县级人民政府卫生行政部门报告。县级人民政府卫生行政部门认为与食品安全有关的，应当及时通报同级食品药品监督管理部门。

县级以上人民政府卫生行政部门在调查处理传染病或者其他突发公共卫生事件中发现与食品安全相关的信息，应当及时通报同级食品药品监督管理部门。

第一百零五条　县级以上人民政府食品药品监督管理部门接到食品安全事故的报告后，应当立即会同同级卫生行政、质量监督、农业行政等部门进行调查处理，并采取下列措施，防止或者减轻社会危害：

（一）开展应急救援工作，组织救治因食品安全事故导致人身伤害的人员；

（二）封存可能导致食品安全事故的食品及其原料，并立即进行检验；对确认属于被污染的食品及其原料，责令食品生产经营者依照本法第六十三条的规定召回或者停止经营；

（三）封存被污染的食品相关产品，并责令进行清洗消毒；

（四）做好信息发布工作，依法对食品安全事故及其处理情况进行发布，并对可能产生的危害加以解释、说明。

发生食品安全事故需要启动应急预案的，县级以上人民政府应当立即成立事故处置指挥机构，启动应急预案，依照前款和应急预案的规定进行处置。

发生食品安全事故，县级以上疾病预防控制机构应当对事故现场进行卫生处理，并对与事故有关的因素开展流行病学调查，有关部门应当予以协助。县级以上疾病预防控制机构应当向同级食品药品监督管理、卫生行政部门提交流行病学调查报告。

第一百零六条　发生食品安全事故，设区的市级以上人民政府食品药品监督管理部门应当立即会同有关部门进行事故责任调查，督促有关部门履行职责，向本级人民政府和上一级人民政府食品药品监督管理部门提出事故责任调查处理报告。

涉及两个以上省、自治区、直辖市的重大食品安全事故由国务院食品药品监督管理部门依照前款规定组织事故责任调查。

第一百零七条　调查食品安全事故，应当坚持实事求是、尊重科学的原则，及时、准确查清事故性质和原因，认定事故责任，提出整改措施。

调查食品安全事故，除了查明事故单位的责任，还应当查明有关监督管理部门、食品检验机构、认证机构及其工作人员的责任。

第一百零八条　食品安全事故调查部门有权向有关单位和个人了解与事故有关的情况，并要求提供相关资料和样品。有关单位和个人应当予以配合，按照要求提供相关资料和样品，不得拒绝。

任何单位和个人不得阻挠、干涉食品安全事故的调查处理。

第八章　监督管理

第一百零九条　县级以上人民政府食品药品监督管理、质量监督部门根据食品安全风险监测、风险评估结果和食品安全状况等，确定监督管理的重点、方式和频次，实施风险分级管理。

县级以上地方人民政府组织本级食品药品监督管理、质量监督、农业行政等部门制定本行政区域的食品安全年度监督管理计划，向社会公布并组织实施。

食品安全年度监督管理计划应当将下列事项作为监督管理的重点：

（一）专供婴幼儿和其他特定人群的主辅食品；

（二）保健食品生产过程中的添加行为和按照注册或者备案的技术要求组织生产的情况，保健食品标签、说明书以及宣传材料中有关功能宣传的情况；

（三）发生食品安全事故风险较高的食品生产经营者；

（四）食品安全风险监测结果表明可能存在食品安全隐患的事项。

第一百一十条　县级以上人民政府食品药品监督管理、质量监督部门履行各自食品安全监督管理职责，有权采取下列措施，对生产经营者遵守本法的情况进行监督检查：

（一）进入生产经营场所实施现场检查；

（二）对生产经营的食品、食品添加剂、食品相关产品进行抽样检验；

（三）查阅、复制有关合同、票据、账簿以及其他有关资料；

（四）查封、扣押有证据证明不符合食品安全标准或者有证据证明存在安全隐患以及用于违法生产经营的食品、食品添加剂、食品相关产品；

（五）查封违法从事生产经营活动的场所。

第一百一十一条　对食品安全风险评估结果证明食品存在安全隐患，需要制定、修订食品安全标准的，在制定、修订食品安全标准前，国务院卫生行政部门应当及时会同国务院有关部门规定食品中有害物质的临时限量值和临时检验方法，作为生产经营和监督管理的依据。

第一百一十二条　县级以上人民政府食品药品监督管理部门在食品安全监督管理工作中可以采用国家规定的快速检测方法对食品进行抽查检测。

对抽查检测结果表明可能不符合食品安全标准的食品，应当依照本法第八十七条的规定进行检验。抽查检测结果确定有关食品不符合食品安全标准的，可以作为行政处罚的依据。

第一百一十三条　县级以上人民政府食品药品监督管理部门应当建立食品生产经营者食品安全信用档案，记录许可颁发、日常监督检查结果、违法行为查处等情况，依法向社会公布并实时更新；对有不良信用记录的食品生产经营者增加监督检查频次，对违法行为情节严重的食品生产经营者，可以通报投资主管部门、证券监督管理机构和有关的金融机构。

第一百一十四条　食品生产经营过程中存在食品安全隐患，未及时采取措施消除的，县级以上人民政府食品药品监督管理部门可以对食品生产经营者的法定代表人或者主要负责人进行责任约谈。食品生产经营者应当立即采取措施，进行整改，消除隐患。责任约谈情况和整改情况应当纳入食品生产经营者食品安全信用档案。

第一百一十五条　县级以上人民政府食品药品监督管理、质量监督等部门应当公布本部门的电子邮件地址或者电话，接受咨询、投诉、举报。接到咨询、投诉、举报，对属于本部门职责的，应当受理并在法定期限内及时答复、核实、处理；对不属于本部门职责的，应当移交有权处理的部门并书面通知咨询、投诉、举报人。有权处理的部门应当在法定期限内及时处理，不得推诿。对查证属实的举报，给予举报人奖励。

有关部门应当对举报人的信息予以保密，保护举报人的合法权益。举报人举报所在企业的，该企业不得以解除、变更劳动合同或者其他方式对举报人进行打击报复。

第一百一十六条　县级以上人民政府食品药品监督管理、质量监督等部门应当加强对执法人员食品安全法律、法规、标准和专业知识与执法能力等的培训，并组织考核。不具备相应知识和能力的，不得从事食品安全执法工作。

食品生产经营者、食品行业协会、消费者协会等发现食品安全执法人员在执法过程中有违反法律、法规规定的行为以及不规范执法行为的，可以向本级或者上级人民政府食品药品监督管理、质量监督等部门或者监察机关投诉、举报。接到投诉、举报的部门或者机关应当进行核实，并将经核实的情况向食品安全执法人员所在部门通报；涉嫌违法、违纪的，按照本法和有关规定处理。

第一百一十七条　县级以上人民政府食品药品监督管理等部门未及时发现食品安全系统性风险，未及时消除监督管理区域内的食品安全隐患的，本级人民政府可以对其主要负责人进行责任约谈。

地方人民政府未履行食品安全职责，未及时消除区域性重大食品安全隐患的，上级人民政府可以对其主要负责人进行责任约谈。

被约谈的食品药品监督管理等部门、地方人民政府应当立即采取措施，对食品安全监督管理工作进行整改。

责任约谈情况和整改情况应当纳入地方人民政府和有关部门食品安全监督管理工作评议、考核记录。

第一百一十八条　国家建立统一的食品安全信息平台，实行食品安全信息统一公布制度。国家食品安全总体情况、食品安全风险警示信息、重大食品安全事故及其调查处理信息和国务院确定需要统一公布的其他信息由国务院食品药品监督管理部门统一公布。食品安全风险警示信息和重大食品安全事故及其调查处理信息的影响限于特定区域的，也可以由有关省、自治区、直辖市人民政府食品药品监督管理部门公布。未经授权不得发布上述信息。

县级以上人民政府食品药品监督管理、质量监督、农业行政部门依据各自职责公布食品安全日常监督管理信息。

公布食品安全信息，应当做到准确、及时，并进行必要的解释说明，避免误导消费者和社会舆论。

第一百一十九条　县级以上地方人民政府食品药品监督管理、卫生行政、质量监督、农业行政部门获知本法规定需要统一公布的信息，应当向上级主管部门报告，由上级主管部门立即报告国务院食品药品监督管理部门；必要时，可以直接向国务院食品药品监督管理部门报告。

县级以上人民政府食品药品监督管理、卫生行政、质量监督、农业行政部门应当相互通报获知的食品安全信息。

第一百二十条　任何单位和个人不得编造、散布虚假食品安全信息。

县级以上人民政府食品药品监督管理部门发现可能误导消费者和社会舆论的食品安全信息，应当立即组织有关部门、专业机构、相关食品生产经营者等进行核实、分析，并及时公布结果。

第一百二十一条　县级以上人民政府食品药品监督管理、质量监督等部门发现涉嫌食品安全犯罪的，应当按照有关规定及时将案件移送公安机关。对移送的案件，公安机关应当及时审查；认为有犯罪事实需要追究刑事责任的，应当立案侦查。

公安机关在食品安全犯罪案件侦查过程中认为没有犯罪事实，或者犯罪事实显著轻微，不需要追究刑事责任，但依法应当追究行政责任的，应当及时将案件移送食品药品监督管理、质量监督等部门和监察机关，有关部门应当依法处理。

公安机关商请食品药品监督管理、质量监督、环境保护等部门提供检验结论、认定意见以及对涉案物品进行无害化处理等协助的，有关部门应当及时提供，予以协助。

第九章　法律责任

第一百二十二条　违反本法规定，未取得食品生产经营许可从事食品生产经营活动，或者未取得食品添加剂生产许可从事食品添加剂生产活动的，由县级以上人民政府食品药品监督管理部门没收违法所得和违法生产经营的食品、食品添加剂以及用于违法生产经营的工具、设备、原料等物品；违法生产经营的食品、食品添加剂货值金额不足一万元的，并处五万元以上十万元以下罚款；货值金额一万元以上的，并处货值金额十倍以上二十倍以下罚款。

明知从事前款规定的违法行为，仍为其提供生产经营场所或者其他条件的，由县级以上人民政府食品药品监督管理部门责令停止违法行为，没收违法所得，并处五万元以上十万元以下罚款；使消费者的合法权益受到损害的，应当与食品、食品添加剂生产经营者承担连带责任。

　　第一百二十三条　违反本法规定，有下列情形之一，尚不构成犯罪的，由县级以上人民政府食品药品监督管理部门没收违法所得和违法生产经营的食品，并可以没收用于违法生产经营的工具、设备、原料等物品；违法生产经营的食品货值金额不足一万元的，并处十万元以上十五万元以下罚款；货值金额一万元以上的，并处货值金额十五倍以上三十倍以下罚款；情节严重的，吊销许可证，并可以由公安机关对其直接负责的主管人员和其他直接责任人员处五日以上十五日以下拘留：

　　（一）用非食品原料生产食品、在食品中添加食品添加剂以外的化学物质和其他可能危害人体健康的物质，或者用回收食品作为原料生产食品，或者经营上述食品；

　　（二）生产经营营养成分不符合食品安全标准的专供婴幼儿和其他特定人群的主辅食品；

　　（三）经营病死、毒死或者死因不明的禽、畜、兽、水产动物肉类，或者生产经营其制品；

　　（四）经营未按规定进行检疫或者检疫不合格的肉类，或者生产经营未经检验或者检验不合格的肉类制品；

　　（五）生产经营国家为防病等特殊需要明令禁止生产经营的食品；

　　（六）生产经营添加药品的食品。

　　明知从事前款规定的违法行为，仍为其提供生产经营场所或者其他条件的，由县级以上人民政府食品药品监督管理部门责令停止违法行为，没收违法所得，并处十万元以上二十万元以下罚款；使消费者的合法权益受到损害的，应当与食品生产经营者承担连带责任。

　　违法使用剧毒、高毒农药的，除依照有关法律、法规规定给予处罚外，可以由公安机关依照第一款规定给予拘留。

　　第一百二十四条　违反本法规定，有下列情形之一，尚不构成犯罪的，由县级以上人民政府食品药品监督管理部门没收违法所得和违法生产经营的食品、食品添加剂，并可以没收用于违法生产经营的工具、设备、原料等物品；违法生产经营的食品、食品添加剂货值金额不足一万元的，并处五万元以上十万元以下罚款；货值金额一万元以上的，并处货值金额十倍以上二十倍以下罚款；情节严重的，吊销许可证：

　　（一）生产经营致病性微生物，农药残留、兽药残留、生物毒素、重金属等污染物质以及其他危害人体健康的物质含量超过食品安全标准限量的食品、食品添加剂；

　　（二）用超过保质期的食品原料、食品添加剂生产食品、食品添加剂，或者经营上述食品、食品添加剂；

　　（三）生产经营超范围、超限量使用食品添加剂的食品；

　　（四）生产经营腐败变质、油脂酸败、霉变生虫、污秽不洁、混有异物、掺假掺杂或者感官性状异常的食品、食品添加剂；

　　（五）生产经营标注虚假生产日期、保质期或者超过保质期的食品、食品添加剂；

　　（六）生产经营未按规定注册的保健食品、特殊医学用途配方食品、婴幼儿配方乳粉，或者未按注册的产品配方、生产工艺等技术要求组织生产；

（七）以分装方式生产婴幼儿配方乳粉，或者同一企业以同一配方生产不同品牌的婴幼儿配方乳粉；

（八）利用新的食品原料生产食品，或者生产食品添加剂新品种，未通过安全性评估；

（九）食品生产经营者在食品药品监督管理部门责令其召回或者停止经营后，仍拒不召回或者停止经营。

除前款和本法第一百二十三条、第一百二十五条规定的情形外，生产经营不符合法律、法规或者食品安全标准的食品、食品添加剂的，依照前款规定给予处罚。

生产食品相关产品新品种，未通过安全性评估，或者生产不符合食品安全标准的食品相关产品的，由县级以上人民政府质量监督部门依照第一款规定给予处罚。

第一百二十五条　违反本法规定，有下列情形之一的，由县级以上人民政府食品药品监督管理部门没收违法所得和违法生产经营的食品、食品添加剂，并可以没收用于违法生产经营的工具、设备、原料等物品；违法生产经营的食品、食品添加剂货值金额不足一万元的，并处五千元以上五万元以下罚款；货值金额一万元以上的，并处货值金额五倍以上十倍以下罚款；情节严重的，责令停产停业，直至吊销许可证：

（一）生产经营被包装材料、容器、运输工具等污染的食品、食品添加剂；

（二）生产经营无标签的预包装食品、食品添加剂或者标签、说明书不符合本法规定的食品、食品添加剂；

（三）生产经营转基因食品未按规定进行标示；

（四）食品生产经营者采购或者使用不符合食品安全标准的食品原料、食品添加剂、食品相关产品。

生产经营的食品、食品添加剂的标签、说明书存在瑕疵但不影响食品安全且不会对消费者造成误导的，由县级以上人民政府食品药品监督管理部门责令改正；拒不改正的，处二千元以下罚款。

第一百二十六条　违反本法规定，有下列情形之一的，由县级以上人民政府食品药品监督管理部门责令改正，给予警告；拒不改正的，处五千元以上五万元以下罚款；情节严重的，责令停产停业，直至吊销许可证：

（一）食品、食品添加剂生产者未按规定对采购的食品原料和生产的食品、食品添加剂进行检验；

（二）食品生产经营企业未按规定建立食品安全管理制度，或者未按规定配备或者培训、考核食品安全管理人员；

（三）食品、食品添加剂生产经营者进货时未查验许可证和相关证明文件，或者未按规定建立并遵守进货查验记录、出厂检验记录和销售记录制度；

（四）食品生产经营企业未制定食品安全事故处置方案；

（五）餐具、饮具和盛放直接入口食品的容器，使用前未经洗净、消毒或者清洗消毒不合格，或者餐饮服务设施、设备未按规定定期维护、清洗、校验；

（六）食品生产经营者安排未取得健康证明或者患有国务院卫生行政部门规定的有碍食品安全疾病的人员从事接触直接入口食品的工作；

（七）食品经营者未按规定要求销售食品；

（八）保健食品生产企业未按规定向食品药品监督管理部门备案，或者未按备案的产品配方、生产工艺等技术要求组织生产；

（九）婴幼儿配方食品生产企业未将食品原料、食品添加剂、产品配方、标签等向食品药品监督管理部门备案；

（十）特殊食品生产企业未按规定建立生产质量管理体系并有效运行，或者未定期提交自查报告；

（十一）食品生产经营者未定期对食品安全状况进行检查评价，或者生产经营条件发生变化，未按规定处理；

（十二）学校、托幼机构、养老机构、建筑工地等集中用餐单位未按规定履行食品安全管理责任；

（十三）食品生产企业、餐饮服务提供者未按规定制定、实施生产经营过程控制要求。

餐具、饮具集中消毒服务单位违反本法规定用水，使用洗涤剂、消毒剂，或者出厂的餐具、饮具未按规定检验合格并随附消毒合格证明，或者未按规定在独立包装上标注相关内容的，由县级以上人民政府卫生行政部门依照前款规定给予处罚。

食品相关产品生产者未按规定对生产的食品相关产品进行检验的，由县级以上人民政府质量监督部门依照第一款规定给予处罚。

食用农产品销售者违反本法第六十五条规定的，由县级以上人民政府食品药品监督管理部门依照第一款规定给予处罚。

第一百二十七条　对食品生产加工小作坊、食品摊贩等的违法行为的处罚，依照省、自治区、直辖市制定的具体管理办法执行。

第一百二十八条　违反本法规定，事故单位在发生食品安全事故后未进行处置、报告的，由有关主管部门按照各自职责分工责令改正，给予警告；隐匿、伪造、毁灭有关证据的，责令停产停业，没收违法所得，并处十万元以上五十万元以下罚款；造成严重后果的，吊销许可证。

第一百二十九条　违反本法规定，有下列情形之一的，由出入境检验检疫机构依照本法第一百二十四条的规定给予处罚：

（一）提供虚假材料，进口不符合我国食品安全国家标准的食品、食品添加剂、食品相关产品；

（二）进口尚无食品安全国家标准的食品，未提交所执行的标准并经国务院卫生行政部门审查，或者进口利用新的食品原料生产的食品或者进口食品添加剂新品种、食品相关产品新品种，未通过安全性评估；

（三）未遵守本法的规定出口食品；

（四）进口商在有关主管部门责令其依照本法规定召回进口的食品后，仍拒不召回。

违反本法规定，进口商未建立并遵守食品、食品添加剂进口和销售记录制度、境外出口商或者生产企业审核制度的，由出入境检验检疫机构依照本法第一百二十六条的规定给予处罚。

第一百三十条　违反本法规定，集中交易市场的开办者、柜台出租者、展销会的举办者允许未依法取得许可的食品经营者进入市场销售食品，或者未履行检查、报告等义务的，由县级以上人民政府食品药品监督管理部门责令改正，没收违法所得，并处五万元以上二十万元以下罚款；造成严重后果的，责令停业，直至由原发证部门吊销许可证；使消费者的合法权益受到损害的，应当与食品经营者承担连带责任。

食用农产品批发市场违反本法第六十四条规定的，依照前款规定承担责任。

第一百三十一条　违反本法规定，网络食品交易第三方平台提供者未对入网食品经营者进行实名登记、审查许可证，或者未履行报告、停止提供网络交易平台服务等义务的，由县级以上人民政府食品药品监督管理部门责令改正，没收违法所得，并处五万元以上二十万元以下罚款；造成严重后果的，责令停业，直至由原发证部门吊销许可证；使消费者的合法权益受到损害的，应当与食品经营者承担连带责任。

消费者通过网络食品交易第三方平台购买食品，其合法权益受到损害的，可以向入网食品经营者或者食品生产者要求赔偿。网络食品交易第三方平台提供者不能提供入网食品经营者的真实名称、地址和有效联系方式的，由网络食品交易第三方平台提供者赔偿。网络食品交易第三方平台提供者赔偿后，有权向入网食品经营者或者食品生产者追偿。网络食品交易第三方平台提供者作出更有利于消费者承诺的，应当履行其承诺。

第一百三十二条　违反本法规定，未按要求进行食品贮存、运输和装卸的，由县级以上人民政府食品药品监督管理等部门按照各自职责分工责令改正，给予警告；拒不改正的，责令停产停业，并处一万元以上五万元以下罚款；情节严重的，吊销许可证。

第一百三十三条　违反本法规定，拒绝、阻挠、干涉有关部门、机构及其工作人员依法开展食品安全监督检查、事故调查处理、风险监测和风险评估的，由有关主管部门按照各自职责分工责令停产停业，并处二千元以上五万元以下罚款；情节严重的，吊销许可证；构成违反治安管理行为的，由公安机关依法给予治安管理处罚。

违反本法规定，对举报人以解除、变更劳动合同或者其他方式打击报复的，应当依照有关法律的规定承担责任。

第一百三十四条　食品生产经营者在一年内累计三次因违反本法规定受到责令停产停业、吊销许可证以外处罚的，由食品药品监督管理部门责令停产停业，直至吊销许可证。

第一百三十五条　被吊销许可证的食品生产经营者及其法定代表人、直接负责的主管人员和其他直接责任人员自处罚决定作出之日起五年内不得申请食品生产经营许可，或者从事食品生产经营管理工作、担任食品生产经营企业食品安全管理人员。

因食品安全犯罪被判处有期徒刑以上刑罚的，终身不得从事食品生产经营管理工作，也不得担任食品生产经营企业食品安全管理人员。

食品生产经营者聘用人员违反前两款规定的，由县级以上人民政府食品药品监督管理部门吊销许可证。

第一百三十六条　食品经营者履行了本法规定的进货查验等义务，有充分证据证明其不知道所采购的食品不符合食品安全标准，并能如实说明其进货来源的，可以免予处罚，但应当依法没收其不符合食品安全标准的食品；造成人身、财产或者其他损害的，依法承担赔偿责任。

第一百三十七条　违反本法规定，承担食品安全风险监测、风险评估工作的技术机构、技术人员提供虚假监测、评估信息的，依法对技术机构直接负责的主管人员和技术人员给予撤职、开除处分；有执业资格的，由授予其资格的主管部门吊销执业证书。

第一百三十八条　违反本法规定，食品检验机构、食品检验人员出具虚假检验报告的，由授予其资质的主管部门或者机构撤销该食品检验机构的检验资质，没收所收取的检验费用，并处检验费用五倍以上十倍以下罚款，检验费用不足一万元的，并处五万元以上十万元以下罚款；依法对食品检验机构直接负责的主管人员和食品检验人员给予撤职或者开除处分；导致发生重大食品安全事故的，对直接负责的主管人员和食品检验人员给予开除处分。

违反本法规定，受到开除处分的食品检验机构人员，自处分决定作出之日起十年内不得从事食品检验工作；因食品安全违法行为受到刑事处罚或者因出具虚假检验报告导致发生重大食品安全事故受到开除处分的食品检验机构人员，终身不得从事食品检验工作。食品检验机构聘用不得从事食品检验工作的人员的，由授予其资质的主管部门或者机构撤销该食品检验机构的检验资质。

食品检验机构出具虚假检验报告，使消费者的合法权益受到损害的，应当与食品生产经营者承担连带责任。

第一百三十九条 违反本法规定，认证机构出具虚假认证结论，由认证认可监督管理部门没收所收取的认证费用，并处认证费用五倍以上十倍以下罚款；认证费用不足一万元的，并处五万元以上十万元以下罚款；情节严重的，责令停业，直至撤销认证机构批准文件，并向社会公布；对直接负责的主管人员和负有直接责任的认证人员，撤销其执业资格。

认证机构出具虚假认证结论，使消费者的合法权益受到损害的，应当与食品生产经营者承担连带责任。

第一百四十条 违反本法规定，在广告中对食品作虚假宣传，欺骗消费者，或者发布未取得批准文件、广告内容与批准文件不一致的保健食品广告的，依照《中华人民共和国广告法》的规定给予处罚。

广告经营者、发布者设计、制作、发布虚假食品广告，使消费者的合法权益受到损害的，应当与食品生产经营者承担连带责任。

社会团体或者其他组织、个人在虚假广告或者其他虚假宣传中向消费者推荐食品，使消费者的合法权益受到损害的，应当与食品生产经营者承担连带责任。

违反本法规定，食品药品监督管理等部门、食品检验机构、食品行业协会以广告或者其他形式向消费者推荐食品，消费者组织以收取费用或者其他牟取利益的方式向消费者推荐食品的，由有关主管部门没收违法所得，依法对直接负责的主管人员和其他直接责任人员给予记大过、降级或者撤职处分；情节严重的，给予开除处分。

对食品作虚假宣传且情节严重的，由省级以上人民政府食品药品监督管理部门决定暂停销售该食品，并向社会公布；仍然销售该食品的，由县级以上人民政府食品药品监督管理部门没收违法所得和违法销售的食品，并处二万元以上五万元以下罚款。

第一百四十一条 违反本法规定，编造、散布虚假食品安全信息，构成违反治安管理行为的，由公安机关依法给予治安管理处罚。

媒体编造、散布虚假食品安全信息的，由有关主管部门依法给予处罚，并对直接负责的主管人员和其他直接责任人员给予处分；使公民、法人或者其他组织的合法权益受到损害的，依法承担消除影响、恢复名誉、赔偿损失、赔礼道歉等民事责任。

第一百四十二条 违反本法规定，县级以上地方人民政府有下列行为之一的，对直接负责的主管人员和其他直接责任人员给予记大过处分；情节较重的，给予降级或者撤职处分；情节严重的，给予开除处分；造成严重后果的，其主要负责人还应当引咎辞职：

（一）对发生在本行政区域内的食品安全事故，未及时组织协调有关部门开展有效处置，造成不良影响或者损失；

（二）对本行政区域内涉及多环节的区域性食品安全问题，未及时组织整治，造成不良影响或者损失；

（三）隐瞒、谎报、缓报食品安全事故；

（四）本行政区域内发生特别重大食品安全事故，或者连续发生重大食品安全事故。

第一百四十三条　违反本法规定，县级以上地方人民政府有下列行为之一的，对直接负责的主管人员和其他直接责任人员给予警告、记过或者记大过处分；造成严重后果的，给予降级或者撤职处分：

（一）未确定有关部门的食品安全监督管理职责，未建立健全食品安全全程监督管理工作机制和信息共享机制，未落实食品安全监督管理责任制；

（二）未制定本行政区域的食品安全事故应急预案，或者发生食品安全事故后未按规定立即成立事故处置指挥机构、启动应急预案。

第一百四十四条　违反本法规定，县级以上人民政府食品药品监督管理、卫生行政、质量监督、农业行政等部门有下列行为之一的，对直接负责的主管人员和其他直接责任人员给予记大过处分；情节较重的，给予降级或者撤职处分；情节严重的，给予开除处分；造成严重后果的，其主要负责人还应当引咎辞职：

（一）隐瞒、谎报、缓报食品安全事故；

（二）未按规定查处食品安全事故，或者接到食品安全事故报告未及时处理，造成事故扩大或者蔓延；

（三）经食品安全风险评估得出食品、食品添加剂、食品相关产品不安全结论后，未及时采取相应措施，造成食品安全事故或者不良社会影响；

（四）对不符合条件的申请人准予许可，或者超越法定职权准予许可；

（五）不履行食品安全监督管理职责，导致发生食品安全事故。

第一百四十五条　违反本法规定，县级以上人民政府食品药品监督管理、卫生行政、质量监督、农业行政等部门有下列行为之一，造成不良后果的，对直接负责的主管人员和其他直接责任人员给予警告、记过或者记大过处分；情节较重的，给予降级或者撤职处分；情节严重的，给予开除处分：

（一）在获知有关食品安全信息后，未按规定向上级主管部门和本级人民政府报告，或者未按规定相互通报；

（二）未按规定公布食品安全信息；

（三）不履行法定职责，对查处食品安全违法行为不配合，或者滥用职权、玩忽职守、徇私舞弊。

第一百四十六条　食品药品监督管理、质量监督等部门在履行食品安全监督管理职责过程中，违法实施检查、强制等执法措施，给生产经营者造成损失的，应当依法予以赔偿，对直接负责的主管人员和其他直接责任人员依法给予处分。

第一百四十七条　违反本法规定，造成人身、财产或者其他损害的，依法承担赔偿责任。生产经营者财产不足以同时承担民事赔偿责任和缴纳罚款、罚金时，先承担民事赔偿责任。

第一百四十八条　消费者因不符合食品安全标准的食品受到损害的，可以向经营者要求赔偿损失，也可以向生产者要求赔偿损失。接到消费者赔偿要求的生产经营者，应当实行首负责任制，先行赔付，不得推诿；属于生产者责任的，经营者赔偿后有权向生产者追偿；属于经营者责任的，生产者赔偿后有权向经营者追偿。

生产不符合食品安全标准的食品或者经营明知是不符合食品安全标准的食品，消费者除要求赔偿损失外，还可以向生产者或者经营者要求支付价款十倍或者损失三倍的赔偿金；增加赔偿的金额不足一千元的，为一千元。但是，食品的标签、说明书存在不影响食品安全且不会对消费者造成误导的瑕疵的除外。

第一百四十九条　违反本法规定，构成犯罪的，依法追究刑事责任。

第十章　附　则

第一百五十条　本法下列用语的含义：

食品，指各种供人食用或者饮用的成品和原料以及按照传统既是食品又是中药材的物品，但是不包括以治疗为目的的物品。

食品安全，指食品无毒、无害，符合应当有的营养要求，对人体健康不造成任何急性、亚急性或者慢性危害。

预包装食品，指预先定量包装或者制作在包装材料、容器中的食品。

食品添加剂，指为改善食品品质和色、香、味以及为防腐、保鲜和加工工艺的需要而加入食品中的人工合成或者天然物质，包括营养强化剂。

用于食品的包装材料和容器，指包装、盛放食品或者食品添加剂用的纸、竹、木、金属、搪瓷、陶瓷、塑料、橡胶、天然纤维、化学纤维、玻璃等制品和直接接触食品或者食品添加剂的涂料。

用于食品生产经营的工具、设备，指在食品或者食品添加剂生产、销售、使用过程中直接接触食品或者食品添加剂的机械、管道、传送带、容器、用具、餐具等。

用于食品的洗涤剂、消毒剂，指直接用于洗涤或者消毒食品、餐具、饮具以及直接接触食品的工具、设备或者食品包装材料和容器的物质。

食品保质期，指食品在标明的贮存条件下保持品质的期限。

食源性疾病，指食品中致病因素进入人体引起的感染性、中毒性等疾病，包括食物中毒。

食品安全事故，指食源性疾病、食品污染等源于食品，对人体健康有危害或者可能有危害的事故。

第一百五十一条　转基因食品和食盐的食品安全管理，本法未作规定的，适用其他法律、行政法规的规定。

第一百五十二条　铁路、民航运营中食品安全的管理办法由国务院食品药品监督管理部门会同国务院有关部门依照本法制定。

保健食品的具体管理办法由国务院食品药品监督管理部门依照本法制定。

食品相关产品生产活动的具体管理办法由国务院质量监督部门依照本法制定。

国境口岸食品的监督管理由出入境检验检疫机构依照本法以及有关法律、行政法规的规定实施。

军队专用食品和自供食品的食品安全管理办法由中央军事委员会依照本法制定。

第一百五十三条　国务院根据实际需要，可以对食品安全监督管理体制作出调整。

第一百五十四条　本法自 2015 年 10 月 1 日起施行。

4.《网络交易管理办法》

网络交易管理办法

《网络交易管理办法》已经中华人民共和国国家工商行政管理总局局务会审议通过，2014 年 1 月 26 日国家工商行政管理总局令第 60 号公布，自 2014 年 3 月 15 日起施行。

第一章　总　　则

第一条　为规范网络商品交易及有关服务，保护消费者和经营者的合法权益，促进网络经济持续健康发展，依据《消费者权益保护法》、《产品质量法》、《反不正当竞争法》、《合同法》、《商标法》、《广告法》、《侵权责任法》和《电子签名法》等法律、法规，制定本办法。

第二条　在中华人民共和国境内从事网络商品交易及有关服务，应当遵守中华人民共和国法律、法规和本办法的规定。

第三条　本办法所称网络商品交易，是指通过互联网（含移动互联网）销售商品或者提供服务的经营活动。

本办法所称有关服务，是指为网络商品交易提供第三方交易平台、宣传推广、信用评价、支付结算、物流、快递、网络接入、服务器托管、虚拟空间租用、网站网页设计制作等营利性服务。

第四条　从事网络商品交易及有关服务应当遵循自愿、公平、诚实信用的原则，遵守商业道德和公序良俗。

第五条　鼓励支持网络商品经营者、有关服务经营者创新经营模式，提升服务水平，推动网络经济发展。

第六条　鼓励支持网络商品经营者、有关服务经营者成立行业组织，建立行业公约，推动行业信用建设，加强行业自律，促进行业规范发展。

第二章　网络商品经营者和有关服务经营者的义务

第一节　一般性规定

第七条　从事网络商品交易及有关服务的经营者，应当依法办理工商登记。

从事网络商品交易的自然人，应当通过第三方交易平台开展经营活动，并向第三方交易平台提交其姓名、地址、有效身份证明、有效联系方式等真实身份信息。具备登记注册条件的，依法办理工商登记。

从事网络商品交易及有关服务的经营者销售的商品或者提供的服务属于法律、行政法规或者国务院决定规定应当取得行政许可的，应当依法取得有关许可。

第八条　已经工商行政管理部门登记注册并领取营业执照的法人、其他经济组织或者个体工商户，从事网络商品交易及有关服务的，应当在其网站首页或者从事经营活动的主页面醒目位置公开营业执照登载的信息或者其营业执照的电子链接标识。

第九条　网上交易的商品或者服务应当符合法律、法规、规章的规定。法律、法规禁止交易的商品或者服务，经营者不得在网上进行交易。

第十条　网络商品经营者向消费者销售商品或者提供服务，应当遵守《消费者权益保护法》和《产品质量法》等法律、法规、规章的规定，不得损害消费者合法权益。

第十一条　网络商品经营者向消费者销售商品或者提供服务，应当向消费者提供经营地址、联系方式、商品或者服务的数量和质量、价款或者费用、履行期限和方式、支付形式、退换货方式、安全注意事项和风险警示、售后服务、民事责任等信息，采取安全保障措施确保交易安全可靠，并按照承诺提供商品或者服务。

第十二条　网络商品经营者销售商品或者提供服务，应当保证商品或者服务的完整性，不得将商品或者服务不合理拆分出售，不得确定最低消费标准或者另行收取不合理的费用。

第十三条　网络商品经营者销售商品或者提供服务，应当按照国家有关规定或者商业惯例向消费者出具发票等购货凭证或者服务单据；征得消费者同意的，可以以电子化形式出具。电子化的购货凭证或者服务单据，可以作为处理消费投诉的依据。

消费者索要发票等购货凭证或者服务单据的，网络商品经营者必须出具。

第十四条　网络商品经营者、有关服务经营者提供的商品或者服务信息应当真实准确，不得作虚假宣传和虚假表示。

第十五条　网络商品经营者、有关服务经营者销售商品或者提供服务，应当遵守《商标法》、《企业名称登记管理规定》等法律、法规、规章的规定，不得侵犯他人的注册商标专用权、企业名称权等权利。

第十六条　网络商品经营者销售商品，消费者有权自收到商品之日起七日内退货，且无须说明理由，但下列商品除外：

（一）消费者定作的；

（二）鲜活易腐的；

（三）在线下载或者消费者拆封的音像制品、计算机软件等数字化商品；

（四）交付的报纸、期刊。

除前款所列商品外，其他根据商品性质并经消费者在购买时确认不宜退货的商品，不适用无理由退货。

消费者退货的商品应当完好。网络商品经营者应当自收到退回商品之日起七日内返还消费者支付的商品价款。退回商品的运费由消费者承担；网络商品经营者和消费者另有约定的，按照约定。

第十七条　网络商品经营者、有关服务经营者在经营活动中使用合同格式条款的，应当符合法律、法规、规章的规定，按照公平原则确定交易双方的权利与义务，采用显著的方式提请消费者注意与消费者有重大利害关系的条款，并按照消费者的要求予以说明。

网络商品经营者、有关服务经营者不得以合同格式条款等方式作出排除或者限制消费者权利、减轻或者免除经营者责任、加重消费者责任等对消费者不公平、不合理的规定，不得利用合同格式条款并借助技术手段强制交易。

第十八条　网络商品经营者、有关服务经营者在经营活动中收集、使用消费者或者经营者信息，应当遵循合法、正当、必要的原则，明示收集、使用信息的目的、方式和范围，并经被收集者同意。网络商品经营者、有关服务经营者收集、使用消费者或者经营者信息，应当公开其收集、使用规则，不得违反法律、法规的规定和双方的约定收集、使用信息。

网络商品经营者、有关服务经营者及其工作人员对收集的消费者个人信息或者经营者商业秘密的数据信息必须严格保密，不得泄露、出售或者非法向他人提供。网络商品经营者、有关服务经营者应当采取技术措施和其他必要措施，确保信息安全，防止信息泄露、丢失。在发生或者可能发生信息泄露、丢失的情况时，应当立即采取补救措施。

网络商品经营者、有关服务经营者未经消费者同意或者请求，或者消费者明确表示拒绝的，不得向其发送商业性电子信息。

第十九条　网络商品经营者、有关服务经营者销售商品或者服务，应当遵守《反不正当竞争法》等法律的规定，不得以不正当竞争方式损害其他经营者的合法权益、扰乱社会经济秩序。同时，不得利用网络技术手段或者载体等方式，从事下列不正当竞争行为：

（一）擅自使用知名网站特有的域名、名称、标识或者使用与知名网站近似的域名、名称、标识，与他人知名网站相混淆，造成消费者误认；

（二）擅自使用、伪造政府部门或者社会团体电子标识，进行引人误解的虚假宣传；

（三）以虚拟物品为奖品进行抽奖式的有奖销售，虚拟物品在网络市场约定金额超过法律、法规允许的限额；

（四）以虚构交易、删除不利评价等形式，为自己或他人提升商业信誉；

（五）以交易达成后违背事实的恶意评价损害竞争对手的商业信誉；

（六）法律、法规规定的其他不正当竞争行为。

第二十条　网络商品经营者、有关服务经营者不得对竞争对手的网站或者网页进行非法技术攻击，造成竞争对手无法正常经营。

第二十一条　网络商品经营者、有关服务经营者应当按照国家工商行政管理总局的规定向所在地工商行政管理部门报送经营统计资料。

第二节　第三方交易平台经营者的特别规定

第二十二条　第三方交易平台经营者应当是经工商行政管理部门登记注册并领取营业执照的企业法人。

前款所称第三方交易平台，是指在网络商品交易活动中为交易双方或者多方提供网页空间、虚拟经营场所、交易规则、交易撮合、信息发布等服务，供交易双方或者多方独立开展交易活动的信息网络系统。

第二十三条　第三方交易平台经营者应当对申请进入平台销售商品或者提供服务的法人、其他经济组织或者个体工商户的经营主体身份进行审查和登记，建立登记档案并定期核实更新，在其从事经营活动的主页面醒目位置公开营业执照登载的信息或者其营业执照的电子链接标识。

第三方交易平台经营者应当对尚不具备工商登记注册条件、申请进入平台销售商品或者提供服务的自然人的真实身份信息进行审查和登记，建立登记档案并定期核实更新，核发证明个人身份信息真实合法的标记，加载在其从事经营活动的主页面醒目位置。

第三方交易平台经营者在审查和登记时，应当使对方知悉并同意登记协议，提请对方注意义务和责任条款。

第二十四条　第三方交易平台经营者应当与申请进入平台销售商品或者提供服务的经营

者订立协议，明确双方在平台进入和退出、商品和服务质量安全保障、消费者权益保护等方面的权利、义务和责任。

第三方交易平台经营者修改其与平台内经营者的协议、交易规则，应当遵循公开、连续、合理的原则，修改内容应当至少提前七日予以公示并通知相关经营者。平台内经营者不接受协议或者规则修改内容、申请退出平台的，第三方交易平台经营者应当允许其退出，并根据原协议或者交易规则承担相关责任。

第二十五条　第三方交易平台经营者应当建立平台内交易规则、交易安全保障、消费者权益保护、不良信息处理等管理制度。各项管理制度应当在其网站显示，并从技术上保证用户能够便利、完整地阅览和保存。

第三方交易平台经营者应当采取必要的技术手段和管理措施保证平台的正常运行，提供必要、可靠的交易环境和交易服务，维护网络交易秩序。

第二十六条　第三方交易平台经营者应当对通过平台销售商品或者提供服务的经营者及其发布的商品和服务信息建立检查监控制度，发现有违反工商行政管理法律、法规、规章的行为的，应当向平台经营者所在地工商行政管理部门报告，并及时采取措施制止，必要时可以停止对其提供第三方交易平台服务。

工商行政管理部门发现平台内有违反工商行政管理法律、法规、规章的行为，依法要求第三方交易平台经营者采取措施制止的，第三方交易平台经营者应当予以配合。

第二十七条　第三方交易平台经营者应当采取必要手段保护注册商标专用权、企业名称权等权利，对权利人有证据证明平台内的经营者实施侵犯其注册商标专用权、企业名称权等权利的行为或者实施损害其合法权益的其他不正当竞争行为的，应当依照《侵权责任法》采取必要措施。

第二十八条　第三方交易平台经营者应当建立消费纠纷和解和消费维权自律制度。消费者在平台内购买商品或者接受服务，发生消费纠纷或者其合法权益受到损害时，消费者要求平台调解的，平台应当调解；消费者通过其他渠道维权的，平台应当向消费者提供经营者的真实的网站登记信息，积极协助消费者维护自身合法权益。

第二十九条　第三方交易平台经营者在平台上开展商品或者服务自营业务的，应当以显著方式对自营部分和平台内其他经营者经营部分进行区分和标记，避免消费者产生误解。

第三十条　第三方交易平台经营者应当审查、记录、保存在其平台上发布的商品和服务信息内容及其发布时间。平台内经营者的营业执照或者个人真实身份信息记录保存时间从经营者在平台的登记注销之日起不少于两年，交易记录等其他信息记录备份保存时间从交易完成之日起不少于两年。

第三方交易平台经营者应当采取电子签名、数据备份、故障恢复等技术手段确保网络交易数据和资料的完整性和安全性，并应当保证原始数据的真实性。

第三十一条　第三方交易平台经营者拟终止提供第三方交易平台服务的，应当至少提前三个月在其网站主页面醒目位置予以公示并通知相关经营者和消费者，采取必要措施保障相关经营者和消费者的合法权益。

第三十二条　鼓励第三方交易平台经营者为交易当事人提供公平、公正的信用评价服务，对经营者的信用情况客观、公正地进行采集与记录，建立信用评价体系、信用披露制度以警示交易风险。

第三十三条　鼓励第三方交易平台经营者设立消费者权益保证金。消费者权益保证金应当用于对消费者权益的保障，不得挪作他用，使用情况应当定期公开。

第三方交易平台经营者与平台内的经营者协议设立消费者权益保证金的，双方应当就消费者权益保证金提取数额、管理、使用和退还办法等作出明确约定。

第三十四条　第三方交易平台经营者应当积极协助工商行政管理部门查处网上违法经营行为，提供在其平台内涉嫌违法经营的经营者的登记信息、交易数据等资料，不得隐瞒真实情况。

第三节　其他有关服务经营者的特别规定

第三十五条　为网络商品交易提供网络接入、服务器托管、虚拟空间租用、网站网页设计制作等服务的有关服务经营者，应当要求申请者提供经营资格证明和个人真实身份信息，签订服务合同，依法记录其上网信息。申请者营业执照或者个人真实身份信息等信息记录备份保存时间自服务合同终止或者履行完毕之日起不少于两年。

第三十六条　为网络商品交易提供信用评价服务的有关服务经营者，应当通过合法途径采集信用信息，坚持中立、公正、客观原则，不得任意调整用户的信用级别或者相关信息，不得将收集的信用信息用于任何非法用途。

第三十七条　为网络商品交易提供宣传推广服务应当符合相关法律、法规、规章的规定。

通过博客、微博等网络社交载体提供宣传推广服务、评论商品或者服务并因此取得酬劳的，应当如实披露其性质，避免消费者产生误解。

第三十八条　为网络商品交易提供网络接入、支付结算、物流、快递等服务的有关服务经营者，应当积极协助工商行政管理部门查处网络商品交易相关违法行为，提供涉嫌违法经营的网络商品经营者的登记信息、联系方式、地址等相关数据资料，不得隐瞒真实情况。

第三章　网络商品交易及有关服务监督管理

第三十九条　网络商品交易及有关服务的监督管理由县级以上工商行政管理部门负责。

第四十条　县级以上工商行政管理部门应当建立网络商品交易及有关服务信用档案，记录日常监督检查结果、违法行为查处等情况。根据信用档案的记录，对网络商品经营者、有关服务经营者实施信用分类监管。

第四十一条　网络商品交易及有关服务违法行为由发生违法行为的经营者住所所在地县级以上工商行政管理部门管辖。对于其中通过第三方交易平台开展经营活动的经营者，其违法行为由第三方交易平台经营者住所所在地县级以上工商行政管理部门管辖。第三方交易平台经营者住所所在地县级以上工商行政管理部门管辖异地违法行为人有困难的，可以将违法行为人的违法情况移交违法行为人所在地县级以上工商行政管理部门处理。

两个以上工商行政管理部门因网络商品交易及有关服务违法行为的管辖权发生争议的，应当报请共同的上一级工商行政管理部门指定管辖。

对于全国范围内有重大影响、严重侵害消费者权益、引发群体投诉或者案情复杂的网络商品交易及有关服务违法行为，由国家工商行政管理总局负责查处或者指定省级工商行政管理局负责查处。

第四十二条　网络商品交易及有关服务活动中的消费者向工商行政管理部门投诉的，依照《工商行政管理部门处理消费者投诉办法》处理。

第四十三条　县级以上工商行政管理部门对涉嫌违法的网络商品交易及有关服务行为进行查处时，可以行使下列职权：

（一）询问有关当事人，调查其涉嫌从事违法网络商品交易及有关服务行为的相关情况；

（二）查阅、复制当事人的交易数据、合同、票据、账簿以及其他相关数据资料；

（三）依照法律、法规的规定，查封、扣押用于从事违法网络商品交易及有关服务行为的商品、工具、设备等物品，查封用于从事违法网络商品交易及有关服务行为的经营场所；

（四）法律、法规规定可以采取的其他措施。

工商行政管理部门依法行使前款规定的职权时，当事人应当予以协助、配合，不得拒绝、阻挠。

第四十四条　工商行政管理部门对网络商品交易及有关服务活动的技术监测记录资料，可以作为对违法的网络商品经营者、有关服务经营者实施行政处罚或者采取行政措施的电子数据证据。

第四十五条　在网络商品交易及有关服务活动中违反工商行政管理法律、法规规定，情节严重，需要采取措施制止违法网站继续从事违法活动的，工商行政管理部门可以依照有关规定，提请网站许可或者备案地通信管理部门依法责令暂时屏蔽或者停止该违法网站接入服务。

第四十六条　工商行政管理部门对网站违法行为作出行政处罚后，需要关闭该违法网站的，可以依照有关规定，提请网站许可或者备案地通信管理部门依法关闭该违法网站。

第四十七条　工商行政管理部门在对网络商品交易及有关服务活动的监督管理中发现应当由其他部门查处的违法行为的，应当依法移交相关部门。

第四十八条　县级以上工商行政管理部门应当建立网络商品交易及有关服务监管工作责任制度，依法履行职责。

第四章　法律责任

第四十九条　对于违反本办法的行为，法律、法规另有规定的，从其规定。

第五十条　违反本办法第七条第二款、第二十三条、第二十五条、第二十六条第二款、第二十九条、第三十条、第三十四条、第三十五条、第三十六条、第三十八条规定的，予以警告，责令改正，拒不改正的，处以一万元以上三万元以下的罚款。

第五十一条　违反本办法第八条、第二十一条规定的，予以警告，责令改正，拒不改正的，处以一万元以下的罚款。

第五十二条　违反本办法第十七条规定的，按照《合同违法行为监督处理办法》的有关规定处罚。

第五十三条　违反本办法第十九条第（一）项规定的，按照《反不正当竞争法》第二十一条的规定处罚；违反本办法第十九条第（二）项、第（四）项规定的，按照《反不正当竞争法》第二十四条的规定处罚；违反本办法第十九条第（三）项规定的，按照《反不正当竞争法》第二十六条的规定处罚；违反本办法第十九条第（五）项规定的，予以警告，责令改正，并处一万元以上三万元以下的罚款。

第五十四条　违反本办法第二十条规定的，予以警告，责令改正，并处一万元以上三万元以下的罚款。

第五章　附　　则

第五十五条　通过第三方交易平台发布商品或者营利性服务信息，但交易过程不直接通过平台完成的经营活动，参照适用本办法关于网络商品交易的管理规定。

第五十六条　本办法由国家工商行政管理总局负责解释。

第五十七条　省级工商行政管理部门可以依据本办法的规定制定网络商品交易及有关服务监管实施指导意见。

第五十八条　本办法自 2014 年 3 月 15 日起施行。国家工商行政管理总局 2010 年 5 月 31 日发布的《网络商品交易及有关服务行为管理暂行办法》同时废止。

推 荐 阅 读

1. 中国粮食网：http：//www. cereal. com. cn/
2. 国家粮食局：http：//www. chinagrain. gov. cn/
3. 中国网上粮食市场：http：//www. zglssc. com
4. 中国粮食市场门户：http：//chinalssc. mobi
5. 中华人民共和国农业部：http：//www. moa. gov. cn
6. 中国储备粮管理总公司：http：//www. sinograin. com. cn
7. 中国营销传播网：http：//www. emkt. com. cn
8. 行销网：http：//www. xingxiao. com
9. 销售与市场（第一营销网）：http：//www. cmmo. cn/
10. 中国商业界：http：//www. zgsjcn. com/
11. 中华粮网：http：//www. cngrain. com/
12. 我买网：http：//www. womai. com/ index－0－0. htm

参 考 文 献

［1］邹凤羽．粮食经济地理［M］．北京：中国物资出版社，2011.

［2］王宏宇．非传统视角下的粮食安全［D］．北京：中央民族大学，2013.

［3］赵志芳．世界粮食生产贸易地理格局及我国粮食安全问题研究［D］．2012.

［4］中国国务院新闻办公室．中国的粮食问题（白皮书）［R］．1996.

［5］国家粮食局人事司．粮油竞价交易员［M］．北京：中国农业出版社，2006.

［6］国家粮食局人事司．农村粮油购销员［M］．北京：中国物资出版社，2011.

［7］粮农组织、农发基金和世粮署．世界粮食不安全状况——强化粮食安全与营养所需的有利环境［R］．罗马：粮农组织，2014.

［8］中国国务院新闻办公室．中国的粮食问题（白皮书）［R］．1996.

［9］国家粮食安全中长期规划纲要（2008—2020 年）．北京：新华社，2008.

［10］李经谋．中国粮食市场发展报告［M］．北京：中国财政经济出版社，2014.

［11］孙乐增．市场营销基础教程［M］．上海：立信会计出版社，2008.

［12］王静，刘雨田．对粮油新产品开发问题的几点思考［J］．粮食问题研究，2000（3）.

［13］李红梅．现代推销实务［M］．第 4 版．北京：电子工业出版社，2014.

［14］冯建英．网络营销基础与实践［M］．北京：清华大学出版社，2013.

［15］［美］斯特劳斯·弗罗斯特．网络营销［M］．北京：中国人民大学出版社，2010.

［16］刘昌华，邹明．粮食行业如何利用互联网进行网络营销［Z］．2004.

［17］王瑛．我国粮食电子商务发展研究［Z］．2006.